著名植物生理学家和种子生物学家

傅家瑞传

◎ 冯双　武少新　著

中山大学出版社
·广州·

版权所有 翻印必究

图书出版编目（CIP）数据

傅家瑞传/冯双，武少新著. —广州：中山大学出版社，2014.9
ISBN 978-7-306-04977-3

Ⅰ.①傅… Ⅱ.①冯…②武… Ⅲ.①傅家瑞—传记 Ⅳ.①K826.15

中国版本图书馆CIP数据核字(2014)第179546号

出 版 人：	徐　劲
策划编辑：	嵇春霞
责任编辑：	嵇春霞
封面设计：	林绵华
装帧设计：	林绵华
责任校对：	廖泽恩
责任技编：	何雅涛
出版发行：	中山大学出版社
电　　话：	编辑部 020-84111997，84110779
	发行部 020-84111998，84111981，84111160
地　　址：	广州市新港西路135号
邮　　编：	510275　　传　真：020-84036565
网　　址：	http://www.zsup.com.cn　E-mail:zdcbs@mail.sysu.edu.cn
印 刷 者：	佛山市浩文彩色印刷有限公司
规　　格：	850mm×1168mm　1/16　18.375印张　425千字
版次印次：	2014年9月第1版　2014年9月第1次印刷
定　　价：	160.00元

如发现本书因印装质量影响阅读，请与出版社发行部联系调换

本书编委会

主　任： 武少新

副主任： 冯　双　　宋松泉　　黄上志　　张以顺　　蒋跃明

委　员：（按姓氏拼音首字母排序）

宾金华	段咏新	范国强	傅庆军	傅庆新
傅庆农	何军贤	何生根	黄丽萍	黄祥富
黄学林	黄雪梅	姜孝成	金剑平	李黄金
黎　茵	林　鹿	林晓东	梁卫文	梁永恒
刘　箭	刘　军	刘志穗	芦春斌	陆旺金
吕小红	马国华	潘继柏	潘晓华	彭光天
彭业芳	乔爱民	乔原珍	沈　芸	石和平
唐建军	唐林凤	汤学军	王俊美	王晓锋
王　艳	文方德	伍贤进	夏清华	向　旭
肖　平	许学锋	杨晓泉	杨英杰	余迪求
袁小丽	张北壮	张海惠	张宏伟	郑晓红
周晓强				

内容提要

为庆祝傅家瑞教授九十寿诞暨回顾傅家瑞教授从事教学和科研工作66周年所取得的成就，特著此书。

傅家瑞教授出生于教育世家，他丰富的人生经历和积极进取的人生态度，使他成为一代著名的科学家。本书全面地介绍了傅家瑞教授的成长经历、学习经历、工作经历和在教学、科研工作中所取得的丰硕成果。

通过此书，我们可以系统地了解与学习老一辈科学家不畏艰辛、爱国为民、爱岗敬业、博学慎思、明辨笃行、献身科学与教育事业的崇高精神。

序

傅家瑞教授是我国著名的植物生理学家和种子生物学家,数十年来在植物生理学领域扶犁耕耘、倾心尽力,对中山大学植物生理学学科的发展贡献良多。

傅家瑞教授生于1925年。他1948年毕业于岭南大学并留校任教,1952年院系调整后任中山大学生物学系教师,直至2003年退休,连续为中山大学服务了55年,是第一届中山大学卓越服务奖的获得者。傅家瑞教授一直从事植物生理学和种子生物学的教学与科研工作,先后主讲过植物生理学、植物发育生理学和种子生理学等多门课程。20世纪80年代以前,傅家瑞教授的研究重点是黄麻、花生等植物的光周期与开花生理;进入80年代后,他对种子活力、劣变、种质资源保存等进行了系统的研究,尤其是对顽拗性种子的研究处于国内领先、国际知名的地位。他还通过广播、办班等形式,为全国培训了数千名农业技术人员。这些工作对推动种子生物学的发展和应用起到了重要作用。

傅家瑞教授先后承担过多个基金项目,发表论文360篇,出版论著近十本,获得多项奖励。他在中山大学创建了植物生理学博士点,是中山大学第一位植物生理学博士生导师。他培养了50余位研究生,其中近30位为博士生,这些博士生中的许多人已经成为国内植物学科科研和教学的骨干力量。

傅家瑞教授虚怀若谷、善气迎人,在治学上慎思笃行、精益求精,是一位年高德劭的科学家。值得一提的是,傅家瑞教授及其直系亲属大多与岭南大学和中山大学有着不解之缘:父亲傅保光,1919年从美国密歇根农业学院(今密歇根州立大学)硕士毕业后落户岭南大学,先后担任岭南大学农艺系主任、蚕丝学院院长、广东省蚕丝改良局局长等职,为广东蚕丝业的发展作出了巨大贡献;岳父梁粤翘毕业于岭南大学商学院;妻叔梁溥教授毕业于国立中山大学地理学系,曾任中山大学地理学系主任;姐姐、姐夫在岭南大学、中山大学工作;妻子、妹妹、妻妹、儿子、外孙女等人先后毕业于岭南大学、中山大学……细数详计,傅家瑞教授及其直系亲属有近十人是岭南大学及中山大学校友,与中大的关系可谓河同水密。

我1950年到岭南大学读书，与傅家瑞教授同为岭南大学校友，同为中山大学同事，同获中山大学第一届卓越服务奖，工作生活交集超过一甲子。今年适逢傅家瑞教授从教66周年，生命科学学院将为此举行学术研讨会，并将出版《傅家瑞传》。这将使老一代科学家磨而不磷、涅而不缁的治学精神得以弘扬远播、激励后学，这也将鼓舞师生为把生命科学学院早日建设成为世界一流的生命科学学院而勠力同心、努力奋斗！

是为序。

林浩然

（中国工程院院士）

目　录

第一章　家世传承
　　祖籍珠海前山…………………………………………2
　　父亲傅保光……………………………………………2
　　母亲何蕙芳……………………………………………11
　　姨妈何凤坚……………………………………………12
　　三姐妹…………………………………………………13
　　入住三家村……………………………………………14

第二章　少年光阴
　　出生广州西关…………………………………………16
　　父亲病逝上海…………………………………………19
　　就读岭大附小…………………………………………21
　　求学岭大附中…………………………………………24
　　逃难广州………………………………………………27

第三章　大学之路
　　入读广东大学…………………………………………32
　　转学岭南大学…………………………………………37

第四章　初为人师
　　入职岭大………………………………………………48
　　广州解放………………………………………………52
　　在职读研………………………………………………62

第五章　并入中大
　　院系调整………………………………………………66
　　首发论文………………………………………………70
　　婚姻殿堂………………………………………………74
　　"规划"发展……………………………………………82
　　风雨渐作………………………………………………87
　　出任教研室主任………………………………………92

第六章　"文革"岁月
　　打入"牛栏"……………………………………………100
　　天堂山干校……………………………………………102
　　新会办班………………………………………………106

第七章 科教之春
  晋升副教授·················112
  加入共产党·················118
  加州大学访问学者···············122
  论文首发国际期刊···············130
  晋升教授··················131
  出版著作··················134

第八章 作育英才
  创建博士点与研究生培养············142
  引领教研室发展···············156
  父爱无垠··················173
  从教50周年·················186

第九章 学术交流
  出席港澳地区及国际学术会议··········191
  顽拗性种子研究国际领先············202

第十章 退休生活
  光荣退休··················216
  金婚之禧··················224
  老骥伏枥志在千里···············227
  颐养天年··················235
  卓越服务奖·················243

附 录
  附录1 傅家瑞主持的各类基金项目········248
  附录2 傅家瑞到中国香港、澳门及国外参加学术交流与国际会议
     的情况·················249
  附录3 傅家瑞课题组获得的各类科技进步奖·····250
  附录4 傅家瑞指导的硕士研究生及完成的学位论文··253
  附录5 傅家瑞负责为国家选拔保送到中国香港或国外攻读博士学
     位的学生名单··············254
  附录6 傅家瑞指导的博士研究生及完成的学位论文··255
  附录7 傅家瑞指导的博士后研究人员及完成的论文··258
  附录8 傅家瑞论著简介·············259
  附录9 傅家瑞论文简录·············261
  后　记····················283

第一章 家世传承

祖籍珠海前山

广东省珠海市香洲区前山位于珠海市城区西南,开埠始于南宋绍兴二十二年(1152年),明朝天启元年(1621年)建设城寨。前山村山清水秀,风景旖旎,人杰地灵。这里自古重视勤、诚、礼、爱教育。清乾隆二十二年(1757年)即在此建有凤山书院,虽经250多年的变迁,教育轨迹基本没有中断过,演变至今成为珠海市前山中学,培育了逾万俊才英杰。1911年,武昌起义成功后,孙中山指示同盟会组织香山县起义;后来,孙中山由澳门返乡,专程视察前山,在前山中学(当时称恭都学堂)发表即席演讲,演讲后还与该校师生和前山各界人士代表合影留念。傅家祖籍前山,但世祖何名、开灶何年,已经无从考证。

傅家瑞的祖父是一名船员,常年奔波在江海之上,虽然辛苦,但是收入较高且见多识广。在当时,船员是一个让人较为羡慕的职业。祖父文化程度虽然不高,但为人坦诚、朴实憨厚、顾家爱家;他出船时挣下的每一分钱,都拿来补贴家用。多年辛苦经营,傅家家境渐渐殷实。正是在这种殷实家境的支撑下,傅家有了重视教育、为教育子女舍得投入的经济基础。

父亲傅保光

光绪十九年(1893年),傅家瑞的父亲傅保光(Fu P. K.)出生在珠海前山。由于他父母的勤劳操持,家境日渐殷实。傅保光可谓是含着银钥匙出生的,出生以后就受到良好的家庭教育;到了读中学的年龄,他父亲决定直接将他送到世界上教育最为发达的国家——美国去读书。

1910年,傅保光入读美国密歇根农业学院(Michigan Agricultural College)。该校位于密歇根州东兰辛市的红衫河北侧,创建于1855年2月12日,是美国第一所依据土地拨赠法案成立的公立大学。建校伊始,校名为密歇根州立农业学校,是以农业科学起家的大学，其农学教育后来闻名世界。1907年，学校正式更名为密歇根农业学院。1925年，因为课程的多元性，学校更名为密歇根州立农业与实用科学学院。1955年，在建校100周年之际，学校正式更名为密歇根州立大学（Michigan State University），沿用至今，是美国"公立常春藤"大学之一。

之所以选择入读一所农业学院，与傅保光的理想密不可分。20世纪初叶的中国，清政府内忧外患，风雨飘摇，岌岌可危，即将走向穷途末路，建立民国的曙光和国家的混乱并存在这条病入膏肓的东方巨龙体内。生以食为基，民以食为天。当时，有没有饱饭吃几乎成了衡量一个人是否幸福的唯一尺度。傅保光看在眼里、急在心上，他立志要为发展祖国的农业事业贡献一生的精力，于是毫不犹豫地选择了这所当时已经闻名遐迩的农业学院。

傅保光在密歇根农业学院求学时，"焚膏油以继晷，恒兀兀以穷年"，成绩出类拔萃，曾被选为班级学习委员。1917年，傅保光从密歇根农业学院毕业，先后取得农学士和农业化学硕士学位。在硕士毕业前夕，家有不测，父亲早逝，家道渐衰，以致在留学后期，傅保光要一边打工一边读书才能勉强完成学业。

对于傅保光刻苦求学的这段历史，傅家瑞在1981年赴美进行学术交流时，曾专程拜访密歇根州立大学，在该校管理人员的协助下，查到了父亲当年在校学习期间的简历、照片、成绩单等档案资料。

硕士毕业后，傅保光收拾行囊，带着满腹经纶回到了祖国。

时光倒流，退回到1912年……

这一年的1月1日，在傅保光的祖国，亚洲第一个共和国——中华民国成立了。孙中山先生在晚上10点就任临时大总统，快半夜了才举行就任仪式。中华民国的诞生似乎从第一天开始就预示着将经历苦雨凄风、坎坷不平。傅保光的故乡广东更是如此。民国成立的消息传至广州后，羊城沉浸在欢乐的狂潮里。国家一元复始，万象更新，一切都应该走上正轨。但这只是理想中的情况，现实才是老百姓需要面对的。让人哭笑不得的是，大总统的家乡居然一时半会儿解决不了谁当都督的问题。言外之意，广东首长难产。孙中山推荐了一串人选，如汪精卫、朱执信、冯自由、邓泽如，谁料这些人都不肯接任，只好由代理都督陈炯明留任。是这些人自视清高，不想为官吗？原因不是这么简单。总之，广东的局势可以用两个字来简单概括：杂乱。

中华民国的乱可谓让人目不暇接："民初两度复辟帝制，三度解散国会，十年制不出一部宪法，十几年战乱频仍，仅此足以想象那时的政治生态，是怎样一种状况了。"[①]

1918年，已经在广州落户的傅保光所生存的国家就是这种局面。

国家乱象丛生，但是民众始终需要生存。留洋回来的傅保光也面临生存问题。由于有密歇根农业学院这块金字招牌，国内有多家公司高薪聘请他，却均遭傅保光婉言推却。

---

① 叶曙明著：《国会现场：1911—1928·代序》，浙江人民出版社2013年版，第4页。

国家内乱频生，军阀林立，绿林横行，农业受到严重破坏，人民缺吃少穿，农业救国成为诸多有识之士的一致愿望。这种志向也早已扎根在傅保光的心底，所以，他不会为工商界的金钱地位所吸引。

"1919年初，傅保光来校办蚕桑，同时教授农产制造。"① 这里的"校"是指岭南大学（简称"岭大"）。

说来也怪，广东乱象所产生的污浊之气对高等教育的毒害并不是很深。岭南大学就像出淤泥而不染的一朵荷花，鲜艳夺目、靓丽芬芳。

1888年，美国牧师哈珀②（Rev. Andrew P. Happer）博士在广州沙基金利埠（今六二三路）创办格致书院；经过多年锲而不舍的经营，积微成著，到1919年初，学校已发展成为岭南地区的最高学府——岭南大学。

岭南大学农科的发展亦是玉汝于成。

1916年春，岭南学校③纽约董事会总干事格兰（William Herry Grant，格兰堂就是为了纪念他而命名的）到堪萨斯省农业大学访问，洽商堪省农业大学合作支援岭南学校的问题。这次访问拉开了岭南大学农科建设的序幕。9月3日，岭南学校园艺学家高鲁甫（Gearge Weidman Groff）教授召开了第一次岭南学校农学部教务会议，宣布岭南学校农学部成立。1918年春，为了发展蚕丝业，学校在怀士堂围墙外开垦30亩地种桑。秋季开学前，在校园西端建成了畜牧场、家禽站、饲养场等实习基地，正式生产肉猪、山羊和三鸟，引发了学生的学习兴趣。正是这一年，岭南学校改名为岭南大学。

由于"学有一身好武艺"，1919年初，揣着美国农业高校硕士学位文凭的傅保光最终选择到岭南大学下属的岭南文理科大学农学部任教。

初到岭南大学讲授农产制造学课程时的傅保光（摄于1921年）

---

① 谭锡鸿：《协助钟荣光先生创办岭南学校农学部的经过》，载《岭南校友》1999年第35期，第31页。
② 目前文献多翻译为"哈巴"，"哈珀"为笔者自译。
③ 岭南大学更名前的校名。

第一章　家世传承

岭南农科大学师生员工合影（第一排左1为傅保光。1922年摄于岭南大学怀士堂）

到岭南文理科大学农学部任教初期，傅保光先后讲授了农艺学、农产制造学等课程。[①] 由于踏实肯干，他很快获得了学校领导赏识。1921年，岭南大学将农学部从岭南文理科大学中独立出来，设立岭南农科大学，内设农产品制造科（系），聘请傅保光为科主任。[②]

在教学中，傅保光常常使用生动活泼的语言，深入浅出地讲授农学理论问题；学生们普遍反映，他的讲课方式诙谐得体，给人留下深刻印象。他不但积极改进教学方法、充实教学内容，还身体力行，亲自率领学生参加教学实践。对学生的疑问，他能做到有问必答，且谆谆善诱、诲人不倦。

不久，傅保光出任农艺系主任，兼任农业经营主任，代理劝农主任及农产制造科主任等职，还负责主编《农事月刊》、编辑《岭南科学杂志》（英文版）。他身兼数职，却从无怨言，只想把工作做好。《农事月刊》是岭南大学于1922年7月创办的专业刊物，1926年改为《农事双月刊》。

[①] 参见《华南农业大学百年校庆丛书》编委会编《华南农业大学1909—2009百年图史》，广东人民出版社2009年版，第28页。
[②] 参见谭浩然《春风不言语，南国自芳菲——记抗战前岭南大学农科对广东农业近代化的历史贡献》，岭南大学上海校友会2010年印刷，第71页。

傅保光振兴祖国农业与关心农民生活的思想，不但体现在教学上，还体现在他主编的《农事月刊》中。在这本刊物中，有多篇文章明确提出"造就农业人才"的任务，同时深刻揭露了旧中国的黑暗，指出"兵、匪、税是农业发展之障碍物"。他在《真正剗地皮》一文中严厉地批评那些只管填饱自己的钱袋而不管农民死活的炒地皮分子，指出搞农业生产才是真正的、有益的"剗地皮"，"最可富强国家"；文中还表示要"无日不以提倡及振兴农业为天职，望将来做成很多的真正剗地皮人"。

傅保光很重视农业实践。他亲自从海外引进一些农业新技术和农产品新品种，并在《农事月刊》中多次刊文介绍这些农业新技术和农产品新品种。例如，他在《木瓜树之用途》一文中，介绍利用木瓜树心加工制造农产品；在《制捕苍蝇纸法》及《印字墨水制法略说》等文中，呼吁大

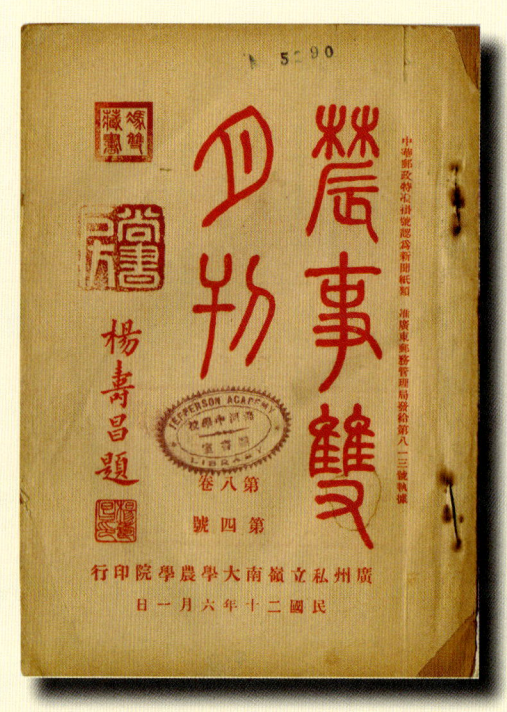

《农事双月刊》第八卷第四号封面，该刊1931年6月1日发行

家自力更生、亲自动手，不必进口捕蝇纸与印字墨水，以减少"利权外溢之弊"。他为了使引进的海外优良品种得到推广和应用，不但亲自进行栽种繁殖试验，还四处奔走，呼吁有关人士投资组成岭南农产制造有限公司。推广种植的蔬菜品种有椰菜花、芥蓝头、胡萝卜、番茄、岭南木瓜等，制造的农产品包括木瓜脯等。他还与南方农牧公司挂钩，引进外国奶牛品种，将生产的鲜奶推销到广州市各医院，颇受社会各界人士的欢迎。虽因规模不大，对社会影响不够显著，但也引起了社会有识之士对农业生产的兴趣和重视，为农业推广做了一定的宣传工作。

傅保光在岭南大学最大的贡献表现在他研究及推广蚕桑所取得的成就。岭南大学蚕丝研究工作开始于1916年考活（Charles W. Howard）教授的实验室。蚕丝研究原为经济昆虫学研究的一个重要方向，后来发展迅速；其研究力量不断加强，并独立组建蚕丝学系。1921年，蚕丝学系并归农学院。1927年，蚕丝学系组建为蚕丝学院[①]；同年，傅保光从农学院农艺系转入蚕丝学院，出任院长。

珠江三角洲地区，土地肥沃，气候温和，是广东省蚕丝业最发达的地区；特别是顺德、南海等地，早在清康熙三十七年（1698年）就开始有生丝出口。同治五年（1873年），南海人陈启沅由国外引进缫丝机器，在南海简村创办广东省第一间机器缫丝厂继昌隆缫丝厂。由于规格统一、品质优良，机制丝外销价格比土丝高出1/3。自此各地厂商

---

① 参见《华南农业大学百年校庆丛书》编委会编《华南农业大学1909—2009百年图史》，广东人民出版社2009年版，第38页。

岭南农科大学师生合影（上数第二排左4为傅保光。1926年摄于岭南大学怀士堂）

蚕丝学院开幕典礼[1]（摄于1927年）

---

[1] 照片转引自余志主编《康乐红楼——中国大学校园建筑典范》〔商务印书馆（香港）有限公司2004年版，第154页〕。

纷纷购进或仿制机器，各地的机器缫丝厂得以不断发展，广东生丝外销量也与日俱增。光绪十三年（1887年），仅在顺德一地便已建成机器缫丝厂42家，广东省全年外销生丝达到28000司担。第一次世界大战以后，欧美国家对生丝的需求量大增。到1920年，中国销往欧美的粤丝达到每年3万多司担。1921年，广

建筑中的蚕丝学院及蚕业传习所建筑群（蚕丝学院现存建筑仅剩制种室，又称育茧制种场、富利达育茧室、蚕丝传习所、梁发宿舍、蚕丝宿舍，位于西南区410号，在生命科学学院水生经济动物研究所东南侧）

东生丝出口价值为4345万关两，占全省外贸总值的60.9%。据不完全统计，到1926年，顺德较大的丝厂有135家，光是桂洲一地就有茧栈170～180家，这段时间是广东蚕丝业的全盛时期。①

陈炯明主政广东后，蚕丝业受到重视的程度可从其颁布的《广东省暂行县自治条例》中看出。该条例把"奖励农桑渔牧垦荒造林经营并监督共有及私有工业，设立各种展览所试验场，及其他关于实业事项"列为县管事权的第二项（第一项为教育），可见蚕丝业作为农桑实业在当时广东农业发展中的地位。②

1923年，广东省长廖仲恺为了发展广东蚕丝业，决定设置管理机构，办理蚕丝业的调查、研究和改良工作，并于11月间在岭南大学设立广东省蚕丝改良局，委任岭南大学蚕丝学系主任考活教授为局长、傅保光为副局长。傅保光积极协助考活在局内设置养蚕、制丝、栽桑等股，数次到珠江三角洲各地实地调查广东蚕丝业的现状和发展情况。

当时，蚕丝改良局的经费预算为每年15万元；但因拨款不足，初期每年实际到位不足一万元。1926年每月拨付2000元，1927年增至3000元。在经费不足的情况下，蚕丝改良局同仁仍然做了不少工作。三年间，已建立三个附属机构，即顺德容奇第一蚕业指导所、南海九江第二蚕业指导所和乐昌北区蚕业推广处。1926年，蚕丝改良局改隶广东省建设厅，全称为广东省建设厅蚕丝改良局。名称虽改，但工作人员和工作内容没有发生变化。

---

① 参见罗宗晟《广东蚕丝业的兴衰》，见大洋网（http://news.dayoo.com/history/201008/24/88669_13685663.htm），2010年8月24日。
② 参见叶曙明著《国会现场：1911—1928》，浙江人民出版社2013年版，第227页。

1928年春，考活教授在美国去世。广东省政府随即委任傅保光为蚕丝改良局局长。他终于有机会去实现杜甫在《蚕谷行》中描绘的理想："牛尽耕，蚕亦成。不劳烈士泪滂沱，男谷女丝行复歌。"上任伊始，他便倾尽全力把广东省略具基础的蚕桑业有计划、有步骤地加以改良整顿。虽然在任只有五年，但他的工作对广东省早期蚕桑业的发展起到了十分重要的推动作用。他是广东蚕桑业的主要奠基人之一。

傅保光推动广东蚕桑业的发展所取得的成绩主要表现在四个方面[①]：

一是改良原蚕种，推广新蚕种。优良蚕种是提高生丝质量与品质的前提条件。在傅保光的领导下，蚕丝改良局除了广泛培育原有蚕种外，还应用杂交优势原理育蚕，培育出广东第一代杂交蚕种。杂交蚕种具有生命力强、产丝量高、饲养容易、保存品质光泽柔软等优点，同时克服了容易起绒的缺点，达到了厂商的要求。当时成功育成的蚕种有越印多化性品种与广东省轮月杂交后的083和09等品种，适于夏季饲养；山东的碧莲与09杂交育成的碧交种，适于春秋季饲养。新育成的品种在蚕农中推广，备受蚕农及厂商的欢迎。

为了普及改良蚕种，并向蚕农示范改良后的蚕种，傅保光在顺德容奇设立第一蚕业指导所，下设蚕种制造场，大量培育第一代杂交蚕种。蚕种制造场内建有冷藏库，为蚕农及蚕种制造商贮藏蚕种、控制孵化期提供便利。傅保光还在粤北乐昌设立蚕业推广处，培育原蚕种及做好广东省蚕桑区域北移的尝试，同时把蚕桑区域的部分桑田改为水稻田，减轻粮食不足的压力。蚕桑改良局还在顺德大良等地设立蚕丝实践区，在官山、乐双等地设立推广办事处，既使蚕丝改良局成为全省蚕丝业的研究中心，又使其成为指导推广科研成果的实践中心。

二是积极研究蚕病，大力消灭蚕病。广东省育蚕苦于微粒子病为害，其轻者减产，严重者则不吐丝。蚕丝改良局与岭南大学蚕丝学院合作，研究如何防治微粒子病，研制无毒蚕种，同时注重优生选种以减少软化病，并于顺德水藤、中山小榄等地设立蚕业推广所，指导蚕农预防蚕病以及调查蚕病情况，从而减少蚕农在经济上的损失，提高蚕丝产量。这些科学管理举措使得广东省育蚕管理工作发生了本质性的变化。

三是改良栽桑技术。桑叶是蚕儿的饲料，优良的蚕种还须有高产优质的桑叶供应，蚕儿才能正常发育吐丝结茧。在傅保光的领导下，蚕丝改良局栽蚕组人员一方面研究提高桑叶单位面积产量，另一方面在粤北一带山丘土地试种桑树，为把广东省蚕桑区域北移做好饲养的物质准备。

四是改良制丝方法，提高生丝品质。傅保光鉴于生丝品质很大程度上受制丝方法的制约，积极引进先进的制丝技术。在他引进的制丝技术的基础上，蚕丝改良局从日本引进8～12绪立缫机全套设备，在顺德县大良城南设大华丝厂，制造出口生丝；这既减轻生产成本，又提高生丝品质，可为各丝厂做示范。同时，傅保光还派员到各厂指导及协

---

① 参见傅家瑞《岭南农学院老前辈傅保光与广东蚕桑业》，载《岭南校友》1999年第35期，第27～29页。

傅保光在指挥岭南大学蚕丝学院员工种树（1928年3月摄于岭南大学蚕丝学院楼群附近）

助改装制丝工具设备等，对带动全省制丝业的发展发挥了很大的推动作用。

傅保光认识到，广东省缫丝厂不了解国外丝织厂对生丝品质和规格的要求，以致不能直接出口，被外商从中垄断压价，遭受经济损失。因此，他特向广东省建设厅建议设立生丝检查所，并积极协助建所，从聘请专家、研究人员到采用现代先进的检验器械等方面，均亲自参与。检查所建成后，他又主动加强局所业务联系，使双方人员与设备能充分发挥作用。生丝检查所对提高本省丝厂的产品质量与规格、夺回直接贸易权、消除外商居中剥削、保障蚕农利益，发挥了重要作用。

1929年，岭南大学蚕丝学院撤销，改设为岭南大学农学院蚕丝系，傅保光改任蚕丝系主任。①

傅保光终日乾乾、夕惕若厉，使蚕丝系和蚕丝改良局都得以快速发展。他从不抱残守缺，而是做出长远规划，把广东的蚕桑研究逐步引入科学化、学术化轨道，并培育了一批蚕桑理论研究和实践应用人才。在蚕丝系，他亲自负责进种股与蚕病股的工作，同步推进科研与教学。为了蚕丝改良，他不满足于例行办公，经常带领师生和下属前往如乐昌、容奇等地调查指导工作；并亲自参加南海县属蚕丝生产情况的分区调查工作，为广东全省的蚕丝改良与规划发展取得了第一手数据。他还重视科普教育工作，开办蚕桑展览会，将预防蚕病方法介绍给观众，教会观众认识病菌，了解传染途径等基本知识。

傅保光在为人处世方面刚正不阿、忠于职守。20世纪初，我国科学文化落后，留学生更是稀缺。在这种情况下，有些人"镀金"归来，便目空一切，夸夸其谈。傅保光虽系早年归国的硕士、教授，且在三十出头就担任院长、局长等重要职务，但他廉洁奉公，毫无傲慢习气和官僚作风，从不逢迎上级，对那些逢上欺下的官僚习气深恶痛绝。他真诚地对待工人、学生、同事、下属，关心他人，不摆架子，不无理批评人，不虚与委蛇。

---

① 参见谭浩然《春风不言语，南国自芳菲——记抗战前岭南大学农科对广东农业近代化的历史贡献》，岭南大学上海校友会2010年印刷，第17页。

因此，不论在蚕丝学院，还是在蚕丝改良局，大家对傅保光都信服有加，有事愿意和他商量，有困难乐于向他倾诉。他曾多次资助家境贫困的工友。在他的追悼会上，许多人泣不成声，感叹好人不该早逝！

傅保光身兼数职，工作繁重，这对他的身体健康造成了很大的影响。加之他在年轻时曾患过肺结核，在任局长后，又患胆结石，病痛发作，经常痛至难以忍受；但为了教育业和蚕桑业发展的崇高目标，他劳心焦思，带病坚持工作，直至入院动手术为止。即使如此，在入院前他还坚持完成了一项校外调查工作，希望病愈后又可以开展一次新的计划。

可惜，天不假年，就在傅保光怀有远大抱负且正当壮年、精力旺盛、想大干一番事业时，却由于手术失败，被死神夺走了宝贵的生命。他于1932年底在上海去世，年仅39岁。他的病逝使广东蚕桑业的发展遭到挫折。

傅保光去世后，广东省建设厅农林局局长冯锐临时兼任广东省蚕丝改良局局长。1933年3月，廖崇真继任局长。同年，广东省蚕丝改良局迁出岭南大学。

母亲何蕙芳

清光绪二十年（1894年），傅家瑞的母亲何蕙芳出生在珠海南村。南村紧邻前山，是从湾仔、中山前往香洲的必经之地。也许正是因为南村与前山两地紧密相邻，地缘促成姻缘，使傅何两家成为儿女亲家。

何蕙芳，字凤球，在何家姐妹中排行第三。何家是个大家族，何蕙芳姐妹有两人，

出任农学院蚕丝系主任时的傅保光（1931年摄于广州）

母亲何蕙芳（晚年摄于广州）

兄弟有三人。秀丽贤惠的何蕙芳在结婚前生活在农村,从小接受家庭教育,打下了一定的文化基础,属知书达理的农村妇女。

在小的时候,何蕙芳由父母做主,订下娃娃亲,许配给傅家。由于傅保光上中学时就远赴重洋,到美国读书,两家商定,等傅保光从美国学成归来后再完婚。

何蕙芳虽是家庭妇女,但料理家庭至纤至悉,处世待人很有分寸,相夫教子十分得体。虽然丈夫是留学生,又是教授、院长、局长,与她在文化、身份等层面相差甚远,但她仍能与丈夫相敬如宾、恩恩爱爱、相守终生。

何蕙芳一生操持家务,辛劳简朴,含辛茹苦。傅保光在世时交际活动频繁,何蕙芳虽然来自中国的传统家庭,但是与傅保光配合得体,相得益彰。这让从美国回来、见惯了大场面的傅保光十分满意和自豪,常常在朋友面前夸赞何蕙芳,幸福溢于言表。

傅保光离世时,傅家瑞年仅七岁,而三妹则出生不久,生活压力、儿女养育……家庭重担一下子压在何蕙芳单薄的肩膀上,苍老早早地写在了她质朴的脸庞上。

姨妈何凤坚

母亲何蕙芳(左)与姨妈何凤坚(右)的合影(在她们的每一张照片上,可以看到姐妹俩的穿着都是荆钗布裙,她们终生过惯了简朴的生活)(晚年摄于广州)

姨妈何凤坚,是何蕙芳的二姐。何凤坚也是父母包办的婚姻,但她与妹妹何蕙芳却是同途不同命。何凤坚嫁入夫家后,与夫君在性格、生活理念等方面摩擦不断,矛盾重重。何凤坚不愿意将就一生,但那个时代,婚姻是人生的头等大事,不能说离就离的。她只好仿照当时妇女唯一能反抗的办法——"不落家",即不在夫家过日子,而是回娘家。

回到娘家后,为了避开族人的闲言碎语,何凤坚选择了与妹妹何蕙芳一起生活,这个无悔的选择陪伴了她的一生。在妹妹家,何凤坚与妹妹一家人共同担起这个家的苦难,也一起享受战胜困难的喜悦、外甥和外甥女成长的快乐与幸福。在傅保光英年早逝后，何凤坚就成了何蕙芳一生的伴，跬步不离。

能成为一生的伴，这在现实社会中是不容易的。何蕙芳兄弟姐妹有五个，真正能走到她心里的也只有姐姐何凤坚。她们同生死，共命运。在丈夫傅保光早逝后，她虽成寡鹄嫠妇，却从未想过文君新醮。关于如何面对生活，是姐姐何凤坚给了她巨大的继续生活下去的勇气和力量，且陪伴她渡过了各种难关。何凤坚对傅保光留下的四个孩子视同己出，关怀备至。她与妹妹一道共同承担起抚育孩子的重任，直至孩子成人。

在何蕙芳的兄弟中，大哥一直生活在珠海乡下，四弟在香港工作，五弟在广州工作。

三姐妹

傅保光一生养育了四个孩子，其中三个是女孩，傅家瑞在家中是独子，排行老二。

大姐傅福琼，生于1921年。少年时就读岭南大学附属小学（简称"岭大附小"）。1939年毕业于香港培道中学，毕业后在香港继续学习，香港沦陷后返穗、任职员。抗日战争胜利后，回到岭南大学工作，任化学系仪器药品管理员。院系调整后，任中山大学设备处化学玻璃仓库保管员，1981年退休。退休后，积极参与街道工作，对街道治安倾注了不少心血。1995年2月7日17时，傅福琼在广东省职业病防治院老人病院逝世，享年73岁。

二妹傅福贞，自小在岭南大学青年会小学读书，抗日战争期间在香港培道中学学习。1942年，进入广州红十字会护士学校学习，三年半后毕业，在广州红十字会医院当护士。新中国成立后，调任广州军区陆军总医院护士。其后因工作需要，又调往北京和平医院担任

傅家瑞梁承懿夫妇与三姐妹在祭奠父母（从左至右：傅福仪、傅福贞、傅福琼、梁承懿、傅家瑞。摄于1986年）

护士。该医院主要是服务来华工作的苏联专家。苏联专家撤走后，傅福贞被调往北京协和医院任护士。因护理工作成绩突出，她被提拔为内科总护士长，并获得协和医院优秀共产党员、全国"三八"红旗手等荣誉称号。她是一位护理界的标兵式人物，后被晋升为副主任护师，直至退休。傅福贞先后在《国际护理学杂志》、《中国实用护理杂志》等学术杂志上发表了数篇论文。

三妹傅福仪，少年时在岭南青年会小学读书，抗日战争期间在港穗间辗转逃亡。有感于傅保光的贡献，岭南大学给予傅家特殊优惠，允许傅保光的一子一女读书到大学毕业。因此，新中国成立后三妹得以复回岭南，在岭南大学附属中学（简称"岭大附中"）及岭南大学读书，并从岭南大学医学院顺利毕业；毕业后，三妹先后在孙逸仙纪念医院及汉口武汉医院工作。其后，三妹因病申请赴港治疗，病愈后在香港渔业工会诊所、香港政府医院任医生，1982年移民美国；退休后，返回香港居住至今。

入住三家村

岭南大学三家村教职工住宅建好后，傅保光一家人入住三家村的仰光屋。仰光屋是一栋两层的小楼，一楼是饭厅、客厅，二楼是卧室。一家人居于此，其乐融融。

本来，大部分中国籍教员被安排住在模范村。这里建了十几栋两层的小洋楼，之所以称为"模范"（model），意思是它代表了当时教师住宅的小洋楼模式。① 三家村住宅也是岭南大学用来安排中国籍教员住宿的。三家村，顾名思义就是有三家人住在这里的意思。三栋楼呈品字形排列，位于今中山大学南校区幼儿园与康乐餐厅之间；三栋楼中间是一个很大的草地，环境幽雅，景色宜人。三家村原楼已全部拆除，并已兴建了现在使用的住宅大楼。三家村是指广庇屋、九如屋和仰光屋，都落成于1925年。广庇屋为缅甸曾祖来、曾祖盖、曾祖邦兄弟捐建，用以纪念其父母曾广庇先生及夫人；九如屋是缅甸陈崇辉、陈德成、陈德刚、刘滋佑、林道沾、黄天照、曹翔灼夫妇、阮伸耀君九位捐建；傅保光入住的仰光屋是缅甸仰光粤籍侨商捐建。② 三栋楼总计花费了七万元。三家村是旧名，后来陆续捐赠添加新屋，变成九家村。1949年1月16日陈寅恪教授全家自上海抵达广州，即入住九家村。③

---

① 参见余志主编《康乐红楼——中国大学校园建筑典范》，商务印书馆（香港）有限公司2004年版，第94页。
② "傅保光入住三家村仰光屋"的内容是根据采访傅家瑞的记录整理的。
③ 同①，第257页。

第二章 少年光阴

出生广州西关

1925年4月28日,傅家瑞出生在广州西关长寿路王德馨医务所。

在广州,王德馨医务所是一家德厚流光、远近皆知的医务所,其创办人王德馨是一位德艺双馨的爱国医生。1927年,当时广东妇女运动的领导人邓颖超在广州快要分娩,为避免敌人迫害,夏葛医学校附属柔济医院护士梁毅文① 帮助邓颖超转入王德馨医务所。4月15日,广东军阀在广州大规模抓捕共产党人,邓颖超事先得到密告,广州即将发生革命事变,要她尽快离开;这时梁毅文与王德馨等人一起,帮助邓颖超乘坐小艇从西关三丫涌安全转移出广州。②

傅保光为什么会选择王德馨医务所来接生呢?

岭南大学有自己的医务室。傅保光在第二个孩子出生前,选择在这里接生,可是当时的医疗条件和医生技

童年的傅家瑞(1927年摄于广州)

---

① 梁毅文:女,广东番禺人,我国著名妇产科专家;1924年毕业于广州夏葛医学校,1931年获费城女子医学院医学博士学位,曾任岭南大学医学院教授;在妇产界,有"南梁(毅文)北林(巧稚)"之称。
② 参见张丹萍《[奇女篇·梁毅文 张竹君]悬壶济世,彰显女性张扬个性》,载《南方都市报》2006年5月16日。

第二章　少年光阴

术水平都可谓"麻麻哋"（一般，不怎么样的），孩子出生后不久就出现病危症状，经抢救无效死亡。这种无妄之灾令傅家人十分悲痛。后来，在第三个孩子也就是傅家瑞出生前，傅保光再也不敢让妻子继续在这里分娩，而是选择了当时口碑很好的王德馨医务所。事实证明他的选择是正确的：傅家瑞健康地来到了这个世界。

傅家瑞是傅保光的第一个儿子。他的降生，给位于风景秀丽的康乐园三家村的傅家带来了喜悦。

4月的康乐园，春风拂面。当时，岭南大学校园内的建筑还不是很多，校园内到处都是农田、菜地、果园、草药种植园、养殖场。康乐园位于珠江南岸，土地肥沃，草茅茂密。清代即有诗曰："嵯峨粤秀昼晴岚，风物犹堪握尘谈。翠釜香生三熟稻，红鸳锦织八收蚕。鱼虾艇至晨吹笛，罗绮坛喧夜斗柑。三十二村花似雪，酒旗遥引过江南。"[①] 马丁堂前面就是一大块农田。高鲁甫来到岭南大学后，发挥自己在园艺方面的特长，对校园环境进行了大面积的绿化整治，种植了大批树木，包括木瓜、荔枝、柑桔、桑树等经济林木，校园环境愈发优美。春夏之交，康乐园里花如积雪，弥望不绝，芬芳如云，一园香透。

积臣屋

---

① 转引自叶曙明著《广州往事》，花城出版社2010年版，第22页。

傅家瑞的父亲有一份体面的工作，每天忙得不可开交。不管多忙，他都对傅家瑞的成长关怀备至。在父亲的心中，傅家瑞要像西晋陆云一样，"若非龙驹，当是凤雏"。傅家瑞至今还记得父亲常用单车搭载他上学或到自己的办公室。父亲出任蚕丝学院院长前，岭南大学在美国丝业协会、尤金·亚特伍德的支持下，在现今中山大学南校区南门附近修建了蚕丝学院建筑群。父亲每天要到蚕丝学院上班，傅家瑞在父亲的关照下，时常到那里玩耍。康乐园的美景在他幼时的岁月里留下了美好的回忆。

1928年，到了读幼儿园的年龄，父母将傅家瑞送到岭南大学附属幼稚园就读。幼稚园，也称西童学校，建于1918年，附属于岭南大学附属小学，[①] 设在积臣屋内。

积臣屋，又译杰克逊屋、泽臣屋，由时任岭南学校董事会主席积臣（Samuel Macauley Jackson）捐资一万美元兴建，1912年落成。积臣先生去世后，董事会决定将该楼命名为积臣屋。积臣屋最初是岭南学校校长晏文士（Charles K. Edmunds）的住宅；晏文士搬离后，积臣屋先后作为美国基金委员会办事所、教务长办公室、西童学校工作之用。

西童学校设立之初，学生都是来自岭南大学西方教职员和在广州的神职人员的子女，

在西童学校读书时傅家瑞（前排左2）与老师（最后一排）、同学的合影（1928年摄于岭南大学西童学校）

---

① 参见黄菊艳主编《近代广东教育与岭南大学》，商务印书馆1995年版，第59页。

所以被称为西童学校。学校的教师为西方教职员工的妻子和其他人员的家眷。[①] 随着华裔教职员工的增多，西童学校后来陆续接收了华裔教职员工的子女。在岭南大学历史上，西童学校的名字比附属幼稚园要响亮得多。

当时，岭南大学附属小学在广州已闻名遐迩，因此，其所管理的西童学校的办学水平也是很高的。在西童学校就职的老师虽然为数不多，但是力量"雄厚"：既有中国籍教师，也有美国籍教师，且以美籍教师居多；这些美籍教师都是岭南大学美籍教职员的妻子，都接受过高等教育，懂得幼儿心理，教学水平在当时的广州幼稚园中是首屈一指的。

正因为有美籍教师，傅家瑞和其他孩子在这里接受的是接近美式的幼稚园教育。学校里有脚踏车等玩具，小朋友们做游戏时，如果需要坐下，每人发一张垫子，不能随意坐在地上。这种规范、严谨的教育，影响了傅家瑞的一生。

父亲病逝上海

1931年9月，年满6岁的傅家瑞开始上小学。进入岭南大学附属小学读了不到一年的时间，1932年底，短暂的求学之乐就被父亲的病逝打断了。

傅保光身患胆结石后，因为广州医疗条件有限，需要前往上海就医。傅家瑞母亲陪同他赶赴上海。本来，他们希望能在这个国际大都市得到良好的治疗，但是，手术总是成功与风险并存。那个年代，由于医疗技术还不是很发达，手术的失败风险甚至超过成功的概率。傅保光就是不幸在这种失败风险中英年早逝的。

椿萱并茂的生活自此远离了傅家瑞。

傅保光病逝后不久就被移葬岭南大学墓园教会山，岭南大学、农学院蚕丝系和广东省蚕丝改良局分别举行了隆重的追悼会。

少年时的傅家瑞（1932年父亲病逝后不久，摄于广州的照相馆内）

[①] 参见余志主编《康乐红楼——中国大学校园建筑典范》，商务印书馆（香港）有限公司2004年版，第47页。

在被通知迎接傅保光棺木的那一刻，悲恸哀伤笼罩了全家人，椎心泣血的景况至今仍十分深刻地留在傅家瑞的脑海里。尤其是母亲，"乌云髻松，金凤钗横，伯劳飞燕自西东，恼离愁万种"，难以接受心爱之人黑发离别，肝肠寸断。

岭南大学墓园建于1905—1912年间，由当时岭南学堂的教会所设。因广东人把墓园或坟场称为"山"，故此俗称"教会山"。墓园所葬人士大部分为原岭南大学师生员工，包括岭南大学医学院院长李廷安、农学院院长古桂芬；另外，岭南大学的部分美籍教师逝世后也安葬于此。风雨晨昏，忠魂有伴，傅保光又可以傍依在他曾为之奉献一生的岭南大学和魂牵梦系的康乐家园。后人评价傅保光，"为岭南人勇于开拓的岭南牛精神和爱国爱校的优良传统树立了光辉的榜样"①。

康乐园岭南大学墓园内傅保光、何蕙芳的合墓碑（摄于1986年）

傅保光是家庭收入的唯一来源。当时，他虽是教授兼院长，位高薪优，但是家里人口多、花销大，在短短十来年的工作中并没有多少积蓄。傅保光在世时，好心的同事们看到他身体欠佳，工作繁忙，且常常不要命地工作，曾劝告他购买一点人寿保险，以防万一。傅保光照做了。后来，万万没有想到，本来不希望成真的保命险，却成了真。不过，这笔钱却没有成为傅家的救命钱。由于母亲何蕙芳是家庭妇女，对于保险金如何操作一头雾水。傅保光逝世后，这笔钱在亲友和父亲同事的建议下，存放在岭南大学附设的银行内，他们认为这是最为安全可靠的。谁知，由于受到日军侵华的影响，最安全的变成了最不安全的，这笔钱成了"泥菩萨过河，有去无回"了，后面再表。

傅保光在岭南大学工作的日子虽然不算长，但工作成就却十分显著，既获得领导重视，也得到同事们首肯。所以，在傅保光逝世后，念及他对学校的贡献，校方给予了傅家很多关照：一是准予傅家一子一女免费在岭大就读，直至大学毕业，此举在当时是优

---

① 谭浩然：《春风不言语，南国自芳菲——记抗战前岭南大学农科对广东农业近代化的历史贡献》，岭南大学上海校友会2010年印刷，第24页。

第二章 少年光阴

待有加的；二是允许傅家后人继续留在校内居住，并可在校内免费择地建房，新房使用期限是20年，意即20年后子女长大成人再另觅住所。这充分体现了岭南大学的人文关怀。

傅保光同事协助他们用众人捐赠的抚恤金在校内修建房子，好让傅家瑞的家人得以在校内安身，避免流落他人屋檐下。

新房建在三家村附近，是砖瓦结构的平房，面积虽然不是很大，但足够两个大人和四个小孩子居住。母亲何蕙芳带着孩子们住在这里，直到日军空袭广州时才举家迁往香港。抗日战争胜利后，一家人重返旧居，旧居虽已破败不堪、家徒四壁，但总不至于露宿街头。傅家瑞在旧居一直住到中山大学分配教职工住宅时才迁出。后来，由于康乐园内要增建教职工住宅，这幢平房才被学校拆除。

这种充满人文关怀的安排，使得傅家瑞在失去父亲后仍能在校内居住

傅家瑞（戴帽者）与母亲（右1）、大姐（左1）、二妹（左2）的合影（1933年摄于岭南大学校内）

和求学；这给傅家瑞幼小的心灵增添了一丝慰藉，对傅家瑞的成长提供了帮助。

就读岭大附小

父亲病逝，一家人涕泗滂沱的痛楚情景久久地驻留在幼小的傅家瑞心中；但是，生活还要继续，学习更要继续。

傅家瑞进入了岭大附小读书。岭大附小的前身是1908年由岭南学校基督教青年会同学司徒卫所创办的蒙养学塾，位于学校附近的乡村；1911年正式更名为岭南大学附属小学，1914年交由岭南大学接办，开始迁入大学校园内。岭南大学早期，自行拟定的学制规定小学学制为七年；收归国人办理后，按照北洋政府于1922年颁布的《壬戌学制》，改为六年学制。由于基督教青年会办理的小学成绩显著，交归学校接办后，被定为模范

小学，供各校参观，并作为大学教育科的学术实习之地。[①]附小校址位于今康乐园东北区，建筑群合计有八栋楼和一个方亭，于1915—1930年间先后落成。这些建筑是由王广昌、马应彪、陈嘉庚等人捐建的。1919年6月18日落成的陈嘉庚堂便是附小礼堂。傅家瑞入读时，已经落成了七栋楼，每一个年级占用一栋楼，一楼是课室，二楼是宿舍。"地方宽广，自成一范围，内有方亭、假山、水池、花架、石台和石椅，布置甚佳。水池颇大，其中金鱼颇多。"[②]花草之间有两个大鸟笼，么凤、花莺、白燕和黄鹂于一笼，朱顶鹤、鸳鸯、水鸟和鱼鸟于另一笼，最为小学生所爱好，课余赏玩，乐趣颇多。每当上下课时，学校会安排专人敲钟为号，钟声一响，便有鹤鸣配合，呼应成趣。

岭南大学附属小学建筑群

岭大附小优越的环境和严格的教育，使得傅家瑞在学习上成绩优异、行动上尺步绳趋，而良好的家庭教育使他与同学们相处十分融洽。当时，小学的同学里有一些是教授人家的孩子，更多的是富家子弟，追求人人平等的西式教育使得大家学会了互相尊重。傅家瑞也没有因为父亲的离世、家庭的困境而觉得低人一等，当然大家也不会拿这样的话题取笑他，更不会歧视他。

在学习上，傅家瑞的总成绩在年级里一般都是前三名，每年都能获得品行奖。年级中每年都获得学习奖（第一名）的陈福如同学是傅家瑞的密友，对傅家瑞关怀备至。有一天中午，突然大雨瓢泼，家里送到小学饭堂的午餐晚到了一点，陈福如悄悄地从背后

[①] 参见黄菊艳主编《近代广东教育与岭南大学》，商务印书馆1995年版，第59页。
[②] 余志主编：《康乐红楼——中国大学校园建筑典范》，商务印书馆（香港）有限公司2004年版，第102～103页。

给他送上自己好吃的饭菜，以便让他加餐，生怕他饿着了。这种朴素的情谊一直为傅家瑞所牢记。数十年后，每当同学聚会时，傅家瑞对陈福如提起此事，感激之情仍溢于言表。

附小有自己的学生宿舍，在此读书的绝大部分小学生都是寄宿在校，只有一些本校教职员工的子女因为家在校内而被允许走读。傅家瑞住在家里，离附小不远，即使放学后，他也经常在学校玩耍。这样他就和许多不同年级的学生逐渐熟络了，多年以后仍保持着密切联系。

按照岭南大学的惯例，从小学到大学，每个年级均要求成立社团。在1934级，即附属小学四年级，甲乙两班同学齐集一起，共商社名。在甲班班主任的引导下，大家你一言我一语，热烈地讨论，提出了很多候选社名。最后，大家觉得自己现在虽小，长大后要做出超人的事情，要以"超人的气概"去学习、去生活，于是，"超社"社名成为大家的最爱！

社名决定后，大家又提议设计一个能体现超社含义的社徽。有人提出以"圆"表示团结，以直立指针表示向上与超人的意思。最后，傅家瑞的提议被大家认可：让这个指针向上突出圆的边框，显得更"超"！

附小学生的活动丰富多彩，包括童子军训练、文艺、体育等，覆盖德、智、体、美四个主要方面。在小学五年级、六年级时，傅家瑞曾先后两次参加野营活动。其中，一次是在白鹤洞真光女子中学附近，在野营地，超社同学与真光中学学生还进行了一次垒球友谊赛；另一次野营选在比较荒野的郊外。通过野营，傅家瑞的意志和品质都得到了锻炼与提高。

岭南大学具有重视体育运动的传统，大、中、小学每年都同时举行全校性运动会。在全校运动会上，根据学生的身高不同，分为甲、乙、丙三个组别，其中甲组同学身高最高。在超社同学升到附小六年级时，参加学校组织的运动会，全社同学因为身高不够，多数被分到乙组和丙组；但是经过团结合作、奋勇拼搏，超社取得了全场冠军，大家都觉得这是无上的光荣！傅家瑞上学较早，刚刚入学时，他在本年级是最矮的；但由于生性活泼好动，在幼年时，他的身体长得比较快，超出了丙组限定的高度而加入乙组。不过，由于能力有限，他还不能以运动员身份与同在乙组的高年级同学竞赛，但是他积极参加拉拉队的活动，为参赛的同学呐喊助威，也算是与同学们一起参与这项盛事。在体育气氛浓厚的环境中，傅家瑞虽然当不上运动员，但对运动也有着浓厚的兴趣，他同时也受到了较好的基本运动训练和崇尚体育的精神熏陶。

1937年夏，适逢岭南大学的广播电台建成。开播的第一天，电台便邀请附属小学的同学主持节目。由年级主任组织，包括傅家瑞在内的19位同学组成童声合唱队，在电台首唱《义勇军进行曲》，并获得了圆满成功！

演唱成功了，可是国家却遇到了灾难。节目播出后不久，"七七"卢沟桥事变爆发，日本悍然发动了全面侵华战争，山河破碎，国不为国。救亡图强、民族独立和解放，成为国人魂牵梦绕的期望,《义勇军进行曲》和许多抗日歌曲从此唱遍了祖国的大江南北!

傅家瑞在小学毕业前与家人合影（后排左为姨妈何凤坚、中为姐姐傅福琼、右为妈妈何蕙芳，前排左为三妹傅福仪、中为傅家瑞、右为二妹傅福贞。1937年摄于康乐园居屋旁）

正是唱着"抗日"歌曲，傅家瑞从岭南大学附属小学毕业，结束了他的小学生涯。

虽然小学毕业，但大家一起成立的超社并没有解散，而是继续升到中学、大学，直至1948年大学毕业。超社社友在中学或大学毕业后，各奔东西，但是大家保持着经常性联系。无论身在何方，他们都以自己是超社社友而感到骄傲！奔赴国外及香港地区的部分社友，在取得一定成绩后，常向中山大学岭南（大学）学院捐赠，润泽后人。他们包括"中外合资第一人"、香港知名实业家伍沾德等人。

进入21世纪后，超社选举傅家瑞为广州组组长，负责与母校联系，并组织超社联谊活动。在这段时间内，香港社友伍沾德夫妇等人对广州超社社友经常予以资助，这让傅家瑞更加感觉同窗之谊的珍贵。

求学岭大附中

从岭大附小毕业后，傅家瑞本可以顺理成章地就近升入岭南大学附属中学，但事与愿违。

当时，日寇侵华的战火已经燃起，日军同时对国内多个大城市进行空袭，广州也避免不了这场灾难，局势日渐严峻。1937年8月31日，广州第一次遭到日军战机空袭；由此至1938年10月，日军对广州进行了持续14个月的狂轰滥炸。"被轰炸的目标主要是：一是教育机关、文化设施、公众场所。中山大学、勤勤大学、岭南大学及许多中小学校均被日机轰炸过，师生们的生命受到严重威胁，各校先后被迫向内地迁移，走上艰难的流亡之路。"① 空袭频频发生,广州已成危城,正常的教育活动无法开展。因此,在广州遭到第一次轰炸前,傅家瑞本应入学的岭大附中为了避免受到损失,已经迁至香港办学。有书难读,有家难回,有命难保,日寇犯下的滔天罪行罄竹难书。

岭南大学也不敢心存侥幸。为了保护师生的人身安全,躲避日寇的空袭,岭大早就磨砺以须、考虑对策,是否迁校成了校方领导冥思苦想的问题。但是,家大业大,迁校又是一项大工程。其中,人员、财物迁到哪里,何时迁,等等,都是大问题。最后,学校决定,分批前往距离比较近的香港,附中先迁。由于香港近在咫尺,不久便抵达了目的地。全家人在母亲的带领下,也随着附中师生一同逃难到了香港。

留在广州的岭大危如累卵,每一天都在煎熬中度过。日军进攻广州的传言一天也没有停过。到1938年10月初,传言终于变成了现实。10月12日,早上传来消息说,日军在大亚湾登陆,岭大立即停课。李应林校长匆忙赶往香港,研究岭大迁往香港的可行性。13日,学校开始撤离康乐园,迁往香港。②18日,最后一批行政人员撤离校园。在此前一天,鉴于美国的中立地位,岭大决定把校董会从美国基金会那里以一年一美元的价格租来的校产还回去,以避免日本人占领校园。这笔校产就包括岭大附中的校产。作为美国基金会驻校董事的香雅各(James M. Henry)接受了这一建议,并代表基金会收回财产。18日上午,24面匆忙赶制的美国国旗悬挂于校园四周显眼的地方,并通过广播宣布该校园是美国人的财产。③10月23日,日军占领广州,广州难民区委员会在次日成立。岭南大学校园成为广州地区五个难民救援中心之一,校园内最多挤进来近8000名难民,包括岭大附中校舍都成了难民住处。

岭大迁到香港后,大学部暂借香港大学校园上课,而附中则搬到位于新界青山的梁园。④ 由于是匆忙临迁,附中在梁园借用的校舍因陋就简,宿舍是借用民房,而课室则是用竹子搭建的临时建筑物。简陋的校舍远不及在康乐园的环境。

校舍虽然简陋,但附中的师资力量与办学精神仍基本保持原状。学校安顿下来后,教学工作陆续展开。岭大附中早已名扬粤港澳,因此,在国难期间,仍有大量学子纷纷前来附中求学。

附中刚刚搬迁到梁园后,由于青山地区流行疟疾,母亲不敢大意,没有让傅家瑞直接入读,而是让其在香港培英中学初中部读了一个学期。直到1938年2月,傅家瑞才正式进入香港岭南大学附中就读。

岭大附中的体育传统也得以传承延续。大家动手修建了一些简易的体育设施,同时,借着有利的地理环境开展体育活动。在附中校门外不远处就是海边,沙滩上可以跑步、

---

① 陈建华主编:《广州抗战史迹图文集》,广州出版社2006年版,第84页。
② 参见李瑞明《岭南大学》,岭南(大学)筹募发展委员会1997年印刷,第101页。
③ 参见陈国钦、袁征著《瞬逝的辉煌——岭南大学六十四年》,广东人民出版社2008年版,第79页。
④ 参见李瑞明《岭南大学文献目录:广州岭南大学历史档案资料》,岭南大学文学与翻译研究中心2000年印刷,第143页。

踢球，海水可供游泳；在校园内，利用人行道作跑道，常常可以见到附中学子锻炼的身影。另外，大家还修筑简易的排球、足球、篮球和垒球场，供学子们挥洒汗水；傅家瑞和同学们还曾到新界周边的郊野露营，并参加过环新界单车竞赛。

学校的文艺活动也开展得红红火火。校内经常有兄弟院校师生前来联欢，一起举办音乐会、话剧演出等活动。另外，因应形势，学校还开设了军事训练课，由黎寿彬监学主持，定期上操。在一次话剧演出中，有一幕抗日剧《放下你的鞭子》引起观众共鸣，当台上演员叫喊"放下你的鞭子"时，台下的观众也义愤填膺地不断呼应怒吼"放下你的鞭子！"还有那首《我的家在东北松花江上》，歌曲激发了大家的爱国情怀，产生了强烈的救国共鸣。这些都反映出当时学生们的爱国思想与抗日精神。

傅家瑞在香港读中学时的留影（虽然表情凝重，但眼神中透露出坚毅）（摄于1939年）

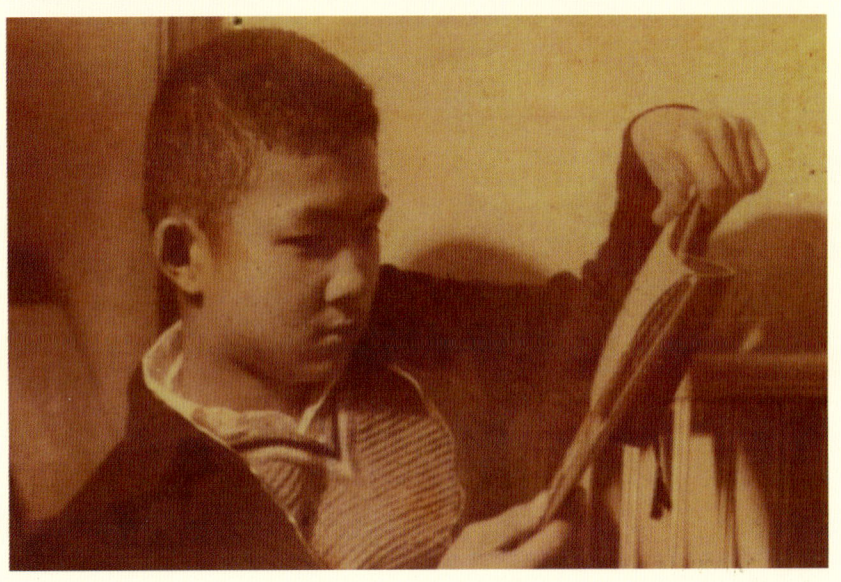

即将从岭大附中初中毕业的傅家瑞（1940年摄于香港）

1940年7月，在国难时艰中，傅家瑞迎来了初中毕业礼。初中毕业后，傅家瑞继续在岭大附中高中部就读。

广州沦陷后，有部分日军驻扎在深圳河北岸，与对岸香港驻守的英军隔界相望。英国明白，最终会在香港与日本一战，于是开始未雨绸缪，逐渐加强香港的防卫。同时，大批中国难民从内地涌入香港，香港人口从1937年时的100万增加到1941年时的160万。1941年12月8日早上，日军开始进攻香港；8时，日机空袭启德机场，使英军航空力量瘫痪，并袭击深水埗军营，英军、加拿大军和印度军参与战斗，共同抵抗以酒井隆为首的日军的攻击；中午，日军渡过深圳河。11日，日军攻克英军最主要防线——醉酒湾防线，并占领新界和九龙。18日，日军渡过维多利亚港，进攻香港岛。25日傍晚，港督杨慕琦投降。香港沦陷，成为日本军事占领区。

12月8日早上，傅家瑞在附中校园内突然看到有日本军机飞过，紧接着听到隆隆的轰炸声。大家愕然，不知道发生了什么事情。恰在此时，附中有人看到一艘英国炮舰遭到攻击，消息传开后，大家"便意识到将发生更糟糕的事情"[①]，不祥的预感陡然而生。随即，得到学校通知，日军已侵港，学校停课，准备撤离梁园；同时，学校动员学生自行回家躲避战乱。

傅家瑞和师生们立即匆忙离校，什么行李都没带。傅家瑞全家住在位于九龙半岛的油麻地，整天听到日军从新界向香港岛方向炮轰的声音，看到街面上逃难的、哭喊的人群乱作一团。负责防守的英军节节败退，到12月18日，新界已经全部落入日军手中。

逃难广州

今后的日子怎么过？曾表示会照顾傅家后人的岭南大学已自顾不暇，原来存于岭南银行的一万元人寿保险金也不了了之。母亲为了此事专门去找岭大负责人，费尽口舌，希望索回存款。可是，动乱年代，国破家亡，大学不保，更何谈傅家的存款。当时，人心惶惶，逃命保命成了唯一的选择。

往哪逃？母亲赶紧和姨妈商议办法，把可能投靠的人数来数去，母亲想到了父亲生前的好友陈耀佳医生。

陈耀佳以在广州开医务所谋生。他在医务所开办之初曾向傅家借过几千元的法币应急，当时几千元法币是笔不小的数额。母亲认为，落难投靠，陈耀佳总不至于见死不救。因此，母亲下定决心放弃在港生活了四年多所建立的小家，准备逃回广州。

说起在香港的家，实际上是母亲租的房子，是一栋小楼的整层，面积不大，除了阳台也就两间房，一家人挤在这里生活。战时租房，租金昂贵，为了减轻压力，母亲和姨妈将走廊清理干净，架了两张床，分租给两对年轻夫妇。母亲在香港本来有一位亲戚，

---

① 李瑞明：《岭南大学》，岭南（大学）筹募发展委员会1997年印刷，第105页。

论资排辈是傅家瑞的四舅父，在一个洋行担任小职员，日子过得也很艰辛，没有能力资助傅家。所以，在港期间，通情达理的母亲没有给他添加麻烦。

从香港逃回广州，相对便捷和安全的办法是乘船。但是，兵荒马乱，船票暴涨，母亲已经无力承担一家六口的船票。为了节约旅费，一家六口分两路出发：陆路由姨妈带领，连同三姐妹四人轻装徒步回广州；而傅家瑞则陪同母亲护送行李细软乘船经水路返穗。从水路返穗，相对安全也相对快一些。但是，从陆路返穗，则是束马悬车，危险重重，沿途常会遭遇日军、伪军、土匪的盘查骚扰。妹妹福贞和福仪年纪尚小，而姐姐福琼已经成长为靓丽的青春少女。为了避免受到日寇和坏人的欺凌污辱，姐姐不但要打扮成憔悴老态，还要穿得鹑衣百结，并要混迹在男人的逃难队伍中。即便如此，她们每天仍是提心吊胆，担惊受怕。幸好，箱笼盖铺，络绎于途，人多难辨，她们安全闯过了一个又一个难关。十余天后，全家人在广州平安会合。

当时，返穗有多么危险，从岭大校长李应林的遭遇可见一斑。1942年1月3日，遭到日本人通缉的李应林校长化装成难民，设法沿着铁路从香港偷渡回内地。途中，不幸被日军查出，李应林手里藏着全部路费的竹杖也被日军扔在铁路桥旁一个小瀑布下的水潭中，还被迫和其他难民一起做了三天劳役。所幸他身份没有暴露，经过日寇层层关卡盘查和封锁，虎尾春冰，终于在22日抵达韶关，筹备复校计划。①

初返广州，岭大校园已经被日军占领。"日本人进攻香港的同天早上，他们占领了岭南校园。"② 留守的美籍人员成了日军的俘虏，被装上大客车，带往沙面。校园被占，回家已经是不可能的了。

母亲计划投靠的陈耀佳医生因为曾得到傅家帮助，与傅家有患难之交。这回轮到傅家落难，陈耀佳于情于理于德都不好推托。他请傅家瑞和母亲等六人住进自己开办的医务所楼上，并提供生活费用，买菜做饭等事则由傅家瑞母亲和姨妈承担。

好景不长，屋漏偏逢连夜雨，母亲很快便发现了陈耀佳乘人之危的举动。他利用法币贬值之机、侵华日军发行使用军票之际，只需给予傅家一些日军发行的军票就可等值于抗日战争前借用的大额法币。原来的几千元法币可供多年的生活费，可是折算成日军军票则仅够维持几个月的生活。对于陈耀佳来说，他可以趁这个机会，轻而易举地把傅家的借款在短时间内清还。可是，对于一群孤儿寡母来说，这无疑是将他们推下深渊！

为了能让家人看到些许生活的希望，母亲和姨妈商量后决定将家里仅剩的一点细软拿到街上摆摊出售，换一点救命钱。无奈，生活到了爨桂炊玉的窘境。

好人终有好报。在全家人生活上又一次陷入绳床瓦灶的困境时，广州基督教教会人士伸出援手，安排傅家瑞一家六口在锡安堂免费居住，三妹傅福仪免费入读万善堂小学。

---

① 参见陈国钦、袁征著《瞬逝的辉煌——岭南大学六十四年》，广东人民出版社2008年版，第104页。
② 李瑞明：《岭南大学》，岭南（大学）筹募发展委员会1997年印刷，第106页。

锡安堂，修建于 1936 年 2 月，是一座美以美会教堂。其教会组织由旅美归侨余锡生牧师于 1901 年创立于油栏门（位于今广州市海珠区盐亭东街），1913 年迁建于西濠二马路，1935 年再迁往西瓜园（位于今广州市人民中路 392 号）建堂。"锡安堂"的意思为"上帝圣殿"。1947 年，锡安堂加入中华基督教会广东协会，至今仍在从事基督教活动。锡安堂在广州沦陷期间解囊相助，救死扶伤，其大善之举救了许多人的命。

万善堂小学是由万善堂创办的小学。该校创办于广州沦陷期间，每个学期均会接收一些减免学费的学生，傅家瑞的三妹傅福仪就是该小学接收的免费生。万善堂是前伦敦会教堂。

此时，二妹傅福贞已读完初中，考入广州红十字会医院，边学习边做护士工作，开始了她一生的医务事业。大姐傅福琼在世伯杜教授的推荐下担任职员。大姐的收入是全家的第一份固定收入，但其工资很微薄，不够维持全家人的生活。在广州一间牛奶公司当老板的刘国英世伯，是父亲的好友，他了解到傅家踵决肘见的处境后，常邀请傅家瑞去他家吃饭。这样，傅家瑞在饱餐一顿后，回家可以在几餐中少吃一些，以减轻家里的压力。还有一位报纸主编也曾是父亲的朋友，在他的支持下，傅家瑞曾多次向这份报纸投稿，获得一些稿费。在这期间，傅家曾面临一次无米下锅、全家人可能去沿街

今日的锡安堂

乞讨的绝境，幸在此时接到父亲生前海外好友叶大生世伯的汇款救济，借此挨过了断炊之厄。

在广州沦陷的日子里，傅家瑞想去上学是不可能了，活下去成了全家人唯一的大事。但即使在这种困境下，傅家瑞仍没有忘记学习，仍坚持忍辱埋头读书。在那种压抑的境况下，宗教活动使人得到慰藉。在那时的实际生活中，人们获得了教会与教友们的一些帮助。傅家瑞及家人也受到教会热心人士的影响，常常参加星期天的礼拜活动。基督教所传播的爱心、互助等教义在一定程度上影响了傅家瑞的为人处世作风。

第三章 大学之路

在锡安堂入住后,一家人不再荡析离居。

转眼来到了1942年。作为家中的唯一男丁,傅家瑞深切地感受到饔飧待炊的生活所带来的重压。仅靠救济,生活仍难以承受风雨。为了让家里人能吃饱饭,过上安稳一些的日子,他向母亲提出了参加工作的想法。可是母亲权衡再三,认为父亲遗愿在先,希望他继续求学,直至大学毕业。母亲的决定得到多位世伯的支持,傅家瑞只好选择攻读大学的人生道路。

入读广东大学

父亲去世后,傅家曾得到岭南大学的特准,可以有一子一女在岭南大学免费读到大学毕业,也好在这个约定即使在兵荒马乱的年代依然有效。因此,傅家瑞最佳的选择是到岭南大学,随校入读。

香港沦陷后,1942年1月22日,岭南大学校长李应林历尽艰险,抵达韶关筹备复校。教务长朱有光坚守在香港,帮助中国教师进入内地,给学生签发学业证明,方便学生转到其他大学继续学习。师生离港,傅家瑞不能也不敢再去香港寻找岭大,只好等待岭大复校后,直接赶赴韶关。

李应林校长决定将大学迁往粤北韶关,择定曲江仙人庙大村作为复校校址。该提议是第七战区司令长官余汉谋提出的,并得到广东省政府主席李汉魂的声援。那里原是军队的训练场地,有60多间茅屋和一些临时性的房子。余汉谋只是象征性地收取了岭大很低的地价,并拨给岭大数十支枪成立自卫队,又从湖南调给岭大一批大米。

有了房子和吃的,但是没有办学经费。当时美国已经卷入战争,这使得美国基金会的资金来源不足,对岭大的经费支持很难做到一如既往。李应林如果坚持办学,就必须自筹大量经费。为此,李应林于3月21日经桂林抵达重庆,请求国民政府教育部拨款,国民政府有人乘机要求岭南大学改为"国立",李以不介入国民党内派系纷争、坚持教育独立而拒绝，只好另觅发展道路。①

战乱导致岭大学子分散各地求学，这种乱状也给傅家瑞的求学带来了巨大纷扰：想找到岭南大学，可是岭大在哪里呢？为了让傅家瑞回到岭大，身困日占区广州的母亲曾设法多方联系北上的一些亲友，希望他们能把傅家瑞带去传闻北迁韶关的岭大，但多次尝试均未能如愿。其实，岭大自从在香港结束办学后，尚未在韶关复校，找也找不到。

傅家瑞的愿望也一次次落空，更糟的是时间在一天天流逝。

书是必须要读的，同时也是遵从父亲遗愿。可年龄一天天大了，继续等下去总不是办法。无奈之下，傅家瑞只好选择就近报考汪伪政府在广州新开办的省立广东大学农学院；但是，广东大学的招生是每年5月份才进行。为了熟悉学校情况，同时避免知识生疏，傅家瑞在3月份选择了先行进入省立广东大学农业专修班，一边学习以熟悉农业知识，一边准备考试。

在5月份举行的省立广东大学入学考试上，傅家瑞顺利通过，并考取了农学院植物生产系。广东大学为了顺利招到学生，将每一门考试的题目都出得十分简单，可以说，只要有一点基础，只要参加考试就能通过。加上傅家瑞是在岭南大学附中打下的根基，这种考试对他来说简单容易。

从3月傅家瑞入读省立广东大学农业专修班开始至今，岭大在做什么呢？一直在艰难筹备复校。5月，复校终于有了眉目，岭大教师司徒卫等人开始到粤北曲江仙人庙大村布置校舍。6月21日，学校开始在韶关市进行学生登记。8月7日至8日，学校分别在韶关坪石、桂林、赣州、梅县、台山等地招生。9月7日，学校正式开课，有488名学生。其实，奔赴粤北韶关只是部分岭大学生的选择。由于战乱的影响，岭大学生分散在多地求学。农学院学生在坪石求学，理工学院学生到南昌国立中正大学借读，医学院高年级学生在曲江求学，低年级学生则在江西国立中正医学院借读。

世事难断，傅家瑞在局势不明、信息不畅的情况下，无法苦等岭大复校。如果真要等，需要一直等到9月才能入学。

傅家瑞之所以选择农学，其缘由主要有两点：一是农学为国民经济发展所需，是在当时最为实用的学科之一；二是继承父志，父亲对岭大农学学科的发展起到了一定的推动作用，这对傅家瑞的人生选择有很大影响。专业选择是一位科学家职业生涯的开端，也决定了他一生的走向。不管是自身的兴趣，还是生活所需和家庭影响，都决定了傅家瑞与农学结缘是必然的。多年后，他成为名扬国际的植物生理学家与种子生物学家，是与当初选择学习农学一脉相承的。

省立广东大学由伪广东省政府教育厅厅长林汝珩等人于1940年9月创办，林亲自兼任校长。林汝珩是岭南大学毕业生，出任伪广东省政府教育厅厅长后，主张"政教合一"，积极主张创办归属于省政府管理的广东大学。学校以国立中山大学的规模和规程为

---

① 参见陈国钦、袁征著《瞬逝的辉煌——岭南大学六十四年》，广东人民出版社2008年版，第104～105页。

蓝本，设有文学院、农学院等。

开校伊始，广东大学校址选在光孝寺。1942年6月19日，日华南侵略军乘汪精卫在粤之际，将其强占的岭南大学校舍"贷与"伪广东省政府。① 同年秋，广东大学由光孝寺迁至"河南"康乐村岭南大学旧址。未迁之前，学校以文学院为中心；迁校之后，改以农学院为中心。这主要是因为新校址有良田数顷，设备完善，能运用自来水灌溉稻田；同时林汝珩当时又为政海红员，以农学院为中心对其极为有利。当时，岭南大学所种木瓜品种优良，素有"岭南木瓜"之称，种植收获进了林的私囊。林利用国民党要员杜之杖的子侄杜树桐、杜树材做手脚，杜树材一跃而为农学院院长，杜树桐则获充实验农场场长，两人无异于为林的管家。数年之间，林致富百万，人皆称迁校后为林的黄金时代。②

在光孝寺开办的"省立"广东大学校门③

傅家瑞入读广东大学之时，正值广东大学搬入岭南大学校园。当时的广东大学为了收买人心、拉拢学界、体现"仁政"，学生都是免费入学。经过争取，傅家瑞还当上工读生，可以一边读书，一边为学校做一些事情，可免费供膳；再加上不收取寄宿费，本人生活的经济压力骤减。每年暑假期间，他还前往学校附近的厚德围农场参加农业劳动，既可解决吃住，又可赚点工钱以帮补家用。在学习期间，他在学生宿舍附近开垦了一小块自留地，种植一些番薯及蔬菜；收获后运回家里，供家人吃用。

广东大学农学院教学实力尚可。首任院长由张卓坤出任。张卓坤有一个特殊的身份，

---

① 参见中国人民政治协商会议广东省广州市委员会文史资料研究委员会编《广州百年大事记》（下），广东人民出版社1984年版，第529页。
② 参见陈嘉蔼《沦陷时期的广东大学》，见广州文史网（http://www.gzzxws.gov.cn/gzws/gzws/ml/52/200809/t20080916_7577.htm）。
③ 照片转引自陈建华主编《广州抗战史迹图文集》（广州出版社2006年版，第197页）。

即校长林汝珩的老师。这个身份为农学院开展教学等工作提供了诸多便利。张卓坤出任伪广州市市长后，院长由杜树材继任。农学院先后设有农林系、园艺系、畜医系、植产系等。崔孟如等人先后在农学院任教，杜树桐也曾给傅家瑞上过课，其教学水平还是值得肯定的。

初入省立广东大学读书时的傅家瑞（1942年摄于广州）

香港沦陷后，曾在国立中山大学理学院和农学院任教的陈焕镛教授应林汝珩的盛邀，无奈之下从香港来到广州①，并将其在中山大学迁校前搬到香港九龙的植物标本70余大箱送来广东大学。汪精卫得知此事，专门给陈焕镛颁发了特别奖励并给予特优薪俸，还在广东大学开设植物研究所，聘请他为所长，为其研究植物提供方便。但是，陈焕镛为了保持松筠之节，刻意与伪政权保持距离，将主要精力放在研究植物上。当时，理学院设有植物分类课，请陈焕镛主讲，他十分注意政教分离，只管上好课，不问政治。傅家瑞也曾从陈焕镛的授课中学习到许多专业知识。陈焕镛是一位爱国科学家，标本是他生命的重要组成部分，标本在哪他只好跟到哪，所以，来广东大学与政治取向没有关系。1946年，陈焕镛因为曾在当时的广东大学工作过而受到牵连，被诬告为"文化汉奸"，幸得许崇清、金曾澄等人士上书担保而幸免牢狱之灾，但在"文革"期间，仍为此事惨遭迫害。②

广东大学在管理方面，先后经历了分权各学院、收权教务长统管、集权教务办公室管理等不同阶段。傅家瑞入学后，杨廉父出任教务长，一度大肆修改章则，对各学院行政采取干涉态度，企图树立统一管理制度；教育方面则采取导师制，因而风气为之一变。不久，杨廉父调职，由董志学任教务长。董则采取集权制，设立教务办公室，代行校长职权，削减各学院权力，因此所有学院院长权力均集中于教务长之一身。陈良士在1945

---

① 说到"无奈"，是指陈焕镛十分担心被认为投靠汪伪政府，但当时香港沦陷于日军之手，标本存放在香港并不安全。为了保全这些标本，陈焕镛只好做出此举。
② 参见冯双著《中山大学生命科学学院（生物学系）编年史（1924—2011）》（修订版），中山大学出版社2011年版，第121页。

年5月1日代替辞职的林汝珩出任广东大学代理校长后,乱象依旧。

在广东大学的三年学习期间,傅家瑞夙兴夜寐,成绩优异,而且与同学相处颇佳,没有因为家境贫寒而受到欺侮。尽管班中有些同学喜欢依势欺人,不过这些人始终没有为难傅家瑞。相反,同班中有几位为人友好的同学,常会主动关照傅家瑞。其中的一位好友叶志雄,愿意帮助傅家瑞改善伙食,主动提出由他来支付傅家瑞的菜金;傅家瑞则负责买菜煮食。这样,加上膳堂定量分配的米粮,傅家瑞在动荡的年代,并没有给母亲增加生活负担。

工读生的主要工作是到学校所属的农田劳动,像傅家瑞一样的工读生在康乐园里为数不少,虽然可以解决吃饭问题,但大家心里仍不痛快,总有一种寄人篱下之感。为了生活,也为了能够有书读,他们只好忍辱负重,为日后建设家园暗中积蓄知识力量。

傅家瑞与广东大学农学院的同学在中山大学校园合影(从左至右为梁慧惺、袁秉义、伦润年、傅家瑞、邝镇球)

这幅照片是在20世纪90年代末所摄,部分广东大学的同学在当年同窗苦读的康乐校园内合影留念,当时傅家瑞则以主人身份接待他们。当年的同学已各奔东西,老同学叶志雄、徐瑞方等人分别在香港、韶关等地创业,此时已经难得邀请到这几位老同学重游旧地。尤其是老同学叶志雄,曾在傅家瑞生活困难时周急继乏,傅家瑞对此终生难忘,一直想见恩人一面。1985年,傅家瑞应邀访问香港中文大学,恰在此时,长子傅庆新因

第三章 大学之路

傅家瑞与老同学叶志雄（中）在香港相聚时合影（摄于1985年）

美国的一所大学接受他的入学申请，正旅经香港赴美，在港父子相会。在傅庆新赴美留学一事上，老同学叶志雄给予了帮助，促成美事，正像当年帮助傅家瑞一样。叶志雄的同学之情，延续了两代人，让傅家瑞一家感动不已。在港期间，傅家瑞专门抽出时间，与叶志雄相聚，一圆同窗友情！故交相见，情深意切。

转学岭南大学

1945年，日本投降，伪省立广东大学随之解体。办学五年，有四届毕业生，总数200人左右。

抗日战争胜利，带给傅家瑞等人的只是短暂的喜悦。10月初，由于各地返穗市民日众，广州国民党当局无法供应市民生活需要，致使物价飞涨。人民怨声载道，当时流传民谣："烧错炮仗，拍错手掌，迎错老蒋。"

还有更让傅家瑞忧心不已的事情：他是汪伪政权的大学所培养的大学生，汪伪政府倒了，今后他该怎么办？会不会受到牵连、审查？他心中的忐忑像阴雨天的浮云，挥之不去。

蒋介石国民政府权衡再三，认为不能将汪伪政府作的孽强加给这些少不经事的年轻人，应该关心他们，给他们一个美好的前途。10月23日，广东省教育厅规定，收复后，广州各校员生，须一律接受甄选考试及训练，并拟定六条办法，侧重思想、纪律，对受训期间发现有"思想不纯"或有叛国行为者，即依法严处。①

傅家瑞自然也在甄选考试和训练的员生之列。这次甄选考试，对于傅家瑞来说，无异于久旱逢甘霖：他毫不犹豫地选考广州最好的公立大学——国立中山大学。

到了甄选考试那天，当傅家瑞等人前往考场时，却遭遇一些不明来历的人的多方劝阻。突遇困难，这对经历了丧父、逃难等劫难的傅家瑞来说，实在是小菜一碟。他早已坚定赴考之心，没有和这些人理论，而是绕道前往，排除阻力，顺利进入考场。

落座后，傅家瑞百感交集。汪伪叛国，罪不可赦，但是办省立广东大学，给学子一个免费读书的机会，不能说这也是错。树倒猢狲散，读了三年，大学没有了，国家再一次给了自己读书的机会，要好好把握住。

试题并不难，那个年代，也不可能出难题。政府的本意是尽可能多地给这些年轻人机会，而不是刁难他们，因此考试属于甄别性质。考得好，在其他大学继续学业；考得不好，也有机会读书，只是要留级一年，甚至两年。

成绩公布了，傅家瑞把握住机会，获得入读国立中山大学四年级的资格。三年苦读总算没有白费！而有些同学却因成绩欠佳，只获准入读三年级，甚至是二年级。

抗日战争胜利之初，广州市尚未安定，岭南大学尚未迁回康乐园，但是在康乐园免费吃住的日子也随着抗日战争的结束而结束，这真是一个幸福的烦恼。家里也室如悬磬，面临断炊之虞。这种断炊之虞直接影响了傅家瑞的发展：直到这时，他才发现，家里是没有钱供他到国立中山大学读书的！国立中山大学虽为公立，但是读书是要收取学费的。在当时，任何一笔费用对于母亲来说，都是一座山，难以逾越。她的心中只有一个想法：能把这帮孩子拉扯大，就是天大的功劳了，就算是对得起九泉之下的丈夫了，哪有钱供儿子读书呀！

傅家瑞简直急懵了，这种情况下连他读书的愿望也成了奢望。

怎么办，书没得读了。可这么大的人了，总不能待着吃闲饭呀！

幸好，胡继贤世伯已从内地返粤，并在广东省银行总行任职；承蒙他的举荐，在1945年10月，傅家瑞获准进入广东省银行总行电务股任实习员。通过短期的实践，聪慧加上实干，傅家瑞很快便受到行长胡继贤的赏识，当上了正式的译电员。这让傅家瑞产生了干脆直接工作、不再读书的想法。

可是，好景不长。因人事关系，1946年3月，傅家瑞被从广州总行调往韶关支行。在韶关生活与工作三个月后，傅家瑞本已与同事们建立了良好的关系；但到了6月，傅家瑞又接到调令，要将他调往英德浛洸分行。韶关支行区副经理略知傅家瑞的情况，劝说他不要再腾转挪移，应该趁着年轻，回广州继续大学学业。这番好意，傅家瑞至今没

---

① 参见中国人民政治协商会议广东省广州市委员会文史资料研究委员会编《广州百年大事记》（下），广东人民出版社1984年版，第559页。

有忘记，如果不是他的一番相劝，傅家瑞也许就不会有今天。傅家瑞恋恋不舍地辞去已经奠定了一定基础的银行工作，收拾行李，回到了广州。

抵穗后，经过与家人商议，傅家瑞决定转读私立岭南大学农学院。转读岭大，主要基于两点原因：一是在岭大读书是免费的，这是父亲去世后岭大给予傅家的优待，至今有效；二是岭大与傅家有深厚的感情联系纽带，父亲的耕耘、曾经的红楼、儿时的欢娱、自建的房子……

转学，按规定要通过转学考试，才能办理转学手续。之前通过甄别考试，傅家瑞的学习档案已转入国立中山大学，现在要申请从中大转入岭大。由于修读学科与学分的关系，转学后的学习期限不是一年，而是一年半，这意味着他累计要读四年半才能从大学毕业。不过，这已属幸运，比起一些同年级的同学，他们通过甄别考试，要花六年甚至七年才能读完大学。1946年9月，傅家瑞顺利通过转学考试，转到岭南大学农学院园艺系就读。

农学院的前身是岭南农科大学[①]。1921年，岭南大学副监督钟荣光向广东省政府申请，在岭南大学成立岭南农科大学，获得批准。广东省政府拨给设备费30万元和日常费每年10万元，又规定大学附近山田800多亩由岭南农科大学备价收用，任命钟荣光为岭南农科大学校长，由中国人组织董事会主持。自此，农科大学完全由中国人自己办起来了。1927年，中央颁布私立学校立案规程，岭南农科大学遂变为岭南大学农学院。该学院开设四年农业全科，发给理学学士学位。高鲁甫、杜树材、李沛文、冯锐、古桂芬等人先后在农学院任教。

园艺系是农学院的一个王牌系。岭南大学园艺学研究是岭南农科开展最早、成果最多的研究方向。1908年，高鲁甫以园艺学家的身份到岭南大学后，带领师生结合校园建设，开垦荒地，改良土壤，建立苗圃与小型农场，广泛引进并收集各种植物种子与树苗，研究工作逐步展开。此后20多年，岭南大学园艺系所研究的植物包括果树、蔬菜、花卉与森林四大门类，品种达1000种以上，既有本地优良品种，也有引进的外来良种。其研究重点在品种改良及栽培与繁殖方法改进上，冀以改善民生，发展农业经济，其中许多品种在大量推广后取得重大的经济效益；同时，研究结果也以专著及论文形式发表，得到了国内外学术界的重视，为热带亚热带植物学和园艺学的发展作出了重要贡献。[②]

岭南大学农学院在抗日战争期间先后迁往香港、粤北坪石、曲江仙人庙、梅县等地办学。1945年9月5日，日本投降后，岭南大学即从伪广东大学手中收回康乐园校舍，积极筹备复课。其于10月底开学，成为光复后恢复最快的学校。复员复课后，岭大农学院提高了对学生的要求，同时仍设农艺学系、园艺学系和畜牧兽医学系。

[①] 岭南农科大学虽名为大学，但仍是岭南大学的一个教学单位。
[②] 参见谭浩然《春风不言语，南国自芳菲——记抗战前岭南大学农科对广东农业近代化的历史贡献》，岭南大学上海校友会2010年印刷，第49页。

昔日十友堂

今日十友堂

岭南大学农学院院址设在十友堂，这是由林护、蔡昌、李煜堂等十位校友各出一万元捐建的三层建筑，内设课堂、实验室、陈列室、蔬菜门市部等。

傅家瑞能够取得优异成绩，与园艺系拥有较为完善、先进的基础设施、设备有一定关系。傅家瑞在园艺系学习时，该系有四个果棚、两个苗圃、两个菜圃、一个花园和一个农产品加工制造厂，后者拥有一台日产1500盒罐头的新式机器。另外，园艺系还有大型电力喷雾器、氢离子测定器、地力减速测定器、光电比色计等较先进的教学科研设备。[①]

傅家瑞入读岭大农学院时，李沛文院长主持学院工作。李沛文是在1940年9月古

[①] 参见《华南农业大学百年校庆丛书》编委会编《华南农业大学1909—2009百年图史》，广东人民出版社2009年版，第144页。

第三章 大学之路

岭南大学园艺系荫棚及玻璃温室（摄于约1950年）

转入岭南大学农学院园艺系读书时的傅家瑞（此时的傅家瑞颇似"竹林七贤"的精神领袖嵇康，伟容沉毅，"土木形骸，不自饰厉，而龙章凤姿，天质自然"）（1946年摄于广州漱珠岗）

桂芬院长逝世后接手该工作的。"在李沛文的主持下，农学院不但得以恢复，而且规模有一定程度的扩大。"①师资队伍增加到了20人，其中教授8人。学院设有农艺学系、园艺学系、畜牧兽医学系，到傅家瑞入学时，学生人数已逾百人，学生组建有农学会社团组织。

与傅家瑞成为同年级同学的农学院学生还有20余人，包括郑泽荣、陈学畴、陈学水、林健滋、李立信、陈作溥、郑时群、关赤波、叶惠恒、梁子久、罗冠华、温晔昌、郑汉业、周洪钧、梁冠群、麦灿雅、曾壮图、李启基、李瑞彬、黄淦昌，②提到名字的这些人都是最后拿到学士学位的，还有个别同学因为种种原因，没有拿到学位。其中，郑泽荣在傅家瑞的盛邀下，调入中山大学生物学系工作，协助傅家瑞创建植物生理学博士点。

① 《华南农业大学百年校庆丛书》编委会编：《华南农业大学1909—2009百年图史》，广东人民出版社2009年版，第134页。
② 参见陈国钦、袁征著《瞬逝的辉煌——岭南大学六十四年》，广东人民出版社2008年版，第154页。

办学仅仅几年的广东大学与有数十年底蕴的岭南大学在教育水平上有天壤之别。在转学岭南大学农学院后，傅家瑞需要加倍努力，以适应新的学习环境。当时，给傅家瑞上课的教师包括讲授花卉学的农艺系主任邵尧年教授和讲授蔬菜学的李德全教授等。邵尧年没有留洋经历，凭借自身努力和奋斗，成为一名岭南大学系主任、教授，其教学水平也很高。

悬梁刺股，对于傅家瑞来说，几乎是人生的家常便饭。凭借个人努力，一年后，他还获得一个生物学奖。由于表现优异，傅家瑞申请到学校的奖学金。由于傅家瑞在岭南大学读书是免交学费的，因此这笔不菲的奖学金可补助家庭之需，日子就稍有改善了。

傅家瑞获生物学奖是由于在大四期间修读了两门生物学系开设的课程，一门是昆虫学，另一门是动物学，两门课程都取得优异成绩。其中，昆虫学的任课老师是美国人嘉理思（J. L. Gressitt）。傅家瑞的表现得到嘉理思的赏识，他希望即将毕业的傅家瑞能留校工作，做他的助手。

正是嘉理思的这个决策，彻底改变了傅家瑞的人生轨迹，使他成为一名大学教授；否则，傅家瑞在大学毕业后也许会重操旧业，回到银行界去做一名职员。

嘉理思（1914—1982年），全名杰德森·林斯黎·嘉理思（Judson Linsley Gressitt），1914年6月16日出生于日本东京，在加州大学伯克利分校获得博士学位。1937年，受聘于岭南大学自然历史博物采集所，进行甲虫鉴定，不久出任采集所代理主任。在日本占领广州期间，嘉理思是少数几个留下来的美国教师之一。当时岭大成为广州中立国难民救援中心之一。嘉理思一方面负责维护岭大标本馆；另一方面，由于自己是岭大仅有的会讲日语的职员，他还充当翻译与日军打交道，以保护岭大不受侵扰。1941年，嘉理思被日军拘留，1943年12月被释放后回到美国。1946年，嘉理思携家人再次回到岭南大学，担任助理教授兼博物馆副馆长。再回广州后，他首先开设了昆虫学课程。傅家瑞选修了这门课，还因为他的良好表现，促成了两人的缘分之旅。

嘉理思后来成为比肖普博物馆首席昆虫学专家，是享誉世界的昆虫学家。他采集到中国昆虫标本约50000种，著述中记述中国天牛及叶甲等昆虫4300余种，发表新种（模式标本）950余

在岭南大学任教时的嘉理思

第三章 大学之路

抗日战争胜利后，一家人在康乐园自建的房子旁合影（从姐妹的着装可以看出生活已逐渐稳定下来）（从左至右为妹妹傅福仪、姨妈何凤坚、傅家瑞、母亲何蕙芳、姐姐傅福琼。摄于1946年）

种。①1951年，他在离开岭南大学回到美国后，始终关注中国昆虫学研究的进展。1982年，他应邀来华讲学，不幸因飞机在桂林上空失事，魂归他曾踏遍千山万水的中国华南大地。②

岭南大学复校后，康乐园重新活跃起来。母亲带领家人也从锡安堂搬回康乐园的老房子。碧蓝的天空，葱绿的校园，愉悦的师生，凤凰涅槃，一切都仿如新生。

搬回康乐园居住后，傅家瑞走读，还当上了工读生，做实验室工作助手，可以获得一些资助。姐姐傅福琼则在岭南大学化学系任管理员；二妹傅福贞在广州红十字会护士学校毕业后留在红十字会医院当护士；三妹傅福仪则按照岭南大学原来的规定，先入读岭大附中，中学毕业后进入岭南大学医学院。至此，傅家瑞一家并日而食的日子过去了。

大四期间，理论课程已经基本结束，实习（包括到木瓜园等地实习）实践和学生科

① 参见美国拉多夫斯基、海加编著《嘉理思生平及著作目录》，华立中译，中山大学昆虫研究所1984年4月印刷，第1~8页。
② 1982年5月2日发行的《羊城晚报》曾将其名字翻译为格雷西蒂。

研活动是教学主体内容。实习课由刚刚从美国来校任教的普赖德（Richard E. Pride）教授承担。普赖德和蔼可亲，大家非常愿意上他的课。有得学，还有得吃，这群大学生在快乐中逐渐成长起来。

岭大农学院十分注重实践课程，"学院要求在农场实习的学生人人都会驾驶拖拉机，目的是要学生充分领会农业机械化的重大意义"①。当时，这样的课程在许多大学开也开不出，因为买不起拖拉机。岭大克服困难，连买带租，坚持开设农用拖拉机驾驶课。傅家瑞正是在这个时候学会开手扶拖拉机的。不光是驾驶拖拉机，学院还要求学生毕业前要学会驾驶播种机、联合收割机等农业机械。

傅家瑞在岭南大学农学院四年级时留影（摄于1947年）

最后一个学年，要做本科毕业论文。傅家瑞思来想去，选择了广州西关泮塘的菱角栽培研究作为毕业论文选题。当时，广州市许多地方的池塘、沼泽都种植有菱角，观察起来十分方便。而泮塘菱角已经有300多年的栽培历史，以五月菱即红菱为主，还种植少许黑色的大头菱。说是研究，其实主要是观察菱角的生长情况，写出观察报告即算过关。泮塘栽培的菱角曾是泮塘五秀②之一。菱角花朵小巧秀丽，叶子可以做菜，果实生吃甜脆润口、熟吃可煲粥可做点心。可看可吃，真是应了那句话：秀色可餐。

傅家瑞为什么会选择泮塘五秀中的菱角？这也是一种无奈的快乐。当时，农学院决定安排毕业班的五位同学去泮塘进行本科毕业论文研究，五位同学每人选择五秀中的一

---

① 《华南农业大学百年校庆丛书》编委会编：《华南农业大学1909—2009百年图史》，广东人民出版社2009年版，第144页。
② 泮塘五秀：莲藕、茨菇、马蹄、茭笋、菱角。

第三章 大学之路

傅家瑞（前排左1）在木瓜园内实习时留影（后排右1为任课教师普赖德教授。1947年摄于岭南大学）

傅家瑞在驾驶拖拉机实习（1947年摄于岭南大学校园内）

种。傅家瑞素来老实，遇事不争不抢，其余的四位同学将五秀中的四秀选完了，就剩下菱角没有人选了，傅家瑞只好选菱角，别的也没得选。这样，在李德全老师的指导下，傅家瑞一次又一次往返于康乐园和泮塘之间，经过一个学年的努力，终于完成了本科论文的观察、实验和写作任务。

后来，选择泮塘五秀作为研究的同学中，只有傅家瑞的研究成果公开发表了。

回顾自己在岭南大学农学院的学习，傅家瑞首先为自己选择岭大农学院而骄傲。他在给《春风不言语，南国自芳菲——记抗战前岭南大学农科对广东农业近代化的历史贡献》一书作序时对岭南大学农科给予了高度评价："岭南大学农科的爱国传统，友爱团结的精神，勤奋严谨的学风，优秀的师资队伍，以及与当地农业生产密切结合，开拓奋进，为广东以及华南地区的农业近代化作出巨大的历史贡献。"① 在这样一所优秀的学府里，傅家瑞不仅学习到了扎实的理论基础知识，还学习到了多样化、实用性强的技能，如园艺绿化、开拖拉机等，为自己日后成为学艺精湛、德才兼备的科学家奠定了坚实的基础。

傅家瑞在塘边观察菱角生长情况时留影（1947年7月13日摄于广州泮塘）

傅家瑞与种植菱角的农民合影（1947年7月13日摄于广州泮塘）

---

① 傅家瑞：《序》，见谭浩然《春风不言语，南国自芳菲——记抗战前岭南大学农科对广东农业近代化的历史贡献》，岭南大学上海校友会2010年印刷。

第四章 初为人师

入职岭大

傅家瑞于1948年1月毕业,就业问题摆在面前。虽然有在银行工作的经历,但是傅家瑞还是希望能继承父亲的事业,在康乐园当一名教师,一如《礼记·学记》所言:"良冶之子必学为裘,良弓之子必学为箕。"

当时,傅家瑞看到岭南大学理学院生物学系招聘植物学助教的通知,便鼓起勇气面谒系主任容启东教授,表示自己是学习园艺的,对植物学科较为熟悉,能胜任这项工作。那时容启东的助教已转往岭大医学院人体解剖室工作,正是急需用人之际。

傅家瑞本是农学院的毕业生,要到理学院任教,还是有一定难度的。可是,容启东主任在听了傅家瑞的介绍后,当即表示欢迎。个中缘由,不得而知。分析可能有三个原因:一是傅家瑞在1947年获得生物学奖,给容启东留下一个好印象;二是由于父亲傅保光曾在岭南大学工作过的历史渊源,学人之后,"世济其美,不其名陨",理应放心;三是同为香山老乡,有地理上的亲近感。

1948年1月,傅家瑞获得私立岭南大学农学学士学位;2月,傅家瑞即正式加盟岭南大学教师队伍,成为生物学系助教。容启东成为傅家瑞成长道路上的又一位贵人。

容启东(1908—1987年),祖籍广东香山(今广东中山),生于香港。早年攻读经史,后考入岭南大学附中。1929年毕业于清华大学生物学系,后留校任教。1935年赴美留学,

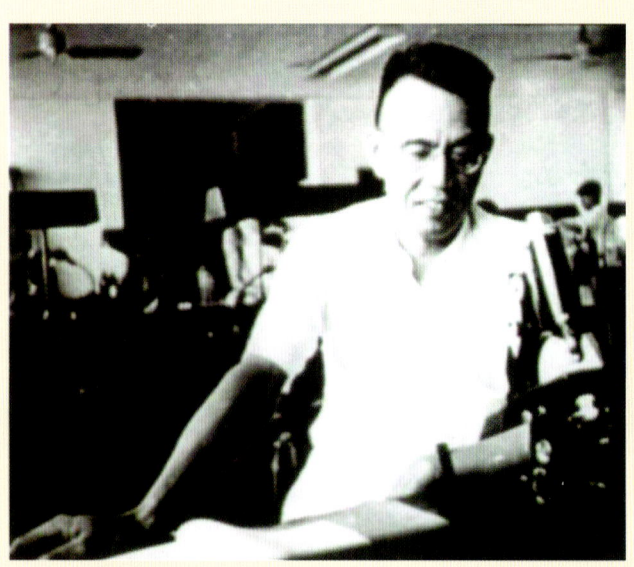

在香港大学植物学系担任高级讲师时的容启东(摄于1952年)

进入芝加哥大学研究植物形态学，1937年获得哲学博士学位。回国后出任西北联合大学教授，岭南大学教授、生物学系主任、理学院代理院长等职。1951年赴港，先后出任香港大学植物学系主任、崇基书院校长、香港中文大学副校长等职。在植物形态学研究领域硕果累累。

岭大生物学系是国内公私立大学中较早成立的生物学系。1916年，岭南大学下设岭南文理科大学，分为文、理、医、神四科，其中的理科即开设生物学课程，合计15个学分。1917年，岭南大学生物学系正式成立。岭南大学文理学院成立后，分设植物学系、动物学系。1928年，文理学院对学系设置进行调整，植物学系和动物学系合并为生物学系。1930—1931年，岭南大学成立专门委员会研究各学系开设研究所课程的可能性，当时生物学及自然博物采集所被定为重点发展对象。1938年，岭大文理学院实行文、理分家，生物学系归属于理工学院；同年10月，日军侵占广州前，生物学系随岭大迁移到香港办学。1941年香港沦陷后，生物学系随理工学院其他学系一起转移到南昌，借读国立中正大学。1945年9—10月，生物学系返回广州康乐园，继续办学，直至1952年与中山大学生物学系合并。①

著名昆虫学家贺辅民（W. E. Hoffman）教授等人曾担任生物学系主任，莫古黎（F. A. Meclure）教授等人都曾在生物学系任教。傅家瑞入职时，生物学系教职工只有十几人，系主任是容启东教授。中国籍教授有陈伯康、陈心陶，美籍教授有贺辅民、嘉理思等人，年轻教师有江静波、高琼珍、曾淑云、周郁文、陈俊民等人，职工有刘元、周焕文、吴国泰、刘顺邦、梁风清、张素雅、黄绍勤等人，兼职教授有蒋英。全系学生仅有二十几人。

岭大生物学系位于科学馆三楼。科学馆又称陆达理堂、史达理纪念堂、西院（与东院马丁堂相对应），于1925年动工修建，1928年10月19日落成，总建筑面积为3863平方米，用款25万元（为美国陆达理夫人及洛克菲勒基金会捐赠）。建成后，为理学院所用，首层为物理学系和数学系，二楼为化学系，三楼为生物学系，四楼是植物标本室，地下室为贮藏室。抗日战争期间，为保证在敌机空袭时正常上课，地下室被改为临时课室。②

进入生物学系工作后，系主任容启东教授成为傅家瑞的指导老师。傅家瑞的主要教学任务是准备及指导学生进行植物学及植物生理学实验。

工作的第一年，有个小插曲给傅家瑞带来些许困扰。

傅家瑞在岭南大学农学院学习时，昆虫学课程的学习成绩优异，获得主讲教师嘉理思的赏识。他希望傅家瑞在毕业后随他工作，开展一项昆虫学研究课题。这项任务虽然工资较高，还有可能因工作关系而出国，可是却需要经常外出调研及采集昆虫标本。母

---

① 参见冯双著《中山大学生命科学学院（生物学系）编年史（1924—2011）》（修订版），中山大学出版社2011年版，第132页。
② 参见余志主编《康乐红楼——中国大学校园建筑典范》，商务印书馆（香港）有限公司2004年版，第181页。

科学馆

亲不愿意让傅家瑞经常出差，特别是出国，而是希望儿子能在岭大校园内踏实任教，平实生活，以保持与岭南大学的渊源关系，并照顾一家老小。对此，傅家瑞自己也认为，最好的选择是不离开岭南大学，况且自己更爱好植物学与植物生理学，更愿意当教师，才到生物学系任教，走教书育人的道路。但是，嘉理思对傅家瑞有知遇之恩，不好推却。如何做到既能帮助嘉理思，又能满足自己留在岭大校园任教呢？问题摆在系主任容启东的面前。容启东为了照顾嘉理思的想法，让傅家瑞在进入生物学系的第一年，既担任自己的助教，也兼任嘉理思的助教，协助开好昆虫分类学一课。这样一来，问题迎刃而解。

1948年暑假前夕，嘉理思提出一项计划，前往中国中西部地区调查采集昆虫与植物资源，特别是希望找到此前刚刚报道过的活化石"水杉"标本。嘉理思邀请傅家瑞参与到这支队伍中来。这是傅家瑞参加工作后的第一次野外考察，他兴趣很大，并做了认真准备。队伍除了领队嘉理思外，还有周郁文和两位年轻的小伙子。他们先到香港集中，再乘飞机前往四川。[①] 经过一段时间的野外工作，他们取得了不少成果，包括采集到大量昆虫和植物标本。考察异常艰苦，"通常，考察是靠步行的，林（嘉理思）与一位助手进行了几次广泛的旅行；这些旅行的最后一次以五天多时间步行了265公里。林当时忍受了靠步行的大部分旅程，结果主要是受到在人们房屋中到处都有的臭虫的侵扰。不可能再步行了，他就让助手自己去采集和获得生物学标本"[②]。嘉理思将考察时采集的一些标

[①] 此处参考资料档案号为1-1955-XZ11-002-64，藏中山大学档案馆。
[②] 美国拉多夫斯基、海加编著：《嘉理思生平及著作目录》，华立中译，中山大学昆虫研究所1984年4月印刷，第4页。

本寄回美国鉴定。此事在朝鲜战争期间和"肃反"时被供出来,成为嘉理思的"罪证",傅家瑞也因此受到牵连,此是后话。

这次艰苦程度远远超出常人想象的考察,带给了傅家瑞很大的人生收获:要想在科学上取得超出他人的成绩,就必须付出超出他人数倍的努力。

由于傅家瑞在暑期后还有教学任务,只好提前离队回校。他独自随一位挑夫上路,从考察点利川经湖北及四川交界地,用五天时间,步行到达万县,然后乘船,再转火车返回广州。在步行的五天时间里,傅家瑞与挑夫同吃同住。因为当地的饭菜都是以辣椒为主,傅家瑞来自岭南地区,适应不了,只好吃白饭度日。

傅家瑞随嘉理思等人赴万县、利川古森林地带采集标本,因要提前回校上课,便单独随挑夫一同上路,这是出发前在居住处留影(摄于1948年夏)

傅家瑞回校后,学校领导进行了更换,陈序经接替李应林,成为岭南大学第三位华人校长。陈序经是一位学术造诣备受推崇且富有人格魅力的校长。

在1948年9月中旬举行的一次大学周会上,陈序经对傅家瑞等师生发表了对岭大的看法,体现了他的治校理念。他提到,岭大不仅有悠久的历史,而且有许多特点:第一,岭大自开办到现在始终是一个国际学术合作团体;第二,岭大是由中国人接收自办的第一所教会大学;第三,岭大最先实行大学男女同学;第四,岭大虽是基督教大学,但在学术发展上没有宗派之分,是第一所由没有受过洗礼的人来主持校务的教会大学。[①] 陈序经的自豪表态,蕴含着他要在岭大干出一番大事业、要复兴岭大的思想。

---

① 参见《首次大学周会陈校长训词》,载《岭南大学校报》康乐再版号1948年9月20日第82期1版。

当时，解放战争进入了决定性的会战时期。作为国统区大后方的广州，人们的生活表面上看似波澜不惊，然而内心却不平静。解放军节节胜利，国民党则努力进行最后的抵抗，广州市民普遍处于惶恐和迷茫中。一方面，他们对腐败无能的国民党已经失去信心；另一方面，对将来一种全新社会制度及生活模式相当不了解，从而产生了害怕甚至逃避的心态。傅家瑞也是忧心忡忡，自己年轻，好办，可是母亲、姐妹呢？好不容易过上食甘寝宁的日子，现在又是风雨飘摇，一家人会不会再次踏上逃亡的路？

磨难考验了傅家瑞的身体，也锤炼了他的心智，他的家人也是如此。他和家人讨论再三，觉得社会再乱，教育还是要办的。国民党的腐败导致人民啮雪餐毡，他们的失败已是不可避免。激浊扬清，一个新政权一定会从旧政权的失败中汲取经验和教训，一种新制度一定会优于旧制度。应该等等看，会有好结果的。

到了年底，由于社会动荡，物价飞涨，广东各个院校的教学秩序几近瘫痪，教职员工的生活难以维持。"反饥饿、反迫害"等罢教罢学风潮迭起。岭南大学陷入了有史以来最大的财政困境，学校经费所剩无几。为了经费，陈序经四处筹措。为保证教职工的工资能按时发放，使生活有保障，他利用开学前收入的部分学费购入一些物资贮备起来，在需要用钱的时候就放出去保值，以维护学校的正常运转，帮助教职工安心工作。[①] 为了抵抗通货膨胀，岭南大学用港币给教职工发工资。正是陈序经的这些举措，让傅家瑞看到了学校的希望。

在基本解决了办学经费问题的基础上，陈序经一步步地开展工作。陈寅恪、王力、姜立夫等一些大家相继来到岭大，师资力量大为增强；增建校舍、增添设备，改善教学硬件条件的工作也在稳步进行。生物学系所在的科学馆也进行了维修和翻新。短短一年时间，岭大焕发出了新的光彩，在政局交替、广东社会人心惶惶之际，岭大师生从容面对，为中国的学者和学生提供了一方学习和学术研究的净土。

广州解放

1949年4月，中国人民解放军占领南京前夕，国民党南京政府仓皇决定"迁都"广州，广州城一时人满为患。随着战事的发展，广州的国民党达官贵人准备逃之夭夭，教育进程渐趋停顿。岭大接到迅速结束教学、提前放假的命令。为了保证学校人员和财产的安全，岭大在6月初决定由校内师生、工友和市场的商人联合组成安全委员会，协助学校维持治安。包括傅家瑞在内的全校400多人参与了安全委员会组织的活动，以高度合作的精神保卫属于自己的校园。

10月14日，解放军进军广州。岭大在经历了一场急风骤雨后，又暂时恢复了以往的平静。当日，第一面五星红旗在怀士堂前的草坪上升起，庆祝广州解放！

---

① 参见陈国钦、袁征著《瞬逝的辉煌——岭南大学六十四年》，广东人民出版社2008年版，第119页。

许多岭大师生员工都在欢庆广州新政权的建立,他们从内心期盼解放军早点进城。13日晚上,广州市内秩序还是混乱不堪。住在文明路国立中山大学平山堂的张宏达曾回忆,听到外面枪声鸣响,大家既担心人身安全没有保障,又期待广州赶快解放,人民尽快过上安稳日子。

傅家瑞也在欢迎解放军进城的教师之列。24岁这个年龄,对于傅家瑞来说,心智已经成熟了。风风雨雨、是是非非,他已经逐渐看清楚中国共产党和她所建立的新中国是人民的政党、人民的政权,他真正地成为人民的教师了。傅家瑞这一代知识分子,经过军阀割据、抗日战争、解放战争,"尽管充满爱国激情,但在动荡的社会环境中报国无门。中华人民共和国的成立揭开了中国历史的新篇章,新政权在整顿社会秩序和开展经济建设中表现出勃勃生机。早已把自己的命运和祖国的命运结合在一起的知识分子,对国家和民族的未来充满希望,满怀激情地投入到工作中去"①。

傅家瑞(左1)与岭大同学在校内水塔旁合影(摄于1949年冬)

---

① 李剑、张晓红著:《此生情怀寄树草:张宏达传》,中国科学技术出版社2013年版,第73页。

傅家瑞和岭南大学师生一起庆祝海南岛解放（摄于1950年4月）

11月11日，傅家瑞和全体岭大师生员工共2000多人参加了广州各界举行的庆祝广州解放及苏联十月革命32周年纪念大游行。那天早上，他和同事、同学分批乘车出发，到海珠桥集会后列队到东校场与其他各校的队伍集合。大游行的队伍分为两列，举行欢迎解放军入城仪式。他还参加了化装表演，大家情绪高涨。此后，傅家瑞还参加了庆祝海南岛解放游行等活动。

为了加强对高等学校的管理，中央逐渐开始对知识分子进行思想改造。1950年5月，岭南大学召开第一届师生员工代表大会，决定成立新校务委员会，改造旧课程和成立政治课教学委员会。进入暑假后，人民政府举办了暑期教师研究会，把广州各大学的教师集中在岭大校园内，通过政治学习来提高新形势下的思想认识。傅家瑞在所在的小组内积极学习、认真讨论，成为紧跟时代脚步的人民教师。

第四章　初为人师

傅家瑞（中排左1）与1950年暑期教师研究会部分学员留影（摄于岭南大学学员宿舍）

傅家瑞（前排左3）与岭大同学在校内宿舍旁合影（摄于1950年夏）

在学科发展方面，岭大生物学系动物学科的研究力量略强于植物学科，尤其在昆虫分类学研究方面享誉学术界。贺辅民、嘉理思等人都是著名的美籍昆虫学家，从事动物学研究的还有陈心陶教授、江静波副教授等人，做组织胚胎学研究的有陈伯康教授；植物学科则靠容启东独挑大梁。为了学科的完整发展，1949年，容启东聘请国立中山大学农学院蒋英教授前来岭大生物学系讲授植物分类学，并指定傅家瑞担任他的助教。从此，傅家瑞的人生成长道路上，又多了一位指导老师，他也和蒋英教授建立了良好的师徒关系。

蒋英（1898—1982年），1898年11月出生在江苏昆山的一个书香之家，从小酷爱花草树木。1925年获得纽约大学林学士学位，1934年后任国立中山大学农学院教授等职，是著名的植物分类学家。在抗日战争期间，在保存国立中山大学植物标本方面作出过突出贡献。蒋英在教学过程中，对傅家瑞给予了细致入微的指导，曾多次将自己的研究论文单行本签名后送给傅家瑞，供他借鉴参考。

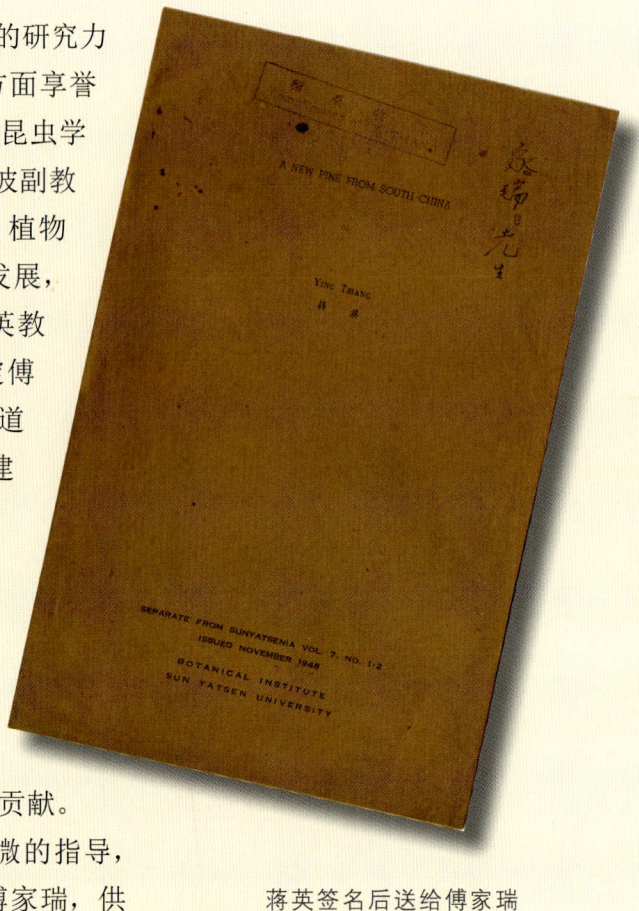

蒋英签名后送给傅家瑞的论文单行本

傅家瑞本以为新中国成立后，可以安安心心地教学和科研了，可事与愿违。1950年6月，朝鲜战争爆发。很快，美国就派兵加入了战争，支持南朝鲜（现韩国）。随着中国人民志愿军抗美援朝，中美关系急转直下。

在岭大校园里，中国人与美国人的关系不可避免地受到影响。8月初，岭大校园里开始出现反美活动。[①] 在学校工作多年、对学校发展贡献很大的生物学系教授贺辅民等人都被控诉，"有人指责贺辅民是凶恶的美帝分子，在岭大的昆虫室根深蒂固地盘踞着，借其教授资格在研究上胡作非为，秘密地进行昆虫研究，在昆虫研究室门口立有不得入内的牌子，还经常喝止过路的同学。还有人指责嘉士霖（嘉理思）让学生收集昆虫并把活昆虫寄到美国，其中有很多昆虫是疫病的传播源，居心不良"[②]。随后，学校又召开各种各样的控诉会、教师座谈会等，主旋律都是指责美帝分子压迫中国人，施行文化侵略而非培养人才，毒害中国人的思想。在一次控诉美帝分子大会上，傅家瑞亲眼看到两位美籍教授被拉上主席台批斗，他不忍目睹，但无力制止。

---

① 参见李瑞明著《岭南大学文献目录：广州岭南大学历史档案资料》，岭南大学文学与翻译研究中心2000年印刷，第145页。
② 陈国钦、袁征著：《瞬逝的辉煌——岭南大学六十四年》，广东人民出版社2008年版，第127～128页。

第四章 初为人师

控诉美帝的岭南大学游行队伍（摄于1950年）

一系列的控诉、批斗让年轻的傅家瑞陷入困惑之中，这些人都是他们的良师益友呀！他从上幼稚园开始，就与这些美籍教师接触。他比其他师生更加了解这些可亲可敬的老师们：历史上先后有221位外籍教师曾在岭南大学工作过[①]，他们把人生最宝贵的年华献给了异国他乡、远在万里之遥的中国，有的甚至是举家带口，夫妻都站在了下面坐满中国学生的讲台上，把西方最先进的科学技术带到了中国；他们鼓励国人捐建了数十栋红墙绿瓦的康乐红楼；他们主动提出要把自己创办的大学逐渐交给中国人自行管理；他们有的人把自己的生命都献给了这片岭南热土，直接安葬在了岭大墓园内，有如安重根义士的情怀"买骨岂肯先墓下，人间到处尽青山"……他们对岭南大学情深义重、恩同再造。同时，他们又索取了什么呢？但是，控诉和批斗之人似乎没有寸丝半缕感激之情；相反，还用尽贬损诽讪之能事。为什么？怎么了？

傅家瑞表面不便反驳，但是内心对控诉、批斗杂论不屑一顾：贺辅民、嘉理思怎么可能会毒害中国人呢？日本侵华期间，岭大校园成为国际难民区，救助7000多名中国难民渡过难关的，正是以嘉理思等十几名美籍岭大教职员为主体的救护队。当年做秦庭之哭的人是谁？现在却说人家毒害中国人，不是忘恩负义，还是什么！中国人不是讲究结草衔环、知恩图报吗？更为可笑的是，说嘉理思将带有疫病的活昆虫寄往美国是居心不良！

傅家瑞和其他有良知的中国人一样憎恨战争，但是这些为岭南大学教育服务的西方人是无辜的，如果不分青红皂白，清水、淤泥，统统泼掉，剩下的岭南大学难免失去润泽、失去秀色。

---

① 参见李瑞明著《岭南大学文献目录：广州岭南大学历史档案资料》，岭南大学文学与翻译研究中心2000年印刷，第152～155页。

岭南大学美籍教职员很快受不了舆论压力，不得不结束工作，停止与中国人交往，并陆续申请离境。曾对岭南大学昆虫标本馆建设作出重大贡献，并对傅家瑞有知遇之恩的嘉理思于1951年1月回国。① 至2月4日，最后一批离境许可下达。不仅美国人，其他外国人，也一起离开了岭大，离开了中国，深恐受到牵连。岭大真正变成了纯中国人的岭大，国际化变成国内化。就像是旅行，本来有多条路可以到达目的地，现在变成一条了，若遇塌方、泥石流，这条路断了，一个愉快的旅行者就难免会变成苦行僧。更让人哀叹的是，岭大连变成苦行僧的那一天都没有等来……

傅家瑞熟悉的那些美籍教授离去了，加之容启东也去了香港，他的内心五味杂陈，凄楚苍凉。他想念嘉理思，想念贺辅民，更想念容启东。他的想念就如杜甫思念李白一样："渭北春天树，江东日暮云。何时一樽酒，重与细论文？"这些人曾给予他指导，帮助他成长，傅家瑞只能在内心遥祝他们一路走好。

傅家瑞把思念之情都寄托在教学和科研工作中。他这一代知识分子，在颠沛流离中

蒋英、傅家瑞与实习生在鼎湖山留影（后排左3为蒋英、左2为林启汉、右1为资深采集员曾怀德，中排左1为刘元，前排右1傅家瑞、右2为刘金仙、右3为马炳章。摄于1951年4月）

---

① 参见华立中《情系中国——嘉理思博士百年诞辰追思》，载《中大老园丁》2013年第4期，第39页。

耕读救国，在新中国建设中真诚奉献，忧天下之忧，乐天下之乐。不管风云如何变幻，他始终坚信为科学探索、为国家工作就不会有错，他更为勤奋地向蒋英教授学习植物知识。为了提高学生的植物分类学知识，1951年4月，蒋英教授带队前往鼎湖山采集植物标本，傅家瑞也随同前往。

蒋英教授为岭南大学生物学系开设植物分类学课程，此次带领学生前往鼎湖山实习，采集及辨认植物。傅家瑞时任蒋英教授的助教，协助此次采集实习，并在山上留影。

在新中国成立初期，为了打破帝国主义的经济封锁，特别是对军用物资的封锁，国家想了很多办法，其中之一是需要尽快解决橡胶生产的困难。因此，中南局在1951年组织了两广橡胶植物调查队前往广西东南部的六万大山和十万大山等地探明产胶植物的分布与生长状况。调查队由蒋英教授领导，莫熙穆教授为副领队，一些在植物学、植物生态学、土壤学、气象学等方面学有专长的年轻学者也有参加。由于蒋英教授对傅家瑞的赏识，也邀请了他参加这支队伍。来自岭南大学的仅有傅家瑞一人。调查队天天翻山越

中南农业科学研究所两广橡胶植物调查队合影（前排左1为傅家瑞、中为蒋英、右2为莫熙穆。摄于1951年暑期）

岭，寻找野生橡胶植物。后转往广东沿海一带，在斗门县三灶岛发现一种含胶量达35%的优质野生橡胶藤，名为花皮胶藤。经过两年的辛勤劳动，他们摸清了华南地区橡胶植物资源情况，除花皮胶藤外，还发现了酸叶胶藤、红杜仲藤、毛杜仲藤、鹿角藤等多种含胶量高的野生橡胶植物，特别是探明了三叶橡胶的自然分布，为日后进行三叶橡胶研究提供了有益信息。这项工作受到了农垦部的嘉奖。

紧接着，由华南垦殖局组织的开发三叶橡胶种植工作在1951年11月展开。这次开发，可以说是举全国之力，不少教授与在校大学生从全国各地被抽调前来参加，声势浩大。傅家瑞参加的是勘察组的工作，由南京金陵大学植物生理学焦启源教授领

华南垦殖局橡胶勘察工作队在海南崖县留影（后排左3为焦启源教授、右3为傅家瑞。摄于1952年农历新年）

导，组员包括从各地赶来的植物、土壤、气象等学科的青年人才。各个调查组分别驻点进行测量和计划垦荒种植三叶橡胶。勘察组的任务是跑遍高雷区及海南岛，弄清楚各个地区的气候、土壤及植被等情况，以确定是否适合种植三叶橡胶；同时，还需要协助规划橡胶园的建设。考察活动一直持续到1952年5月才结束。①

---

① 此处参考资料档案号为1-1955-XZ11-002-64，藏中山大学档案馆。

第四章　初为人师

华南垦殖局橡胶勘查工作队在海口市留影（后排左2为领队焦启源教授，队中有两名岭大女学生，前排左2为傅家瑞。摄于1952年2月24日）

在这两次大规模调查基础上完成的科研项目"橡胶树在北纬18～24度大面积种植技术",在1982年10月被国家科学技术委员会授予国家科技发明奖一等奖。这是包括傅家瑞在内的岭南大学、中山大学等高校百余名师生集体智慧的结晶,所以证书上标明的发明者不是个人,而是"全国橡胶科研协作组"。①

在职读研

在岭南大学生物学系任教时,在导师容启东教授的关怀和指点下,傅家瑞攻读了岭南大学植物学专业在职研究生,修读了孔宪保开设的有机化学、容启东开设的高级植物生理学等多门课程,硕士研究论文题目是"植物激素物质对植物生长发育的影响"。

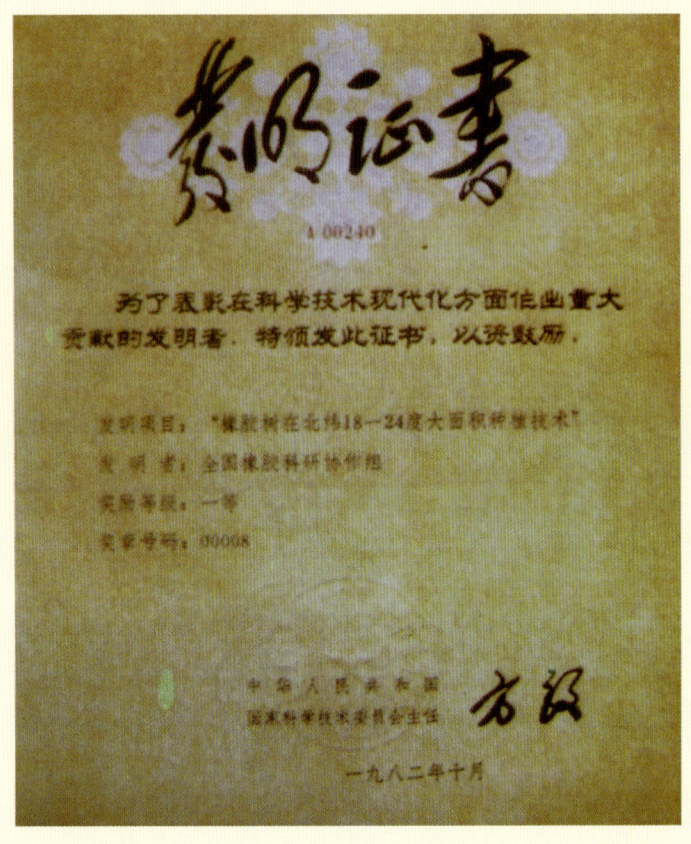

"橡胶树在北纬18～24度大面积种植技术"获得国家科技发明奖一等奖

岭大生物学系研究生培养工作开始于1931年,当年组建了研究生部,招收研究生。1934年,岭大首次授予的硕士学位就是理学(生物学)硕士学位。②1937年,教育部正式核准岭南大学生物学系研究生部为自然科学研究所生物学部。可见,生物学系是岭大第一个硕士学位的培养单位,对于培养硕士研究生有丰富的经验。

可惜,在学业尚未结束之时,由于容启东在1951年底离校赴香港大学任教,傅家瑞的研究生求学历程就此终止。

容启东为什么在此时离穗赴港,从历史文献中尚未查到确切的记述。根据分析,可能有两个原因:一是国内政治思潮风起,在容启东看来,这与他心无旁骛地追求科学的理想有偏离,于是他选择了离开;二是众多美籍教师的离去,让他感觉到岭南大学的学风已淡薄稀释,加之已经开始进行的院系调整,他难以看到岭大的未来和自己的未来。

---

① 参见《华南农业大学百年校庆丛书》编委会编《华南农业大学1909—2009百年图史》,广东人民出版社2009年版,第149页。

② 参见陈国钦、袁征著《瞬逝的辉煌——岭南大学六十四年》,广东人民出版社2008年版,第85页。

攻读研究生期间,蒋英送给傅家瑞参考的签名论文

"他似乎有意把家族带往远离纷争、远离喧嚣的教育净土中,在自己的世界里扮演自己该扮演的角色。究其原因,或许正是诗书传家的家族血液使其然……新中国成立之初的讲台上,不见容启东的身影。或许在他看来,哪里有教育的需要,他就应该去哪里——教育是他的魂。"[1]

也许有人认为容启东的离去是不爱国的举动,这不准确。抗日战争期间,国破家亡之危难关头,他都没有失去对民族的希望:"广州和香港沦陷后,岭南大学搬迁躲避在粤北仙人庙复课继续教学。容启东教授在简陋的木屋中,认真向学生传授知识。课余时间,他热心参加在坪石街举办的音乐会,担任乐队指挥,并请夫人何露珍独唱,以激励师生的斗志。他和岭南大学师生一起,度过了抗日战争时期的艰苦岁月。直到1951年,容启东在岭南大学教学长达13年。"[2] 新中国成立了,他会背祖国而去吗?不会,真要是这样,新中国成立伊始,他就会选择离开,而不会等到1951年。他这样的大科学家,想去哪里会没有大学接收呢?这是一位视大学为家、视学生为子、视事业为全部的爱国敬业

---

[1] 赵飞鹏:《香港中文大学校长容启东:满腹西学为中华》,载《南方都市报》2009年6月11日。
[2] 同①。

的学者。只不过，现实的结果是，容启东离开了岭大，傅家瑞中断研究生生涯。这对傅家瑞来说，十分遗憾。

容启东离校前，曾与傅家瑞"对床定悠悠，夜雨空萧瑟"，叮嘱傅家瑞一定要砥砺廉隅，不做斗筲之人。

对傅家瑞来说，所受的影响还不止是容启东离校，还有就是，院系调整紧接着开始了。

第五章 并入中大

院系调整

与美国的正面冲突使得中国决定加快清理教育界所受到的英美文化的影响,接受美国经费支援的教会大学自然成为清理的重点。随着苏联专家陆续来到中国,中国高等教育很快就抛弃了美国模式,走上了全盘照搬苏联模式的道路。根据苏联大学体制,以建设单科性专门学院为主,削减原有的综合性大学。1952年4月,中国开始了大规模的院系调整。岭大成立了院系调整委员会。根据当时院系调整的方案,广州的高校调整为一所综合性大学和四所专门学院。岭南大学文理科各系,除了教育系外,均与中山大学、华南联合大学和广东法商学院等三所院校的文理科各系合并组成一所新的综合性大学

傅家瑞在康乐园内自家住房旁种地时与家人留影(此时,二妹傅福贞已经调往北京工作,因此没有参加合影)(从左至右为三妹傅福仪、姨妈何凤坚、大姐傅福琼、母亲何蕙芳、傅家瑞。摄于1952年)

第五章 并入中大

——中山大学,校址定于原岭大校址康乐园。

傅家瑞由岭大人变成了中大人。其实,不管单位怎么变,傅家瑞的身份没有变,他还是人民教师,仍然可以拼搏在自己喜欢的教师岗位。而且,这次改变,是中山大学从石牌搬来康乐园,傅家瑞仍旧生活在自己生长和成长的美丽校园内。

院系调整,是非争议从未断过。不过从近年来各大学纷纷合并,让原来被分出去的院系回归,可见当年的举措值得商榷。苏联"老大哥"的院校如此这般设置,中国高校只好削足适履,硬是将"宽轨"变为"窄轨"。但是,按照苏联模式办学也有它的长处,在苏联模式下,大学有了严格的组织制度,有了周密的教学和科研计划,这对促进教学和科研工作是有积极意义的。

争议归争议,生物学系还是从合并中受益匪浅,由"瘦子"变成了"胖子":岭大生物学系与中大生物学系合并,组建了新的中大生物学系。新生物学系在师资队伍、图书资料、仪器设备、动植物标本等方面都得到了加强和充实,戴笠(戴辛皆)教授出任了新生物学系主任。

10月21日,中山大学生物学系从石牌校园搬到岭南大学校园,落户哲生堂。

哲生堂是孙中山先生之子孙科担任铁道部部长时,由铁道部拨款兴建的岭南大学工学院大楼,1931年竣工。孙科,字哲生。为了感谢孙科,该楼遂以孙科之字为名,故为哲生堂。由于初来乍到,生物学系在哲生堂内安置师生、排课调课,忙活了好一阵子。当时,岭大生物学系依旧在科学馆过渡到1954级新生入学,才全部迁往哲生堂,与中大生物学系进行实质性合并。

哲生堂(1957年中山大学发行的明信片)

1952年11月25日，调整后的中山大学隆重举行开学典礼，华南地区第一所新型综合性大学由此成立。①

12月，生物学系为了加强集体教学，成立了动物学教研组、植物学教研组和米丘林学习组。② 傅家瑞顺理成章地进入了植物学教研组工作。

为了将岭大生物学系师生和中大生物学系师生有效地融合在一起，1953年2月，从两校生物学系调整到一起的师生参加了学校组织的第二次思想改造运动。进入3月后，中山大学开始全面实行系主任负责制，将"系"作为教学的行政单位。为了协助戴笠主任的工作，生物学系还专门成立了系务委员会。教学工作在生物学系受到了前所未有的重视。

植物学教研组成立后，全部植物学方面的师资集中力量开设植物学这一门课程。但是，教学计划出来后，人手紧缺的问题日益凸显。

按照苏联模式制订的教学计划，生物学系二年级本科生还要开设微生物学课，三年级要开设植物生理学及植物栽培学等课程。可是，院系调整前的中大和岭大均没有开设微生物学课程，也没有相应的师资力量。但为了执行及完成教学计划，生物学系早作准备，将动物学、植物学教研组调整为动物学、植物学、植物生理学教研组，以便能按时开设教学计划中的一系列必修课程。植物学教研组先由吴印禅教授负责，后由张宏达副教授主持；植物生理学教研组则由于志忱教授担任主任，傅家瑞被调整到植物生理学教研组。植物生理学是主课，动物学专业和植物学专业都需要上，只是动物学专业学一个学期即可，而植物学专业则要学两个学期。动物学专业的植物生理学课由马炳章承担，植物学专业的则由于志忱和傅家瑞共同担纲。

植物生理学教研组除了开设植物生理学外，还要承担开设微生物学、土壤学和植物栽培学等课程。经于志忱等几位老教授研究，决定新开设的植物生态学及微生物学分别由植物学教研组的张宏达副教授及植物生理学教研组的傅家瑞担任，而植物栽培学则由何国樑老师担任。

为了讲好微生物学课程，傅家瑞除了积极备课，掌握学科内容外，还特地前往医学院申请做实验。再加上他在农学院学习时，曾到畜牧兽医系旁听微生物学，这样基本可以担负起讲课及指导实验教学的工作。直到几年后生物学系调入专门主讲微生物学的教师，他才离开微生物学课的教学岗位。

在岭南大学时，上课以英语讲授为主；而到了中山大学，上课则要求用普通话讲授。人们常说："天不怕，地不怕，最怕广东人讲普通话。"当时，中大校园里一些粤籍老师，操着半咸不淡的"煲冬瓜"（普通话）上课时，学生们如坠云里雾中，糊里糊涂，不知所云。教务科（今教务处前身）强调学生上课要记笔记，生物学系曾专门组织人员在课后抽查学生的课堂笔记记录情况。这样，北方来的学生便叫苦连天。傅家瑞是地道的广东

---

① 参见吴定宇主编《中山大学校史（1924—2004）》，中山大学出版社2006年版，第256～257页。
② 参见生物学系系务工作组《我们体会到集体教学的真正意义》，载《人民中大》1952年12月6日新2期。

人,他特别注意学习标准的普通话,而且注意控制讲话速度,上课效果在生物学系粤籍老师中算是比较好的。

有一段时间,在中山大学上课是非常考验体力的。傅家瑞也一度难以适应。1954年,全民学苏联,中大忽然搞起了"五时一贯制"。上午从9点开始上课,每节课上一个钟头,课间休息20分钟,五节课结束,要搞到下午才能下课吃饭。这可苦了傅家瑞和上课的学生。广州的夏天,中午天气特别炎热,大家都饥肠辘辘,且睡眼昏昏,讲者听者都痛苦不堪。① 好在,这种与"生理节律"严重脱离的制度没过多久就被取消了。

傅家瑞主讲微生物学,而且教得不错。可是,教研组主任于志忱一直认为傅家瑞的研究方向是以植物生理学为主,因此,即使在讲授微生物学(每年一学期)期间,还要求傅家瑞参加植物生理学课程的教学,并对傅家瑞如何讲活植物生理学课程给予了悉心指导。在于志忱的周密安排下,傅家瑞经过多年的备课与讲授植物生长与发育等有关章节,逐渐对植物生理学学科熟识,并形成了自己的研究方向——植物发育生理。于志忱成为傅家瑞在学科发展方面的引路人。

于志忱(1904—1985年),山东黄县人。1931年本科毕业于国立北平大学农学院,1938年获得法国巴黎大学科学博士学位。留法期间,于志忱发表了一系列论文,出版了《被子植物核分裂动态》专著。1939年8月,受聘为国立中山大学生物学系教授,讲授植物生理学和细胞学等课程。② 戴笠出任生物学系主任,正是从于志忱手中接过的系印。

不管教什么,傅家瑞的视野始终没有离开植物学科。1953年暑期,植物学实习是到鼎湖山采集植物标本,张宏达副教授是领队,傅家瑞是带队老师之一。

于志忱教授

---

① 参见黄天骥著《中大往事:一位学人半个世纪的随忆》,南方日报出版社2004年版,第39～41页。
② 参见易汉文主编《中山大学专家小传》,中山大学出版社2004年版,第484～485页。

首发论文

院系调整使中山大学生物学系的科研实力得以大幅提升。师资多了，就会逐渐形成学术竞争。从1953年开始，学术活动的蓬勃开展为生物学系奏响了一曲又一曲奋进的旋律。

12月10日，植物学教研组举行科学研究工作报告会，年轻的傅家瑞在报告会上亮相，做了题为"广州菱的研究和栽培情况"的报告。这是傅家瑞第一次站在学术报告的讲台上向自己的学术前辈和同事报告研究进展，这给了他很大的鼓舞。

傅家瑞十分熟悉菱角栽培。还是在岭大农学院学习时，傅家瑞的本科毕业论文便是研究广州泮塘的菱角栽培。这虽然是毕业论文，但当时兵荒马乱，难以写出格式规范、质量上乘的论文。为了准备这次报告会，傅家瑞闭门谢客，埋头著述，他对论文进行了系统的爬梳整理、补苴罅漏，增加了最新的研究数据，使论文变得"有模有样"。为了把好论文质量关，傅家瑞请吴印禅教授帮忙指导，吴印禅给了傅家瑞很多鼓励和指导。在和吴印禅商议后，傅家瑞将论文定名为"广州菱的研究和栽培概况"。其内容主要有九点：

一、引言。（傅家瑞写道）过去的数年中，（他）在菱的栽培和性状方面做了一些实际的调查及研究工作，"通过菱的萌发生理的具体研究，提高了对植物阶段发育和有机体与生活条件统一的问题的认识"[①]。

二、菱的品种、种类和它在植物界的位置。

三、菱的形态学和生态学。包括种子、幼苗、根、茎、叶、花、果实七个部分。

四、菱粉的制法、性质和菱实的化学分析。

五、广州菱的栽培概况。包括早熟栽培法和大头菱的粗放栽培法两种。

六、产销和用途。

七、菱实萌发的生理特性。

八、病虫害及其防治法。

九、总结。（傅家瑞给出四点结论）一是菱为一种水生经济作物，喜欢生长在温暖而多湿的环境中，很早便为我国劳动人民所栽植；二是从菱的生态与形态的特性上，我们可以认识到生物体生活条件统一的现象；三是大头菱本是春播性的品种，可是在秋季时候经过低温处理，便可以在晚秋播种，而能正常的生长，并且开花期提早；四是菱实富淀粉，且含有多样性的营养成分，可作辅助食粮，或作果蔬之用。菱粉除供食用外，还可以应用在工业上。

这篇论文长达25页，除了翔实的调查数据，傅家瑞还提供了自己亲手绘制的精美插

[①] 傅家瑞：《广州菱的研究和栽培概况》，载《植物学报》1954年第3卷第1期，第56页。

图,终于得到了主编的认可,于1954年3月发表在《植物学报》第3卷第1期上。"夔龙礼乐承先范,班马文章勘墨铅。"这篇处女作对傅家瑞来说,是一个莫大的鼓舞。《植物学报》在当时是中国植物学科的顶级期刊,能在这上面发表论文,标志着傅家瑞的研究达到了一定的水平。

这篇论文给傅家瑞带来的实质性收获是——他被聘任为讲师。从助教到讲师,他完成了从初级职称到中级职称的跨越。

学术研究的热潮在持续。1954年10月18日,植物教研组举行了成立以来的第一次科学讨论会,中国科学院植物研究所的吴征镒等应邀参加,傅家瑞也饶有兴致地参加了整个活动。受这次讨论会的鼓舞,12月7日,植物教研组和植物生理教研组联合举行第二次学术报告会,于志忱在讨论会上做了题为"批评'染色体遗传学说'是细胞学上的基础"的学术报告。傅家瑞虽然没有在会上作报告,但是已开始积蓄力量,准备大展拳脚,积功兴业。

《植物学报》1954年第3卷第1期　　　　《广州菱的研究和栽培概况》论文首页

也是在这一年，植物生理教研组在于志忱的领导下，贯彻教学与科研相结合的精神，开始进行植物发育生理的研究。为了联系实际面向生产，选取的研究材料都是农作物。第一篇论文是有关小麦的发育生理，发表在1955年发行的《植物生理学通讯》(3)上；第二篇是亚麻的发育与光照长度的关系，发表在1956年发行的《中山大学学报》(2)上；接着先后对花生、水浮莲、水稻、黄麻、芝麻及海岛棉等农作物的发育与光照长度进行了比较深入的研究，研究成果陆续发表在《科学通报》、《农业学报》等学术杂志上，其中光长对黄麻开花的影响研究为解决广东黄麻早花减产找出了原因并提出理论依据，具有较大的实践指导意义。另外，他们关于花生结荚的研究也持续多年，并发表了多篇论文。

这些研究使傅家瑞在这一阶段中对光长在植物发育中的作用产生了很浓厚的兴趣，成为他在科研道路上最早的一个研究方向——光生理学研究。

植物生理教研组的教学和科研活动越做越出名。1955年3月2日，中山大学召开第二次系主任会议。植物生理教研组主任于志忱应邀在会议上报告了教研组指导学生做学年论文和毕业论文的具体做法和经验。[①] 成绩中也凝结了傅家瑞的汗水。

于志忱的工作和学术水平受到学校的肯定，1955年3月，他被聘请为新创刊的《中山大学学报》（自然科学版）第一任主编，而学报编辑委员会主任则是许崇清校长。于志忱出任这个职务无疑为生物学系的教师更加努力投入科研工作提供了潜动力，因为只要你努力付出，就会得到学校的认可。再说得直白一点，努力作科研，写出好论文，在《中山大学学报》发表的几率就会提高一些。

1955年底，植物生理教研组在于志忱的组织下开始研究大藻（Pistia stratiotes，又称水浮莲）种子的萌发问题。当时正值国内大搞群众养猪，需要解决大量饲料的供应问题，而大藻生长快，猪又喜欢吃，是很好的猪饲料。因此，许多地方的养猪场都派人来广州，取苗回去繁殖。远程运输种苗，不但数量大、困难多，而且种苗活性也易受影响。因此，不少群众考虑带种子回去繁殖。但是，带回去后却发现，种子萌发存在很大困难。

傅家瑞发现这个问题后，与教研组同仁从种子萌发开始研究，逐步发现大藻种子的奇特习性：首先它是一种需光性种子，在暗处不能萌发；其次是储藏问题，若置于干燥状态下（大多数种子是需要干燥储藏环境的），种子会迅速死亡。针对这两个特性，傅家瑞提出解决方案：一是将大藻种子放在暗处，可以控制种子萌发，到了需要种植时再曝光催芽；二是运输时需要采用水浸储藏法。该方案为大藻种子繁殖找到了可行性途径，同时对光与种子萌发的关系也有了进一步的认识，即发现种子中存在抑制物，在光照下才能消除。他这项研究从1957—1965年间先后发表了五篇论文，分别刊载于《植物生理学报》、《科学通报》及《中山大学学报》上。

在这些论文中，傅家瑞及其同事分别讨论了大藻种子的储藏、萌发、休眠以及需光

[①] 参见《本校召开第二次系主任会议》，载《中山大学周报》1955年3月5日第96期。

性等问题,提出"需光性种子"的概念。从文献考证,傅家瑞应是国内首次提出该概念的科技工作者,这对提高傅家瑞的研究兴趣有很大的帮助,这也是傅家瑞进行脱水敏感性种子研究的开始。

在对大藻种子进行研究的过程中,傅家瑞再次体会到光因子对种子发育的重要意义;同时,这也促成了他日后在种子研究领域做出一系列开拓性工作,使他与种子研究结下了不解之缘,最终成为这一领域的研究大家。

总结这一阶段的研究工作,可以看出,傅家瑞和于志忱等人的研究都是以与生产实践紧密结合为出发点,这使他们的科研和教学工作基本上没有走弯路,且能迅速得到学校和社会的认可。后来,傅家瑞选择花生种子为研究对象,解决花生种子的活力问题,也是基于这个出发点。再之后,他还进行了其他作物种子的活力研究,包括杂交水稻、荔枝、龙眼和黄皮等,这些研究使傅家瑞成为国际种子活力研究的知名教授之一。他的第一篇关于种子活力研究的论文发表在1980年发行的《植物生理学通讯》(4)上,这是他领导的研究小组在20世纪80—90年代一直坚持的研究方向。他在1983年访问凯哈恩（Anwar A. Khan）教授后,引进渗透调节法以提高种子活力,以及1987年在英国参加国际会议时了解和产生了研究顽拗性种子的思想。这些思想和随后的工作把种子生物学的研究工作向前推进了一大步,这是后话。

傅家瑞能在科研和教学工作中取得一定的成绩,得益于教研组主任于志忱教授的启蒙和指导。此外,他还得到容启东、蒋英、吴印禅、侯宽昭等多位教授的悉心指导。在植物学教研组工作的同事张宏达副教授也曾给予傅家瑞很多帮助,两人成为相知有素的挚友。滴水之恩,当涌泉相报。恩师于志忱教授和吴印禅教授英年早逝后,傅家瑞持续多年在春节前去恩师家探望师母马医生（于志忱的爱人）和李老师（吴印禅的爱人）,直至两位师母去世。

傅家瑞的成长也与校系的正确领导分不开。在参加教学工作后,中山大学不拘一格选人才,给予他不少学习与进修的机会。新中国成立后,傅家瑞有机会参加各种会议,从而提高了政治觉悟以及学术水平。这为他不断成长为社会主义新中国的科学家奠定了思想基础和理论基础。1953年,国家掀起了向苏联"老大哥"学习的热潮,引进了苏联的教材、教学计划和教学大纲,但要熟悉这些教材就必须培养大量掌握俄语的人才;同年春,国家有关部门在武汉大学举办俄文速成学习班,中山大学生物学系选送了傅家瑞和马炳章前去学习。经过一个月的培训,两人回校担任生物学系俄文速成班辅导员,协助俄语教师开展教学工作,使全系教师能尽快学习和初步掌握俄文,促进了教学改革工作。1956年,生物学系派傅家瑞去参加全国植物生理学教师暑期学习班,对他日后的教学和科研工作提升也有很大的帮助。

婚姻殿堂

中国人自古就重视人生的两个重要阶段：金榜题名时和洞房花烛夜。金榜题名，傅家瑞已经完成，还有一个阶段就是什么时候步入洞房了。

时光回到1946年……

那一年，战争的袭扰使得年已21岁的傅家瑞重返岭南大学农学院，继续自己的大学学业。岭南大学当时已经成为一所国际知名的综合性大学，除了农学院外，还有工学院、理学院、医学院等，为了促进各院系学生之间的交流，学校经常会组织多种集体活动。在一次活动中，傅家瑞结识了医学院的梁承懿同学。

梁承懿，祖籍广东省信宜县，出身于书香世家。清末，梁家经过辛勤经营，家境逐渐充实，使子女从小就能接受文化教育，成为当地人的楷模。因为家里拥有土地，按照新中国成立后家庭成分的划分方法，梁承懿的家庭成分为"地主"。她的祖父梁伟文为清末拔贡，1916年出任信宜中学第一任校长；其后，梁承懿的伯父梁之材、父亲梁粤翘相继担任信宜中学校长。因此，在信宜中学90周年纪念时，称他们为一门三校长，并成为美谈。

她的外祖父李季濂是马来西亚著名侨领，在吉隆坡、中国香港及内地都有商业侨产。母亲李汝娴与父亲梁粤翘的婚姻是娃娃亲，婚后同赴香港，住在外婆家。1926年，梁承懿在香港出生，并在香港度过了童年时光。

1930年，梁承懿的父亲梁粤翘以优异成绩考入岭南大学商学院，1934年毕业，获得商学士学位。傅家瑞的学术前辈、著名植物生理学家、中国科学院院士娄成后在获得理学硕士学位后，也在同一年从岭南大学毕业。

梁承懿与弟弟和妹妹的合影（1938年摄于香港）

第五章 并入中大

梁粤翘毕业后留在广州工作。工作伊始,他将梁承懿接来广州,就读于广州市市立第二十四小学。抗日战争期间,梁粤翘赴港避难,进入他岳父李季濂经营的商铺锦纶泰工作;梁承懿也跟随父亲迁到香港,入读从广州白鹤洞迁往香港的真光中学。不久,香港沦陷,梁粤翘偕一家大小逃返内地。梁承懿则自己前往粤北,进入坪石培正培道联合中学,进行高中阶段的学习。

1945年,抗日战争胜利,梁承懿考入岭南大学医学院。从医,是梁承懿自幼的梦想。医生是救死扶伤的职业,能够救黎民百姓于病魔,神圣而崇高。

在活动中结识傅家瑞后,梁承懿芳心萌动。她觉得傅家瑞为人真诚,勤奋好学,追求上进,是一位靠得住的男人,这种印象为两人日后的交往奠定了良好的基础。傅家瑞虽然出身名门,父亲为鼎鼎有名的岭大教授、院长,但是家父早逝,家境凋落,当时的傅家瑞可谓是穷得叮当响。但是,"穷且益坚,不坠青云之志"。这点尤其让梁承懿感动。另外,傅家瑞住在岭大校园内,所熏染的书香之气,对一位涉世未深的女孩子来说,很有安全感。

梁承懿留给傅家瑞的印象如何呢?青春靓丽、文静淑雅是第一印象。梁承懿虽然家境不错,但是颇为看淡金钱和物质享受,素来粗衣粝食、生活俭朴,这无形中拉近了与傅家瑞的心理距离。少了门当户对的藩篱,两人接触渐多。在交往中,傅家瑞感觉到,梁承懿和蔼可亲、端庄大方、通情达理、品德出众、学习刻苦、成绩优秀,是一位可以信赖的女孩子。

你有情,她有意。在那个兵荒马乱的年代,傅家瑞和梁承懿开启了恋爱之旅。

1949年广州解放前夕,有些同学说要离校避难,一时人心惶惶。傅家瑞开始注意梁承懿的动向,担心她回到信宜乡间以后难以再见。这种担心是发端于内心的。无疑,此时的傅家瑞已经对梁承懿产生了很深的感情。

傅家瑞与梁承懿的合影(1949年7月24日摄于广州沙面)

广州迎来解放,岭南大学安然无恙,书声依旧。不过,傅家瑞心中的爱情波涛却从涟漪到荡漾,逐渐澎湃。因为他心里装了一个人,装了一份思念与渴望,装了爱情的轻舟。落花有意,流水有情。

广州解放,岭大无恙,可傅家瑞却突患急性阑尾炎,被人抬往岭大附属博济医院,还需要手术治疗。住院期间,梁承懿每次到病房看望,傅家瑞都感到很欣慰;每当梁承懿离开,傅家瑞便思念不已,这种兼葭之思是难以用三言两语来形容的。傅家瑞恨不得自己在医院多待上几天,这样他就能多和梁承懿见上几次面。

傅家瑞出院后,与梁承懿的关系稳步发展。有一次,梁承懿被岭大生物学系的一位助教约邀,探望因病在校外休养的陈伯康教授。细心的她思考再三,试探性地邀请傅家瑞同往,这一举动使傅家瑞心花怒放,他已经感觉到了梁承懿对自己的信任和依恋。此后,由于工作需要,傅家瑞经常外出进行采集与勘查工作,两人鸿雁传书,甜情蜜意流淌在字里行间。

经过六年的学习,1951年,梁承懿从岭大医学院毕业,获准留校工作,进入博济医院(今中山大学孙逸仙纪念医院)眼科,师从陈耀真、毛文书两位教授。陈毛伉俪是岭南大学眼科学的奠基人,能够跟随两位大师工作,是许多岭南大学医学院学子的梦想。梁承懿的从医之梦就此在博济医院起步。

在博济医院眼科工作没几天,国家的一声召唤改变了梁承懿的梦想。8月,作为国家奇缺人才,全国高校医学毕业生必须接受统一分配,并被动员参加抗美援朝。梁承懿也义不容辞地接受国家的安排,参加了抗美援朝队伍,开赴前线。当队伍开至武汉后,梁承懿被安排在汉口中南军区总医院眼科工作。该院是抗美援朝的后方医院,主要收治从前线运回国内的伤员。其后,两人便只能通过书信联系。

傅家瑞与梁承懿的结婚照(1953年摄于广州)

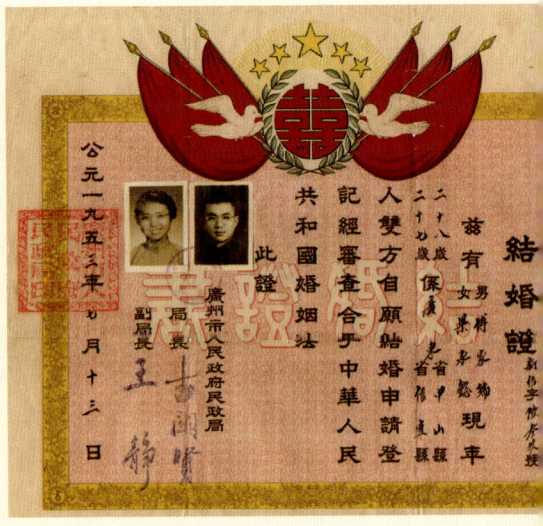

傅家瑞与梁承懿的结婚证

第五章 并入中大

有情人终成眷属。1953年春，傅家瑞被中山大学生物学系派往武汉大学参加俄文速成学习班，遥相思念的两人得以相见。但是，长期分隔两地总不是办法。组织上考虑到两人的实际情况：一方面，已经年满28岁的傅家瑞既是系里的教学骨干，也是家里唯一的男孩，需要照顾老母亲；另一方面，梁承懿也已年满27岁，属于晚婚，于是决定将梁承懿调回广州，进入广州军区陆军总医院任职。当时，抗美援朝战争已经进入到第二阶段，《停战协定》即将签署，局势已经缓和下来，这也是梁承懿能顺利获准调回广州军区总医院的重要原因之一。

经过八年的交往，在1953年7月13日，傅家瑞用自行车载着梁承懿，一路飞奔到派出所，办理结婚登记手续，并在家人和亲友的支持下于7月19日举行了简朴的婚礼，结为夫妻。

喜结秦晋之好不久，因工作需要，梁承懿又从陆军总医院借调至广州军区第一门诊部任眼科医师，后升至副主任医师、主任医师。

婚后，两人恩恩爱爱，工作上相互支持，生活上相敬如宾，连睚眦之隙都极少出现。在部队工作期间，梁承懿工作积极，表现出色，荣立两次三等功，多次被评为"五好医生"。

1954年，大女儿呱呱坠地，生日正好是"八一"建军节，大女儿后来更名叫傅庆军即与此有关。1956年，大儿子出生，当时国内形势大好，国家正在迈向新时代，便取名为傅庆新。到了1961年，二儿子出生时，正值国内经济困难时期，物质供应奇缺，国家已经实行食品配给制，当时一名产妇的配给物只有一只咸鸡。傅家瑞预期国内农业生产已下降到谷底，应当是重新崛起的时候，所以给儿子取名为傅庆农，预言农业的兴旺将要到来。

身穿戎装的梁承懿与同为军医的女儿合影（一家两军人，为国立军功）

前述梁承懿曾与弟弟和妹妹在香港合影留念，多年以后，弟妹都事业有成。妹妹梁承愈1950年考取国立中山大学农学院园艺系，她和姐姐、姐夫的感情很深，一直尊称傅家瑞为大哥。她在一篇名为"常相忆，自难忘"的回忆文章中对傅家瑞给予了高度的评价：

"春风化雨，润物无声。大哥和姐姐都是我

特别敬重的人，对我们弟妹的成长影响很深。母亲走得早，作为大姐，她为我们五个弟妹担当起了像母亲般的责任，血浓于水的亲情是不会忘记的！在大哥和姐姐潜移默化的影响下，大家互敬互爱，互让互助，学会了理解和包容。这些优良品质能在我们的日常生活中彼此传输，也传承到下一代，我相信会一直传承下去。我们每次见面相聚，特别是每年春节大团聚的时候，都会畅谈彼此的惦念和感受，还会交流日常工作、学习、生活的许多趣事。那出自心灵深处的爱，相互交融，彼此鼓励，使大家都能得到积极有益的能量，一直成为维系我们大家庭情感的纽带。也许流年可以带走一切，但带不走那美好的记忆。

"在那个'出身不由己，道路可选择'的年代里，凡处在这样境况下的人们，都会认真地去选择自己的人生道路，如何面对社会，实在需要正确、平衡的心态。为此，姐姐常勉励我要'希望好的，准备坏的'，让我一生受益。我高中毕业后，原想与姐姐一样学医，当一名治病救人的医生，但我见血会晕。后来受大哥的影响，1950年我考取了中山大学农学院园艺系。

"大哥给人的印象总是笑眯眯的，待人和蔼可亲。记得他有一个广州话的昵称叫'细路仔'（即小孩），他思想单纯，杂念少，为人谦虚，待人真诚，不议论别人长短，日常生活简单朴实。他话语不多，不好为人师，立行身教，行胜于言，却不经意中时时流露出一种尽在不言中、无声胜有声的境界。

"我们常说大哥是个真正做学问的人，无论科研与教学，都是全身心投入，自强不息。学风教风勤奋、严谨、认真。在我的记忆中，几乎每次，即便是节假日，去他们家，大哥总是在实验室。（他）常常忘了午饭时间，但回家时还记得买些简单肉菜回来，尽自己力所能及的责任，姐姐也没有半点怨言。从大哥和姐姐的身上我真正感受到了他们相互尊重、幸福和谐的殷殷挚情。

"'文革'期间，大哥和我不约而同地在各自的单位被分配养猪，接受再教育。我体会到冬天的寒冷，既要保暖而又不被洗刷猪槽时的粪水溅到裤子上，于是我利用空闲时间专为大哥织了一条宽脚毛裤，以表我对大哥的一点关心和敬意。

"改革开放后，大哥经常有机会出国访问和学术交流，他总会记得给我们姐妹每人带点小礼物作纪念，如南非的钻石原石的钥匙扣，或是一枚小小的挑线针，礼小实用，情深意长。大哥对我们姐妹们的关心爱护，在我们弟妹的心里，相忆难忘。

"1979年，我从广西调回华南农学院园艺系，因'文革'动荡的原因，中大图书馆有些学术文献断刊或断期，大哥经常会让我到华农图书馆帮他代借一些有关园艺、植物生理和种子方面的文献资料，我会尽心尽力帮他搜寻。在查找的过程中，我对植物专业的学习兴趣也不断提高，同时也开阔了我的学术视野，让我受益不少。每学期，大哥常会被华农邀请来担任研究生论文的答辩评委，他缜密严谨的治学态度，理论与实践并重的学风，受到了师生的敬重和认可。

"大哥和姐姐几十年同甘共苦，相濡以沫，印象中他们从未红过脸。有一件事是听姐姐说的,我记得特别深刻:一天晚饭后,姐姐和大哥去散步,经过学生宿舍时,大哥说他上楼去看望一下学生,让姐姐在楼下等他片刻。结果姐姐等了很久,也未见他下楼。外面还下起了雨,也许他和学生正在讨论学术问题,早已把姐姐等他的事忘在脑后。但姐姐没有一点抱怨,还当笑话说给大家听。我们都敬佩大哥背后有一位善解人意、宽容的贤内助!姐姐也是一位口碑很好的医生,她工作也很繁忙,顾及方方面面的事亦很多。她总是默默地关心周围的亲朋好友,尽自己的所能给予需要帮助的人。她退休后竟两次坚毅地战胜癌症病魔,她的坚强和乐观都深深感染着我们。我深知姐姐为我们付出了太多太多,她太累了,需要休息了。我们衷心地祝福他们:相依为伴,彼此扶持,从容面对难关,幸福安度晚年。

"大哥是我国著名的植物生理学家和种子生物学家,他获得了首届中山大学卓越服务奖后,我们都为他高兴。然而在荣誉面前,他很谦虚,是我们学习的楷模。我想起了美国哲学家梭罗《种子的信仰》中的一句话:'我不相信没有种子植物也能发芽,我心中有对种子的信仰。让我相信你有一颗种子,我等待奇迹。'大哥这位种子生物学家用自己对自然科学的毕生追求,用一粒种子回归自然的心灵,让无数颗种子演绎成绿色的希望。根深叶茂,桃李芬芳。"①

弟弟梁承宪(左1,从南宁来广州探亲)与姐姐梁承懿等人的合影

---

① 梁承愈:《常相忆,自难忘》,本书略有删节。

弟弟梁承宪，1959年毕业于清华大学汽车专业，是高级工程师，曾任广西壮族自治区交通厅副厅长、党组副书记，在业务和管理工作上均有所建树，是白屋出公卿的典型代表。

梁承懿的另一位妹妹梁承爱，退休前常年工作、生活在广州。她在撰写的回忆文章中表示，她对傅家瑞在学术界的影响有多大不甚了解，但是因为常年接触交往，她在生活细节的回忆中对姐夫的高尚品格给予了充分的肯定，称姐夫为"龙头大哥"：

"龙头大哥能公正地平衡姊妹之间的关系，因此深受爱戴和尊敬，几十年如此。大家可能以为他只会做文章，不会做饭，其实他早在大学时代已会煮饭，那是因为家庭经济困难，为了赚取伙食费而为'同煲'的同学当伙头。记得大哥结婚时，家里有母亲，还有一位姨妈和两位未结婚的姊妹，他们相处融洽。后来，母亲和姨妈相继仙逝，这时大哥的姐姐还未出嫁，她担忧长辈离去后会失去依靠，担心弟弟和弟媳不容易接受自己，情绪上曾一度失控。傅家瑞和梁承懿深深理解姐姐的忧虑，心平气和地安抚姐姐，让她安下了心。

"大哥有了孩子后，虽然工作繁忙，但是在重要节日还是尽量抽出时间带孩子去逛公园，其乐融融。在我的印象中，他好像没有打过孩子，从来没有将繁忙的工作压力发泄到孩子身上。更值得一提的是，他和我姐姐相处几十年，一直相敬如宾，常为对方设想。'文革'前，因为工作实在太忙，大哥家里请了一位保姆冯姨，待其如家人。'文革'期间，全家只有我姐姐一人有工资收入，姐姐想辞去保姆，以节省开支。但是，保姆恋恋不舍，不愿意离开。保姆曾亲口对我说，平时傅老师和梁医生对她很好，她不能在他们有困难的时候离去，特别是年幼的三个孩子还需要照料；她宁可减钱，不要工钱也行，她不愿意离开。当然，他们再困难也没有减保姆的工资。后来，我父亲也住在大哥家里，他们相处得也是很融洽的。父亲在外人面前提及大哥，总是说他为人诚实谦厚。

"大哥生活简朴，不会乱花钱。20世纪五六十年代，他就没有怎么买过衣服。一件御寒的外套还是中学时代穿的，因为不合身，我姐姐帮他修改过后还继续穿。大哥常穿的衣服都是我姐姐亲手缝制的，他不追求气派，不炫耀身份。不过这并不意味着他没有品位，记得在困难时期，他到汕头出差，为我们几位小妹每人买了一件汕头抽纱上衣。80年代，有一次，大哥搬家，我协助拆床和铺被子，发现他用的两床被褥都破烂不堪，用了起码有三四十年，早就应该扔了。

"大哥为人讲大义，重小节。他到美国考察，没有一件像样的会见宾客的服装。在美国的妹夫为他预备了几件合适的西装，在他离美回国前，将西装如数留下还给了妹夫。"①

梁承懿的叔父梁溥教授，是我国著名的地理学家、地理教育家，是中国近代地理学的创建者之一。1934年，梁溥毕业于国立中山大学地理学系，1936年留学日本东京帝国大学，翌年抗日战争爆发后回国参加抗日运动；曾任教于国立中山大学等高校，曾任中山大学地理学系主任。

---

① 梁承爱：《我认识的傅大哥》，本书略有删节。

第五章　并入中大

傅家瑞（左1）接待梁承懿大表兄李剑桥（左4）时与在广州的亲属合影

在中大校园内，亲属们相聚时合影（前排左1为叔父梁溥；左2为二妹夫韩辛茹，中国社会科学院新闻研究所副局级退休人员；左3是姐夫温斐荃，前中大设备处负责人；左4是岳父梁粤翘；左5为傅家瑞。后排从左至右分别为梁承懿、傅福贞、傅福琼、傅福仪。摄于1988年冬）

梁承懿的大表兄李剑桥,是马来西亚知名侨领,曾在岭南大学华侨班学习。改革开放后,曾回国省亲,傅家瑞和梁承懿陪同他前往康乐园张弼士堂。这里曾是他在华侨班学习时的课室。这引起了李剑桥的怀思,他感慨万千。此后,李剑桥多次回国省亲,并为推动中马两国关系发展作出了力所能及的贡献。

傅家瑞十分重视伦理亲情,喜欢至亲居住在一起,岳父梁粤翘晚年便与傅家瑞和梁承懿在一起生活。梁粤翘对傅家瑞的评价很高。在他的眼中,傅家瑞就如汤显祖笔下的"乘龙快婿,骐骥才郎",带给梁家的是美满幸福。

"规划"发展

1953年,中国开始执行第一个五年计划。"五年计划"是我国国民经济计划的一部分,主要是对全国重大建设项目、生产力分布和国民经济重要比例关系等做出规划,为国民经济发展远景规定目标和方向。"有规划地建设"很快成为全国大大小小单位的中心任务,中山大学生物学系也不例外。作为生物学系的一员,傅家瑞也在盘算着如何更好地"规划"自己的人生发展。

但是,一个突如其来的决定差点毁了傅家瑞的一生。1955年9月7日,傅家瑞接到学校通知,他被停职审查。

停职审查,对于一个正在憧憬自己美好未来的年轻人来说,不啻晴天霹雳!停职审查的原因只有一个:宗教问题。

话要从抗日战争期间说起。傅家瑞和母亲等人从香港逃难回到广州后,全家人一度走投无路,生死关头,是教堂收容了他们。吃住在教堂,不能不受一点影响。"吃人家的嘴软,拿人家的手短",但是教堂从来没有强迫傅家人信教,是傅家人自己在生活中感受到教会人士的无私、互助与爱心施舍,是自己主动信教的。信教也没有影响他们热爱国家与建设国家,二者之间不存在矛盾。

信教不是傅家瑞被停职的全部缘由,还有其他问题。那就是他参加了教会活动,而且不只一次。学校查明,傅家瑞先后三次参加全国各大学基督徒学生联合会(I.V.F.)举行的活动。全国各大学基督徒学生联合会是一个宗教组织,1945年7月在重庆成立,傅家瑞先后在1949年2月和7月在广州参加该会举办的冬令退修会及夏令退修会[①],1949年6月又在香港参加了一次夏令退修会。1950年,傅家瑞接受洗礼,成为一名基督徒。这一年暑期,他还两次下乡参加传教活动。另外,还有人说他利用担任生物学系三年级本科生班主任之机,向学生传教。[②]

这本是几次普通的基督徒活动,并没有政治目的。傅家瑞在参加活动时,仅仅是参

---

① 退修会,英文为Retreat,又称为避静,一般指基督徒在面对事物给自己信仰的价值观带来冲击、混淆后,选择宁静平和的环境专注修行的活动。

② 此处参考资料档案号为1-1955-XZ11-002-64,藏中山大学档案馆。

与，并没有负责组织。1952年，国家规定，不允许在学校范围内举行教会活动。从此，傅家瑞对于参加基督教活动心存谨慎，并且将家中保存的一本《共产党与宗教》的小册子烧毁，唯恐时乖命蹇，给自己带来不测；向学生传教之事，更是不可为也不敢为之事。但是，到了1955年"肃反"时，他曾经参加教会活动的问题还是被查出来，尤其是1950年的两次传教活动，性质较为严重，因为当时正值"土改"时期。

傅家瑞不得不写出长篇说明材料，一次次接受学校组织的调查。对于"土改"时期参加传教活动，主要是因为当时恰值学校放暑假，时间自由，并没有与"土改"运动作对之意，众目昭彰，无须多辩；至于利用担任班主任之机，向学生传教，则如阮葵生在《茶馀客话》中所描述的："此耳食之谈，引经断狱，当不如是。"

宗教问题好不容易才说清楚，但是他在岭南大学读书及工作期间的经历问题又被株连翻出。其问题包括三个：

一是他与一些外籍教师的关系问题，包括三个事实：与嘉理思到四川考察，嘉理思将采集到的标本寄回美国，用意何在；与美帝分子蒲白重①、贺辅民为师生关系；与"逃港"的容启东通信联系，将参加橡胶考察之事告诉容，并两次托人给容带过书刊，还将广州的苔藓植物和竹子制品送给容，其中竹子制品可以成为制作飞机的材料。

二是他曾参加岭南大学"应变"活动问题。

三是有人举报说他曾在岭南大学参加过一个叫"明志社"的反动组织。

傅家瑞在材料中一并进行了详细说明。第一个问题，与校方聘请的外籍教师都是普通的师生交往，只从事单纯的科研教学活动，没有里通外国的企图；第二个问题，岭南大学"应变"，是迎接解放的一个工作之举，并无恶意，况且他仅仅参加学校布置的一般性公开活动；第三个问题，岭南大学存在"明志社"这个组织，他闻所未闻，何来参加之说？②

毕竟是在大学接受调查，通情达理本是大学之为。傅家瑞是一介学者，怎么会做出这些事情。在1956年7月4日，傅家瑞顺利通过了审查。而且，从1978年学校给出的终查结论中可以看出，"明志社"确实是个子虚乌有的组织。③

生物学系从1956年1月开始成立规划工作组，总结生物学系并系三年来的教学工作，并进行全面规划。生物学系在规划中提出：未来12年将开设植物生理学等八个专业。这些专业是根据高等教育部的规定，要克服困难创造条件，需要按期完成任务。要办新专业，就需要有师资。要解决师资问题，只能从两个方面着手：引进、培养。3月28日，生物学系召开师资培养与提高座谈会，对师资培养规划提出进一步要求，要求年轻教师在三年内具备独立开设本专业一门课程的能力。具体围绕这个目标，规划要求教

---

① 档案中原文如此。查在岭南大学历史上并无此美籍教师，经过向傅家瑞访谈，对此姓名也无印象。疑是记录时翻译不准所致。

② 此处参考资料档案号为1-1958-XZ11专049-08，藏中山大学档案馆。

③ 此处参考资料档案号为1-1978-DQ11-006-08，藏中山大学档案馆。

师具备广博的基础，"要掌握本专业三门主要课程的基本理论，要掌握两门外国语，要具有独立进行科学研究的能力"[①]。

这样的高要求，仅靠教师个人努力是很难达到的。恰在此时，有关部门在北京大学举办了全国植物生理学教师暑期学习班，学校决定委派生物学系植物生理教研室主任于志忱和骨干教师傅家瑞参加。其他参班学习的人都是来自综合性大学、农业系统和师范院校的教师代表，规模庞大。大家被统一安排在北大生物楼住宿，女的住一层，男的住一层。因为多是年轻人，学习班显得朝气蓬勃。

学校选派傅家瑞参加全国植物生理学教师暑期学习班，是有一定用意的。一方面，他在岭南大学经历过良好的专业训练，基础知识较为扎实；另一方面，他对专业有着执着的追求和热爱，好学上进，勤勉有为，是可塑之才，有培养潜质。可见，学校是将傅家瑞作为植物生理学教研室的教学与科研主力进行培养的。

经过一个月的学习，大家收获良多，尤其是年轻教师，在老教授们的"传帮带"下，更为深刻地体验到如何行之有效地进行植物生理学教学。于志忱教授也在学习班上承担了一次讲座任务。这是植物生理学工作者的大会师。参班培训，既可获得知识，更可认识同行，特别是可以结交一些学术界的老前辈，建立学术联系，为日后植物生理学科的发展奠定组织基础。

在京学习时，傅家瑞还利用空暇看望了在北京协和医院工作的妹妹傅福贞。傅福贞已经有了如意郎君，与先生韩辛茹在北京相识相恋，因而也就此扎根北京。

在北京大学参加植物生理学教师暑期学习班的部分人员在郊游时留影（前排右1为傅家瑞、左2为薛应龙、左3为曹宗巽、左4为吕忠恕，后排右1为吴相钰。摄于1956年夏）

---

① 《生物学系已初步订出密切结合教学工作的师资培养计划》，载《中山大学周报》1956年4月28日第149期。

第五章　并入中大

在北京大学参加全国植物生理学教学座谈会时留影（坐在前排的都是植物生理学界的老一辈，包括汤佩松、曹宗巽、崔徵等教授；后排左2为傅家瑞）

傅家瑞（中）和妹妹傅福贞及其先生韩辛茹在北京天坛前留影（摄于1956年）

全国植物生理学工作者在北京大会师后,各省以及全国的植物生理学会开始酝酿成立。1962年10月,广东省植物生理学会创立,挂靠在中国科学院华南植物研究所,于志忱教授被公推为第一任理事长,其他负责人还有刘萃杰、莫熙穆、郭俊彦等人,傅家瑞当选为理事。其后,在第四届、第五届理事会上,傅家瑞都当选为副理事长。[①] 于志忱是国内植物生理学界公认的老前辈。不过,他当年在留学德国时是研究细胞学的,后来因工作需要肩负起植物生理学的教学与科研重任,是无心插柳柳成荫。次年10月,全国植物生理学会成立,于志忱被推荐为全国植物生理学会理事。全国植物生理学会成立不久,理事长汤佩松教授到广州出差,在广州的植物生理学工作者尽地主之谊,举行了一次联合欢迎会。汤佩松在感受到广州植物生理学人热情好客的同时,也对傅家瑞的研究工作有了一定的了解。

汤佩松教授在欢迎会上与大家合影(前排右2为汤佩松教授,后排右3为傅家瑞)

---

① 参见中国植物生理学会秘书处《中国植物生理学史料汇编》,1993年10月编印,第166~167页。

生物学系在规划中还提出年轻教师要"劳卫制一级合格"。① "劳卫制"的创始国是苏联,是"准备劳动与保卫祖国体育制度"的简称,强调通过体育运动项目的等级测试,促使国民特别是青少年积极参加体育运动,以提高身体的体力、耐力、速度、灵巧度等素质,按年龄组别制定达标标准。"劳卫制"对于在短时间内推动体育素质的提高起到了一定的促进作用。

那是一个全面学习苏联的年代,高等教育界更是如此,体育运动由此在中山大学蓬勃开展。生物学系是学校开展体育运动的先进单位,多次夺得团体比赛冠军。我们来看看这张冠军榜。

1956年:全校首届教工运动会,生物学系以107分的成绩获得总分第一名。

1957年:全校第二届教工运动会,生物学系以168分再次获得总分第一名。

1957年:全校首届射击比赛,生物学系获得男子组总分第一名。

1960年:全校夏季游泳运动会,生物学系夺得男女团体总分第一名。

……

其实,早在岭南大学学习和工作时,岭大就有重视体育运动的传统。但是,由于傅家瑞是平足,短跑项目是弱项,而短跑是体育运动的基础,会影响到他的其他体育项目。所以,在体育运动基础上,傅家瑞并不出众。实行"劳卫制"后,教研组主任于志忱教授在哲生堂前的空地上整理出一块羽毛球场,业余时与傅家瑞等人一起打球。

1957年,中大举行第二届教工运动会。在体育热潮的带动下,傅家瑞也斗胆报名参加,没有想到,一举拿下短跑200米亚军和跳远亚军,成了教研室体育运动的主力。直到此时,傅家瑞才发觉了自己的短跑能耐。在岭大附中读书时,跑100米的成绩总不尽如人意,原来那时的跑道是水泥路,穿着胶鞋,平足自然跑不快,这次是穿着钉鞋跑灰沙跑道,终于发挥出真实水平了!

傅家瑞趁热打铁,又积极参加了学校组织的其他各项"劳卫制"竞赛,均取得合格以上成绩;在摩托车驾驶方面,还取得了"初级摩托手"的光荣称号!

风雨渐作

1957年5月,反右运动扩大化,中山大学江静波等人被划为右派分子。更为可怕的是,1956年录取的新生也有一些人被划为右派分子,刚刚进校就被划为右派。看到此景,傅家瑞内心充满了焦虑之情,因为他曾经读过当时的省立广东大学、与岭南大学美籍教师接触过,还信教,这些可能成为被划为右派甚至被揪斗的借口。果不其然,"文革"开始后,他真的因此大受牵连。

生物学系的教学、科研工作基本上都沿着平稳的轨道在发展。蒲蛰龙和利翠英夫妇

---

① 《生物学系已初步订出密切结合教学工作的师资培养计划》,载《中山大学周报》1956年4月28日第149期。

从华南农业大学调入中山大学生物学系后，生物学系的科研实力得以加强。1957年10月，学校进入整改阶段，掀起了"大鸣大放"的高潮。11月11日，傅家瑞参加了生物学系召开的全体教工大会，大会报告关于处理群众意见和改进工作的情况。群众在"鸣放"期间提出的批评和意见，整理后有88条，其中56条是针对生物学系的工作而提出的。这些意见基本都得到了处理。戴笠主任代表系领导在会上表示："在整改阶段依靠群众大胆地改，坚决地改，彻底地改；并鼓励群众继续鸣放。"① 这个表态使得生物学系教工开始整改阶段的"鸣放"，到11月23日，又提出了150多条意见，简单归纳起来就是要减少上课时间以及为师生积极投入整改运动创造条件。这样，教学、科研工作已经很难照常进行下去了。

进入1958年后，教师下放劳动成为硬性规定。1月15日，中山大学宣布下放部分教师到高明县等地劳动，生物学系有20人在下放名单之列。傅家瑞由于是筹办新专业的教学骨干，未被列入这次的下放名单之中。不过，他已经做好了心理准备，预感到自己迟早要被派去下乡劳动，因为这已经成为趋势。

筹办新专业，是指学校计划新开办植物生理学专业（简称"植生"），并已安排从1958年开始招生。傅家瑞是筹办新专业的主力。

开设新专业，除了基础课以外，还需开设必要的专业课及实验课，尤其是大实验课。上课必须有老师，植生现有师资力量远远不能满足需求，一定要尽快引进有教学经验的任课教师。在傅家瑞的联络努力下，从北京大学毕业并工作多年的张英聚老师及其爱人陈光仪，以及李文仪、孙景欣等人先后加入中大生物学系植生团队。后来，又通过"掺沙子"的做法，把李卓杰等本系毕业生下放基层锻炼，几年后再抽调回校，成为植生专业的任课教师。

经过傅家瑞等人齐心协力的筹办，1958年8月，第一届也是仅有的一届30名植物生理学专业本科生入学。经过五年的悉心培养，他们于1963年毕业。这一届学生中许多人事业有成，包括成为分子生物学家的罗进贤、以第一获奖人身份获得国家科技进步奖二等奖的赖来展等人。

1958年3月18日，蒲蛰龙教授代表生物学系在学校"向又红又专大跃进誓师大会"上表态，向给中山大学生物学系下挑战书的复旦大学生物学系应战，这标志着生物学系"大跃进"正式开始。这时，许多不切实际的想法被提出来。一次，在现在文科楼位置的露天电影广场上，生物学系一位老师提出要把猪饲养得像大象那么大。到3月24日，生物学系贴出的大字报已经超过一万张。此时，生物学系的领导依然保持着比较清醒的头脑，主动提出要举办"双改"② 展览会，以便从成果层面进行工作绩效比较，算是对师生的激励。展览会在6月14日顺利举行，分五个部分，展出了包括植物生理教研组成员的

---

① 转引自《生物学系召开教工大会，向群众报告整改意见》，载《中山大学周报》1957年11月21日第216期。
② "双改"指教学改革和科研改革。

成果在内的许多"双改"成果。

1958年9月,学校层面的"双改"运动铺开,生物学系被安排到广州市新滘人民公社帮助办社。虽然是植物生理学新专业的教学骨干,但还是不能离开"政治运动"的视野,傅家瑞被安排随1960届本科生下放到新滘公社新村大队参加"四清"及劳动,同时还要搞教育革命,师生共同编写讲义。时任党总支书记高弥同志任命1960届学生许霖庆为大队长、傅家瑞为中队长。傅家瑞以一名普通队员的身份参加工作与生活,接受锻炼。在一次节日休息时,队员们(即该届本科生)可以请假回家,可是大队长许霖庆却示意傅家瑞留守驻地。学生敢给老师下命令,这是那个特殊年代的现象。傅家瑞想到自己是中队长,应该以身作则,就毫无怨言地接受了安排,虽然他很想回家看看老母亲、看看妻子和褓襁中的女儿。

下乡锻炼,按照规定要与农民"三同",即同学习、同劳动、同生活。师生在行动上要向农民学习,最容易看得见的就是要赤足走路。傅家瑞是平足,本来光脚走路就不舒服,但即使如此也必须走,一来二去也就习惯了。光脚走路不但在大队劳动中如此,就是从大队到大塘公社开会也要赤足走路,真是磨难加考验。傅家瑞自嘲道:"锻炼了足底,经得起摩擦。"不久,他就适应了农村生活,光着脚板,到田里劳动。

初到新村大队时,傅家瑞被安排在一家较平静的农户"三同",后因上级来人插队,大队要妥为安排,傅家瑞便把这户居住点让出来,以保证上级来人的安全。随即傅家瑞住到另一户贫下中农家里。由于地方狭窄,傅家瑞睡的小床位于鸡舍的上方,鸡鸣狗叫,通宵达旦,臭气熏天,初时几乎无法入睡,几天之后他就安然处之了。再说,不睡也不行,每天下田劳动,实在太累了。只要不是打枪放炮、天塌地陷,他倒头便睡。经过这段时间的下乡锻炼,傅家瑞与这户农家结下了很深的交情。在"四清"后,两家人还常有来往,颇似杜甫与王倚的关系:"麟角凤觜世莫辨,煎胶续弦奇自见。"

时间如白驹过隙,转瞬间到了年底,12月30日,生物学系在康乐园风雨操场举行"庆丰收晚会",庆祝下乡到新滘人民公社劳动的师生满载而归。傅家瑞和师生们一起参加了晚会。

1959年1月,下乡劳动锻炼有了新的内涵,变成科学研究、教学、生产劳动"三结合",生物学系师生被要求到广州市郊的棠下、三元里、杨箕、赤岗等四地进行"三结合",为期半年。早在1958年,生物学系下定决心编撰广东省"三大志",即《广东植物志》、《广东高等动物志》和《华南经济昆虫志》。为了既完成"三结合"的任务,又完成编志的计划,生物学系领导把植物学专业的学生分为两部分:一部分随张宏达搞植物分类方面的研究,即编写《广东植物志》;而另一部分则归于志忱领导,成员包括傅家瑞等人,进行的课题是广州郊区蔬菜丰产调查研究。跟随于志忱的师生被分为三组:第一组到赤岗进行番茄丰产栽培的总结研究;第二组到黄埔进行黄瓜丰产栽培的总结研究;第三组到三元里公社肖岗大队的农民家中蹲点,和他们一起劳动,并总结他们对菜心及其他蔬菜的栽培经验。傅家瑞参加的就是第三组。在参加劳动的同时,傅家瑞还亲自进行了一些田间试验，并对菜心的栽培技术进行了调查研究。后来因样品分析的需要，各组要抽调一人回校进行工作，在三元里的调查小组剩下傅家瑞、李林基和唐友林三人继续蹲点工作。他们这一组除了完成关于菜心栽培经验的研究论文外，还完成了苦瓜、丝瓜栽培经验的研究工作。

调查工作取得一定进展后，4月8日，调查队在广州郊区人民委员会驻地举行了第一次蔬菜丰产调查报告会，体现了对调查工作严谨负责的精神。①

7月21日，生物学系举行科学研究报告会，报告会分为植物学分会和动物学分会进行，张宏达、马炳章等六位老师在会上做了报告。马炳章代表于志忱领导的小组做了题为"广州郊区冬瓜栽培调查报告"的报告，这些总结调查研究最终也写成论文刊出。值得一提的是，张宏达在会上做了题为"广东植物区系的基本特点"的报告，这是他著名的"华夏植物区系起源"学说的第一次系统展示。在那个年代能做出这样的成绩，简直是一个传奇。10月1日，"广州郊区蔬菜丰产经验综合研究"作为生物学系44项国庆献礼成果向学校进行了汇报。② 这里面也凝结着傅家瑞的辛勤付出。

1960年5月7日出版的《中山大学》报曾刊登了题为"党的教育方针光芒万丈——记植四班二年来的成长"的文章。文章中报道了傅家瑞所在的广州郊区蔬菜丰产调查研究组的成绩：

"去年（1959年）上半年植四班有9位同学参加了广州郊区蔬菜丰产调查，他们和老师在一起与农民同住、同吃、同劳动，虚心向农民学习并和农民一起搞试验田，同学们和老师一齐动手，在去年7月1日以前，写出了长达20多万字的广州郊区番茄、菜心、椰菜、玉豆、茄子等丰产经验总结的论文15篇，先后在本校学报发表，并已在今年重新整理交广东人民出版社出版。

"他们去年没有念过栽培学、植物生理学，但工作却需要这些知识，有些同学一向居住在城市，连种菜也不懂，更谈不上搞研究了，困难大，但克服困难的力量更大。同学想到了这项工作对解决城市副食品供应的重要意义时，便不怕风雨，日日奋战在田头，不怕业务拦路虎，结合工作边干边学。更重要的是，系党总支每一阶段都和师生一起研究，指出方向；党总支书记深入到郊区各个点去指导工作，使他们有更坚强的信心。结果完成了任务，写出的论文质量高，受到郊区技术人员和农民兄弟的好评。这项研究坚持了面向生产，向群众学习的植物生理学发展的新方向，并创造了科研、教学、劳动三结合和党领导下师生结合的经验。"③

接着傅家瑞和其他老师还到从化县龙潭公社蹲点，与在那里工作的技术员"三结合"，搞水稻生产以及果树栽培等方面的研究。

---

① 参见陈家平《生物学系蔬菜丰产调查队举行第一次蔬菜丰产调查报告会》，载《中山大学》1959年5月9日第306期。
② 参见《国庆献礼》，载《中山大学》1959年9月30日第327期。
③ 平凡：《党的教育方针光芒万丈——记植四班二年来的成长》，载《中山大学》1960年5月7日第361期。

傅家瑞在1959年购买的《植物生理学》英文原版书籍（该书售价4元人民币，这对于当时月工资只有几十元人民币的傅家瑞来说是笔不小的花销）

客观地说，"三同"、"三结合"虽然破坏了高等教育固有的教学科研规律，但是也客观上培育了傅家瑞等人吃苦耐劳、奋发进取和忘我拼搏的精神。他们通过科学试验所积累的科学知识，对傅家瑞来说是珍贵的精神财富和知识财富，也是他们进一步成长和提高的基础。

花生栽培在我国已有500年左右的历史。新中国成立以后，我国的花生生产和科学研究取得了很大成绩，尤其在山东等重点花生产区，专门成立了花生研究所。广东虽然是花生种植大省，但是在花生研究方面却是踯躅不前。傅家瑞决定改变这种状况，他以花生种子生理学为切入点，进行了研究和探讨，其第一篇关于花生生长发育的论文《光照长度对落花生的营养生长及开花结实的作用初步报告》于1957年在《中山大学学报》上发表。该论文发表后受到广东省农科院花生组研究人员何荣等人的重视，他们主动与傅家瑞合作，并于1961年在《中山大学学报》刊出合作的研究成果，论文题目为"花生生长发育过程研究"。其后，傅家瑞等人在花生结荚和光长的作用方面先后发表了多篇论文。

1959年12月，全国农业科学研究工作会议决定，由中国农业科学院花生研究所负责召集，主编《花生栽培》一书，用以"指导今后花生生产，培养干部，促进花生的科学研究"[①]。在农科院花生所的召集下，1960年5月，傅家瑞与来自全国有关科研院所的张高英、谢广惠等29位同志齐集山东烟台，经过三个月的苦战，写成《花生栽培》初

---

① 中国农业科学院花生研究所主编：《花生栽培·序言》，上海科学技术出版社1963年版。

稿，并印发全国各有关单位征求意见。1963年10月，该书由上海科学技术出版社出版发行。这是傅家瑞参与编撰的第一本学术著作。编撰该书，傅家瑞不但系统地提炼了自己的研究成果，还得以结识许多花生研究工作者，这对他日后开展花生种子生理学研究起到了一定的帮助作用。

出任教研室主任

1960年春，学校由于工作需要，把植物生理学教研室主任于志忱教授上调任教务处教务长一职。于志忱在教研室工作的时间日渐减少，教研室骨干马炳章又因家事出国，这将教研室的创室"元老"傅家瑞推向了中流砥柱的位置，也推向了自力更生、自主奋斗的道路。

傅家瑞参与编撰的第一本学术著作《花生栽培》封面

于志忱出任教务长伊始，最为熟悉的还是生物学系的教学工作。在他的鼓励下，1960年4月22日，生物学系师生在系党总支的领导下，开展以植物生理学为试点的教学改革运动。系主任戴辛皆对植物生理教研室的教师和植四班、植三班的同学做了动员，对植物生理学专业提出了新的要求："一是教材新颖、能充分反映现代尖端科学的新成就，废除陈旧、繁琐部分；二是彻底批判资产阶级教育思想和学术思想，树立辩证唯物主义观点；三是教学应做到密切结合生产，为生产服务；四是教学要做到与科学研究、劳动生产三结合，提高教学质量。"[①] 傅家瑞参加了动员会议，会后为之一振，认为这对植物生理学专业建设和课程建设都会有很大的帮助。谁料第二天就有人贴出大字报，揭露这门课程存在的问题。这造成了改革动机走样，后来的效果可想而知。

即便如此，植物生理学教研室的工作还是受到了学校的肯定。5月7日，学校召开社会主义建设先进单位、先进工作者和积极分子表彰大会，也就是群英会，植物生理教研室获得先进单位称号，于志忱代表教研室领奖。[②] 集体获奖，每个成员都有付出，傅家瑞也作出了不少的贡献。

---

① 《以〈植物生理学〉为试点，生物学系师生积极投入教学改革运动》，载《中山大学》1960年5月21日第364期。
② 参见《中山大学社会主义建设先进单位先进工作者》，载《中山大学》1960年5月7日第361期。

植物生理教研室全体老师于马炳章出国前在康乐园中区草坪合影（前排左1为黄绍明、左3为教研室主任于志忱、左4为傅家瑞、左5为陈家平、左6为一名进修教师、左7为何国樑、左8为马炳章，后排左1为林林、左2为张素雅、左3为陈小彭、左4为叶钰坤、左5为邹韵霞、左6为何国藩、左7为李景周。摄于1960年初）

植物生理学教研室全体老师在哲生堂前合影（后排右3为傅家瑞。摄于1960年初）

1961年12月11日,于志忱卸任植物生理学教研室主任一职,傅家瑞被许崇清校长任命为新的教研室主任、生物学系系务委员会委员。此时,傅家瑞仅是一名讲师,横翔捷出,肩上的担子陡重,压力骤大。幸好,于志忱教授已经早做淡出教研室管理的准备,将担子逐渐移给傅家瑞。所以,接手不久,傅家瑞工作就上手了。傅家瑞上任时,教研室的科研人员数量已经初具规模,成员还有进行植物栽培学研究的何国樑、植物生理学研究的陈小彭以及陈家平、何国藩、陈晓雯、张素雅,实验员有三人,包括李景周、黄绍明和林林。其中,傅家瑞在岭南大学农学院的校友、师妹陈小彭于1954年调入生物学系植物生理学教研室。不久,她的先生,也是岭南大学农学院毕业生、傅家瑞的师弟林

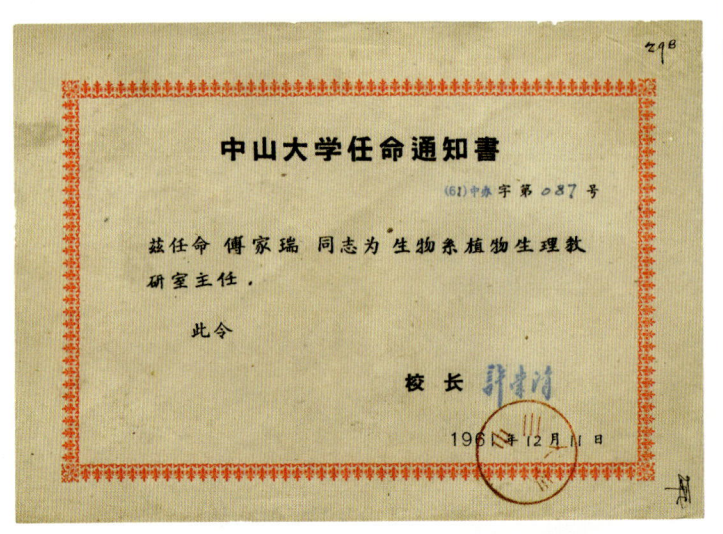

生物系植物生理教研室主任任命书

生物系系务委员会委员任命书

启汉也调进中大生物学系,在遗传学教研室工作。陈小彭的父亲就是中国现代如雷贯耳的历史学家陈寅恪先生。1981年2月,陈小彭离开中大,去了香港。

生物学系系务委员会成立于1953年3月,当时中山大学开始全面实行系主任负责制,将"系"作为教学的行政单位。为了协助系主任工作,生物学系成立了系务委员会,简称"系委会"。傅家瑞任职之前,黄溢明、林浩然等人都做过委员,这个委员是实职,

需要经常开会商议、探讨及落实生物学系各项工作。

上任后，傅家瑞立志揽辔澄清、克尽厥职，他决定"三手抓，三手都要硬"，即一边抓教学，一边抓科研，还要一边抓劳动。教学方面，植物生理学是教改试点专业，体现出生物学系对植物生理学一贯的重视。当时，教学要与生产生活紧密结合，从1964年的一份植物生理学考卷中可以看出这种现象，傅家瑞和植物生理学教研室的其他老师商议后给出的考试题目只有一个：请叙述番茄施肥和整枝的措施及其生理基础，你们种的番茄为什么长不好？

在科研方面，1962年3月，出版《中山大学学报》"[自然科学（生命科学专号）]"，刊登了傅家瑞和张宏达等人的七篇论文，植物生理学研究取得成果；在劳动方面，这是那个年代的主旋律，"四清"、"三同"、"三结合"，数不清的名头，干不完的活。

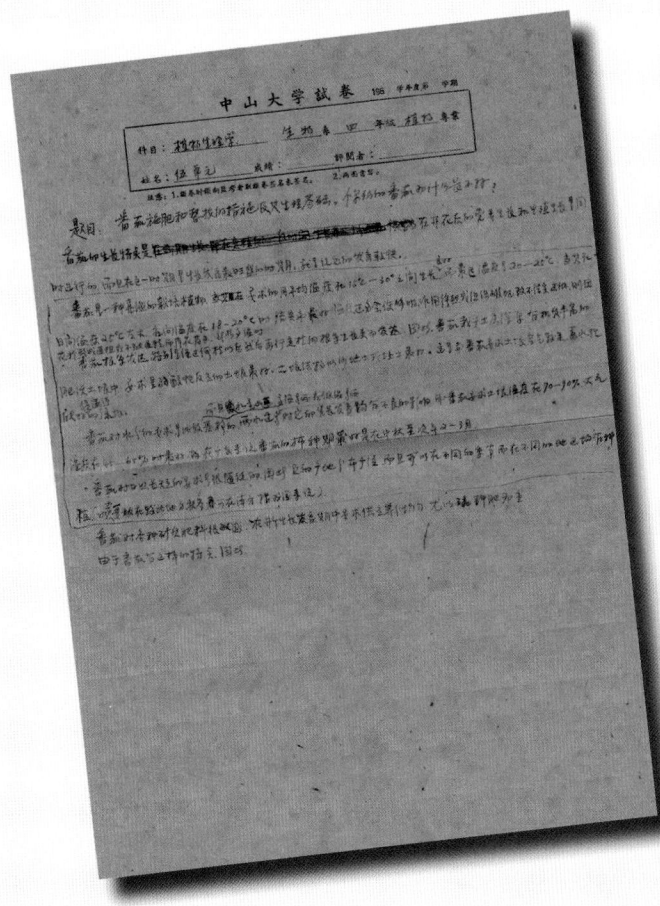

1960级植物学专业本科生伍卓元在大四时植物生理学课程的考试卷

傅家瑞提出"三手抓，三手都要硬"的理念，在中山大学是纠风抑气之举，要有勇气才敢于提出的。傅家瑞上任当年，在中山大学校务委员会第五次会议上，历史学家梁方仲教授对中大当前学风提出了尖锐批评。梁方仲认为："老一辈学者做学问有局限性，结论可能有错，但总是花了气力积累得来；而现在有些人却不愿意老老实实做学问，只想轰轰烈烈搞尖端，不愿意花什么气力，不钻研苦干，就什么都想讲一大套，这种风气不老实，自己不努力，对别人要求太高，这是学风问题。"[①]梁方仲对学风的批评具有相当的针对性，学风之偏意味着工作作风不实，浮夸风气盛行，而傅家瑞的工作作风则是可圈可点的。

---

① 转引自易汉文主编《中山大学编年史（1924—2004）》，中山大学出版社2005年版，第71页。

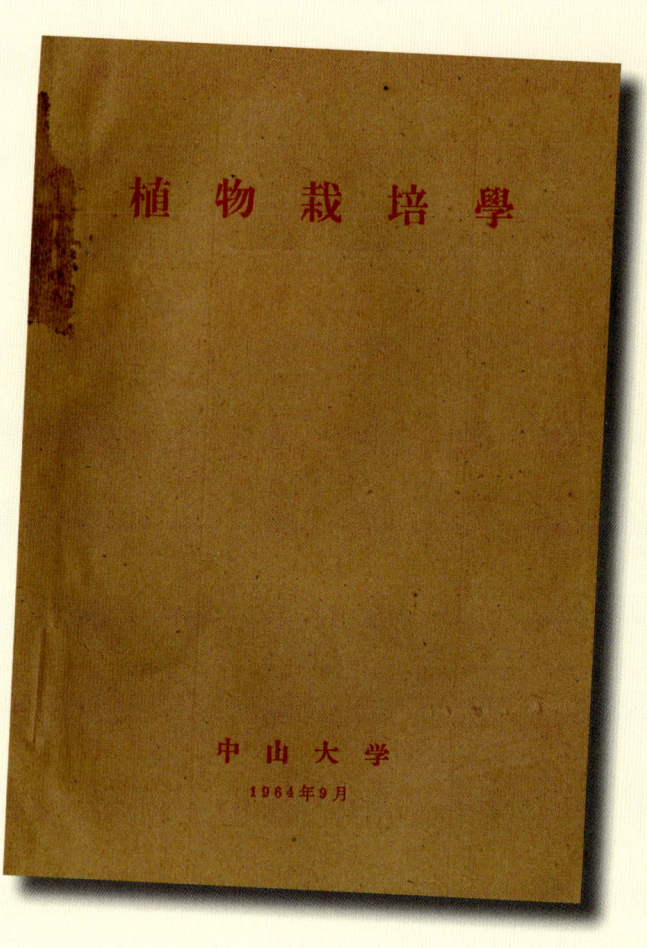

傅家瑞等生物学系教师编印的讲义《植物栽培学》封面（1964年9月印刷，供1964学年度上学期教学使用。傅家瑞负责植物栽培学一课的第六部分"花生"的讲授任务，该内容共计4个学时[①]）

1964年12月，为了贯彻学校要求，开展半工半读活动，生物学系主任戴辛皆教授带队到江西共产主义劳动大学参观；回校后，生物学系全面开展半工半读活动。即使在半工半读期间，傅家瑞也紧抓"三手"不放，他始终认为，在大学里工作，不管参加多少劳动，都不能忘记教学和科研的老本行。1958年入读生物学系的黄文英，曾回忆经济困难时期，包括傅家瑞在内的老师们上课时的认真劲："老师也和同学们一样，忍饥挨饿，然而他们站在讲台上仍然一丝不苟地传授知识。"[②]

傅家瑞的勤奋获得了回报：1964年3月，他被生物学系授予"社会主义教育运动积极分子"；1965年12月，他被中山大学授予"先进工作者"的荣誉称号。

---

① 参见《植物栽培学·扉页》，中山大学1964年9月印刷。
② 转引自罗永明主编《我们的中大》，中山大学出版社2001年版，第230页。

第五章　并入中大

社会主义教育运动积极分子奖状

先进工作者奖状

在傅家瑞接下教研室主任重担的1961年，家中突遭不幸，塌下半边天。由于父亲早逝，母亲挑起了养家糊口、培育子女的重担，逃难避祸、担惊受怕、吃糠咽菜、躬耕劳作，什么样的苦都吃过了，以致积劳成疾，患病留医，最后无法挽回生命，驾鹤西去，享年67岁。

母亲对傅家瑞自幼疼爱有加，但不溺爱，母子感情极深。母亲的离去，令傅家瑞悲痛万分。

母亲刚刚离世，傅家瑞便迎来小儿子傅庆农的出生。哀伤之情尚未因儿子的出生而远去，家里又发生了不幸的事情：姨妈病逝。由于姨妈与母亲长期在一起生活，母亲去世后，姨妈便失去了她人生中最大的情感依托，"风停树静，空悲一命于下泉；创巨痛仍，长感孤生于万里"。没有了情感依托，姨妈哀痛难抑，再也找不到人生的欢愉，整日悲伤，终致病重，在同一年随母亲逝去，相隔只有几个月。姐妹相继离世，唯愿在另一个世界，可以互相关怀，陪伴永久。

当时正值国家处于三年困难时期，国灾家难，连绵不断。但是，生活要继续，家庭要维持，工作要努力。傅家瑞和梁承懿即使粗茶淡饭，也要相濡以沫，共渡难关。下半年，傅家瑞拍了一张全家照。从照片中可以看出，傅家瑞虽脸庞清瘦，但仍目光炯炯、神情刚毅。

傅家瑞全家合影（摄于1961年）

第六章 『文革』岁月

"文革"前，傅家瑞都是"听党的话，跟党走"，以知识分子对党的忠诚，配合开展各项运动，也积极参与社会事务，对得起良心，对得起组织。

1966年5月，"文化大革命"开始。一泓静水的康乐园迅即暗流涌动，逐渐掀起了打倒"走资本主义道路的当权派"、批评"反动学术权威"、横扫"一切牛鬼蛇神"的狂潮，学校主要负责人冯乃超、李嘉人及一大批干部、教师被关押批斗，学校工作陷入无领导状态。[1]生物学系竟然被有的人称为"死物系"[2]，全系有10人被打入"牛栏"，除了傅家瑞外，还有系主任戴辛皆、副系主任张宏达与张超常等人；其中自岭南大学期间就是傅家瑞同事的江静波，因为曾在福建省伪邵武军事医务人员训练所担任过10个月的英文秘书而被扣上"国民党残渣余孽"的高帽，身心受到了极大的摧残和侮辱。[3]

打入"牛栏"

当时，有三种人成为被斗争的对象，包括"当权派"、"反动学术权威"和"坏分子"。不幸的是，傅家瑞被划分为"坏分子"，属于"黑五类"[4]，成为被斗争的对象之一。那个时候在全国"闹革命"的气氛下，一个人会不由自主地卷进大潮当中，人人搞运动，人人被运动。现在回头审视，不管是斗争对象，还是斗争主力，都会受到摧残：要么身体被摧残，要么良心被摧残。

傅家瑞成为被批斗的对象，原因较为复杂，主要有三个：一是傅家瑞毕业于岭南大学，并在岭大工作过一段时间，是"美国佬"的学生和同事，而朝鲜战争使得美国人在中国人的印象中都是侵略者，侵略者曾经是你的老师和同事，那你就是"坏分子"；二是傅家瑞信仰基督教，信教就难以说清楚你同时信仰共产主义，不信共产主义你就是"坏

---

[1] 参见吴定宇主编《中山大学校史1924—2004》，中山大学出版社2006年版，第294页。
[2] 中山大学生物学系党总支：《狠抓两条路线斗争，深入开展生物学教学领域的斗争》（档案号为1971-XZ11/2，藏中山大学档案馆）。
[3] 参见《把一小撮国民党残渣余孽揪出来示众》，载《广州三军联委战报》1968年8月14日。
[4] 黑五类：地主、富农、反革命分子、坏分子、右派分子。

分子";三是傅家瑞曾经进了汪伪政府开办的省立广东大学读书,当时,只要和"伪"沾上一点点的关系,那就是"坏分子"无疑了。"坏"上加"坏",怎么看,傅家瑞都像是"坏分子"。

面对这些强加之"罪",傅家瑞包羞忍耻,一遍一遍地解释:

对于毕业于岭南大学,他解释道,岭大曾经作为教会学校存在,当时国家有十余所教会大学,数万中国师生在里面学习、工作过,这是我国高等教育的一个客观存在,对我国高等教育的发展起过巨大的推动作用,不能说帮助我国办教育还有错,更不能说数万中国师生都走错了路,这些人绝大多数都是社会主义事业的建设者。

对于信教,这是有历史背景的。前章已述,此处不再赘述。

对于曾在伪省立广东大学读书,这是迫于无奈:父亲早逝,作为家里唯一的男丁,傅家瑞无法离开母亲,无法离开一家老小,因而也无法离开省城;但自己又需要读书,当时广州能考的只有省立广东大学。不是刻意为之,而是无奈之举。

红卫兵没有接受傅家瑞的连番解释,他还是被关进了"牛栏"。

关进"牛栏"是一种形象化的说法,并不是真的被关进牛栏,中大也没有牛栏。关进"牛栏"是指进了中山大学管教队,集中在一起。他们要么"学习",学习毛主席著作;要么写材料,自我交代,或互相揭发。"牛栏"地点也分散在多个地方,傅家瑞被关的"牛栏"是教工宿舍。但在"文革"期间,这是严重的斗争形式之一,意味着你成了"专政"对象,对你的斗争就上了"一个台阶"。①

过了6月份,来自北京的一些红卫兵串联南下,这些跳梁小丑们带来了"喷气式"等"斗牛"经验。于是,"要文斗不要武斗"的最高指示变味了。"斗牛"之风盛行,中大出现了很多"斗牛场":课室、饭堂、风雨操场、惺亭……惺亭被"革命群众"称之为"斗牛亭",问题最严重的"牛",往往被拉到惺亭示众。在那里,红卫兵围成一圈,被斗的"牛"站在圈内,"好戏"便开场了。他们对被斗的"牛"用尽了各种手段,恶行罄竹难书!

生物学系的"牛"大致可分为三类:第一类是问题最"轻"的,包括傅家瑞等人;第二类是问题比较多、比较大的,如张宏达、戴辛皆等人,要带"高帽"斗(张宏达自己糊了一个纸帽,放在家里,红卫兵一喊,他就拿上帽子,准备挨"斗")②;第三类则是最严重的"反革命分子",只有江静波一人,身心备受摧残。

据傅家瑞曾经教过的一位中山大学生物学系本科生向梁承懿忏悔道,他曾和几个红卫兵跑到梁承懿所在的单位,要求单位领导能揭发傅家瑞,但被婉拒。梁承懿的领导说道:他们相信梁承懿,也相信她的丈夫傅家瑞,不存在瓜李之嫌。红卫兵只好悻悻离去。

红卫兵不甘心,他们不相信找不到傅家瑞的毛病,决计"抄家"!由于父亲早逝,母亲也已离去,家道衰落,金银细软、古玩字画、"反动"书刊,傅家统统没有,甚至连值

---

① 参见李剑、张晓红著《此生情怀寄树草:张宏达传》,中国科学技术出版社2013年版,第120页。
② 同①。

钱的东西也没有几样。这些红卫兵也都是中大师生，就算铁石心肠也会有善良的一面，他们看到傅家瑞家境如此，没有再纠缠，后来应付了一下了事。

当时，生物学系黄溢明、吴七根等老师都曾负责管过"牛栏"。黄溢明负责看管傅家瑞等人，由于都是同事，黄溢明尽可能地照顾傅家瑞。别人被拉去游行，他让傅家瑞躲在宿舍写交代材料，交代过去的历史；不想写了就谈话，谈过去的历史。他没有为难傅家瑞，这让傅家瑞至今仍对已经病逝的黄溢明心存感激。吴七根是中山大学生物学系1953级本科生，毕业后留校工作，傅家瑞曾是他的老师之一；他负责看管张宏达等人，也对张宏达提供了力所能及的照顾。

"文革"把人蔑称为"牛"，视人为禽兽，大张挞伐，这对人的尊严是何等糟蹋，何等侮辱！蔑称的始作俑者，实无"文化"可言，什么"文化大革命"，实在是大革文化命！其实，从"斗牛"的场面可以看出，到底谁是"禽兽"？是挨斗者，还是悍将们？"左"的思潮实在可怕，能使某些人变得兽性十足，变成魑魅魍魉。当然，红卫兵在"文革"中也自觉不自觉地成为受害者。[①]

傅家瑞躲过了生死劫。

傅家瑞之所以能躲过这一劫，除了家人及同事、单位出手相帮，还与他平和的性格有关。他不矜不伐，光风霁月，对各种比较尖锐的批判能够坦然接受，也能够客观地分析其中的合理性。正如苏轼在《贺欧阳少师致仕启》中所描述的："大勇若怯，大智如愚，至贵无轩冕而荣，至仁不导引而寿。"

"占得溪山卜数椽，饱经世故气犹全。""文革"浩劫，使得傅家瑞的人生饱经霜雪。

天堂山干校

1966年7月24日，中共中央、国务院发出《关于改革高等学校招生工作的通知》，决定"从今年起，高等学校招生，取消考试，采取推荐与选拔相结合的办法"，并指出："高等学校选拔新生，必须坚持政治第一的原则"、"贯彻执行党的阶级路线"。这两个通知下发后，由于各院校处于"停课闹革命"的阶段，并没有得到执行，包括中山大学。中山大学没有招收新生的状况一直持续到1970年第一批工农兵学员进校。许多老师无事可做，每天看大字报倒成了必修课。

不久，这种状况陆续发生改变。为了响应党中央的号召，生物学系教师有的被派到柬埔寨支教，如丘泉发、邓巨燮等人，有的留守学校，其余大部分老师都被派到了干校劳动。1968年7月，卢爱平等第一批生物学系老师被派到乐昌县坪石人民公社天堂大队"五七"干校即"天堂山五七干校"劳动，劳动的主要内容是给后到的老师搭茅棚。10

[①] 参见黄天骥著《中大往事：一位学人半个世纪的随忆》，南方日报出版社2004年版，第117~118页。

第六章 "文革"岁月

月5日,《人民日报》刊登了黑龙江柳河"五七"干校的报道,并引述了毛泽东的有关指示:"广大干部下放劳动,这对干部是一种重新学习的好机会。"从此,干部下放劳动,开办"五七"干校之风席卷全国。11月,傅家瑞、林浩然、华立中、于志忱、蒲蛰龙、张宏达等人也被派到了天堂山干校。

为什么会将干校建在天堂山?在建设干校之前,中山大学筹办"五七"干校的人员进行了选点。中大军宣队和工宣队负责人前往坪石考察,因为中大在抗日战争期间曾迁往此地,那里还有中大的房产,选点人员考察了坪石中大旧址后,认为旧址位于坪石镇,生活条件较好,不利于锻炼干部;但是,附近的天堂山条件非常艰苦,对于磨炼干部较为有利。于是,他们将中山大学的"五七"干校校址设在天堂山。

抵达天堂山干校后,中大老师的装束形象令当地老乡看傻了眼:

头戴圆竹笠——既可挡雨,又可遮阳。

身披塑料布——即可防雨,又可挡风。

臂膀上围着坎肩——防止挑东西压坏肩膀。

胸前挂着毛主席像章——以示忠心耿耿。

腰间束绳,或束毛巾,或束潮州水布——绳子可做腰带,以便于劳动,有时还可用来捆东西;毛巾和潮州水布既可做腰带或者坎肩,也可用于擦汗。

腿肚套塑料腿套——防湿,兼防蛇虫鼠蚁。

肩架扁担——此为劳动工具。

手执短棒——年老的当拐杖用,年轻人则用来"打草惊蛇"。

这架势,天堂山当地老乡从来没见过。"有位大娘,老眼昏花,还以为来了一队天兵天将。"①

在干校,中大教师们名义上与贫下中农"三同",实则一切都是各自独立。住的房子是自己砍树建的,床铺和家具也都是自制的。劳动锻炼是去干校"改造"的基本要求,但山上耕地很少,又是冬天,农民都不出工,当然谈不上"同劳动"。学员们每天的任务主要是三项。第一项是负责采购食品和生活必需品。由于大批队伍抵达天堂山干校,吃饭成了大问题。所需的粮食、蔬菜及燃料等均需从山下集市里购买,买好后再肩挑回营地。这个集市叫罗家渡,学员们自己修了一条通往罗家渡的简易公路。②因此,为了能过上正常的生活,仅此一项就需要动用很多劳动力。第二项是参加生产劳动。每天从早到晚进行打农药、杀虫、浇水、施肥等体力劳动,刚刚抵达天堂山时,正值冬季来临,山上已有积雪,作物生长困难,只能种大量生姜。第三项是举行"早请示"、"晚汇报"等革命仪式。"早请示"和"晚汇报"更是荒唐至极:每天早上起来"领导"领着大家向毛主席请示当天要做的事;晚上向毛主席汇报当天的工作"成绩",把毛主席神化。

---

① 黄天骥著:《中大往事:一位学人半个世纪的随忆》,南方日报出版社2004年版,第122页。
② 参见李剑、张晓红著《此生情怀寄树草:张宏达传》,中国科学技术出版社2013年版,第123页。

总之，这些大学老师已经成了彻彻底底的农村庄稼汉，根本没有时间和精力从事学术研究。能够看一两本书籍，已算享受。

中山大学下放人员在天堂山"五七"干校合影（照片中的茅草屋就是当年傅家瑞等人在干校的宿舍）（摄于1969年）①

天堂山处于粤北山区，冬天很冷。1968年的冬天又比往年更冷，经常下雪，地面都结了冰，有的老师因此摔伤了手。中山大学在老师下放前已经组织缝纫组赶制棉衣，但出发前还是来不及做好。这可苦了老师们，特别是长期在亚热带地区的广州生活的老师们，更是苦不堪言。

华立中教授回忆，1968年的除夕是在海拔1000多米的天堂山上度过的。当时适逢下雪，山上粮食几乎用尽，必须下山去运粮。因为山路崎岖，加之雪后路滑，无法挑担运粮。老师们灵机一动，想了一个特别的办法，大家将各自的裤管扎起来，在裤筒里装满了粮食，携手上山。这样走起来既扎实，又御寒，可谓一举两得。每个人臃肿的双腿看起来特别滑稽，大家一路上"谈笑风生，好不开心"。②

干校劳动，付出的不仅仅是青春，还有生命。华立中被下放到天堂山干校后，在华农工作的妻子张懿宁也随之而来，被下放到乐昌坪石公社天堂大队长江村中山大学"五七"干校三连。张懿宁身患高血压、肾病及水肿。11月25日晚上，张懿宁未听卢爱平等人的劝阻，坚持要洗头，于深夜起身时在楼梯上跌倒，引发脑淤血去世。27日，张

---

① 照片转引自陈汝筑、易汉文主编《巍巍中山：中山大学校史图集》，中山大学出版社2004年版，第97页。
② 转引自孙振兴《特殊岁月里的中大往事——访1954届校友华立中》，见《金秋有约——2004值年校友故事》（自印），第54～58页。

懿宁的追悼会在干校三连简陋的队部前举行，华立中、傅家瑞、林浩然等人含泪参加，大家不仅仅因为失去亲友而悲痛，还对这种下放劳动制度心存质疑。

再苦再累，也得找点乐趣。傅家瑞是地道的岭南人，从未见过下雪，到了天堂山后，对那些挂在树上的雪花十分好奇，特别感兴趣。这种乐观精神一直陪伴着他度过了那段艰辛的岁月。

将大学教师下放，进行劳动改造，本身就是不合情理之举。这些下放劳动的老师，就像放出去的风筝，漂泊不定，生怕有一天线断了再也飞不回来。中山大学老师的下放工作是采取连队编制方式有组织、陆续地进行的，被下放的老师在学校的房子得以保留，这免去了大家的后顾之忧。但是，他们在农村劳动时，曾有一段时间传言中山大学这样的综合性大学要撤销，为适应革命需要只保留医药、农业等实用的理工科专业，这意味着许多老师将面临失业，再也回不到学校。这些消息虽然不确实，但是足以令饱尝运动之苦的老师们提心吊胆。那段时间，大家的情绪波动比较大，甚至有人开始学习木工等手艺，准备另谋出路。①

天堂山干校远在粤北，距离中山大学校本部较为遥远，对于老师回校照顾家事、照顾学校十分不便。待了大半年后，怨言逐渐多了起来。再加上各种谣言四起，也不利于干校管理。学校有鉴于此，决定在1969年夏天，将干校迁往距离广州比较近的英德红桥茶场。在红桥茶场，劳动与生活条件均有所改善。

红桥茶场，原是一个劳改农场。为了适应干部改造的需要，劳改犯被迁移出去。这里成为广东省省直机关、事业单位的"五七"干校，最多时曾有几千名干部和教师在这里进行劳动锻炼、改造，傅家瑞就是其中之一。

在茶场劳动期间，傅家瑞和同事们栽培水稻、种植蔬菜，还要建房子，以供居住。常年的体力劳动，让傅家瑞锻炼出一副好身板。在种菜期间，他一次能挑上近百斤的蔬菜从菜田运回厨房，也曾到附近的码头挑砖到营地建房子。至于在厨房劳动，烧火、做饭更是娴熟自如。

1970年1月31日，中共中央发出《关于打击反革命破坏活动的指示》，2月5日又发出了《关于反对贪污盗窃、投机倒把的指示》和《关于反对铺张浪费的通知》，"一打三反"运动开始了。这时的红桥茶场，因为"一打三反"运动，气氛变得十分紧张。人们在公开场合说话都格外谨慎，因为这场斗争的目标是"现行反革命"，一旦成为被打击的对象，就有杀头的危险。中央在相关指示中明确提到了"杀"，这绝不是小事。像傅家瑞这样曾被关进"牛栏"的人，更要极为小心。好在他最终过关。让人担心不已的是同事张宏达，在5月26日至6月27日这段时间，光是交代材料，就写了11份69页，反复交代才通过。这场运动给人们带来的精神压抑可见一斑。

根据广东省革命委员会（简称"革委会"）统一部署，广州地区高校于1970年11

---

① 参见孙振兴《特殊岁月里的中大往事——访1954届校友华立中》，见《金秋有约——2004值年校友故事》（自印），第54~58页。

月同时招生,招收工农兵学员。中山大学于1970年12月1日在中山纪念堂举行开学典礼,生物学系首批招收的工农兵学员有147人。学生入学,没有老师上课不行。1970年临近尾声时,中山大学被下放的老师陆续接到通知返校,尽快开展教学工作。傅家瑞和卢爱平等人受命第一批返回学校,干校生活宣告结束。

在即将返校前,傅家瑞扭伤了脚,但在那个年代,轻伤不下火线,他还要继续坚持劳动;当时担任小组长的范培昌十分关心傅家瑞,让他请假,留在营里休息。也许是上苍的照顾,没几天,傅家瑞接到返校通知,他拿起手杖,跛着脚,踏上了归途。

新会办班

1971年7月,生物学系开始进行教育革命探索活动,活动的落脚点包括组织谈心、评教评学、开办校办工厂、建立校外教学实践基地等,目的在于让教育革命尽快结出硕果。这一年,生物学系在新会麻一大队举办水稻生理培训班,傅家瑞和其他几位老师下去蹲点,边教学边劳动边向农民学习,总结他们的经验。

培训班主要目的是为农村培养干部和农业技术人才,面向的教学对象是当地的农村干部和农民,开设的课程主要是与实用有关的基础课,包括水稻生理、植物激素应用等课程。培训班由麻一大队主办,傅家瑞等人只是负责教学工作。由于是探索性质,生物学系安排前去教学的老师不多,教授的学员也不是很多。考虑到学员的接受程度有限,教学时也多采用讨论的方式。这种探索有其正面意义,类似于现在建立的校外教学实习基地的实习,将科学知识与生产实践相结合。

傅家瑞充分利用机会,与当地的技术员相互学习,不但完成了教学任务,还培训了一批农村干部。由于对办班十分投入,在教学期间,傅家瑞一直和大家一起吃住在新会,直到任务完成才回家。1977年,当最后一批办班老师离开新会撤回中大时,麻一农校的学员十分不舍,农校以全体学员的名义赠送给曾经为他们上过课的老师每人一个记事本,傅家瑞一直将记事本保存至今。

1970年3月,暨南大学被撤销建制后,该校生物学系合并到中山大学生物学系。廖翔华、林鼎、毛永庆等

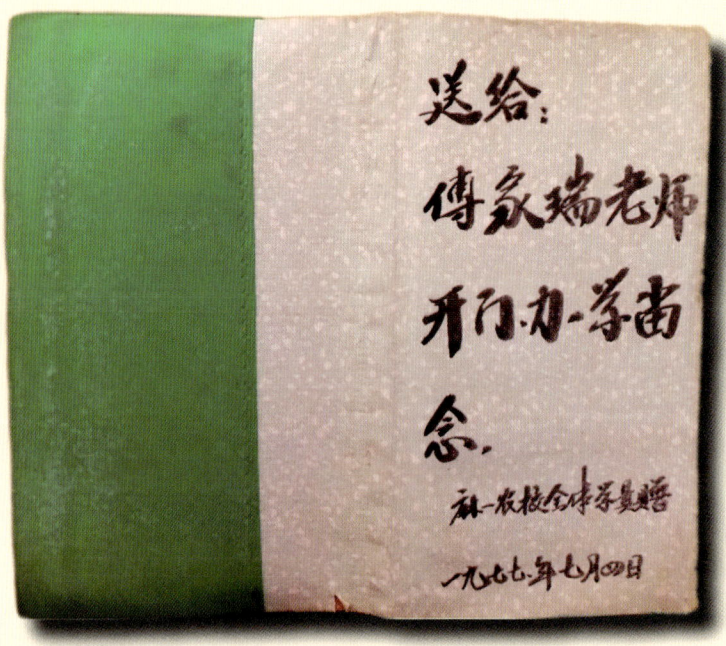

麻一农校送给傅家瑞的记事本

第六章 "文革"岁月

老师带领49名学生一起合并进来，成为生物学系大家庭的新成员。暨大生物学系不光是人合并进来了，在广州赤岗地区的磨碟沙农场也给了中山大学生物学系。1973年，学校革委会决定将磨碟沙农场改为生物学系试验农场。①

从新会回来后，教育革命探索活动进行依旧。傅家瑞连喘口气的时间都没有，就被派到磨碟沙农场继续开展教育革命。不过，这里的条件比在新会好了一些，也离家近了，每天都可以回家休息。这段时间，傅家瑞骑着自行车，奔波在康乐园和磨碟沙农场之间，累并快乐着。

由于已经有了新会办班的经验，在磨碟沙继续进行教育革命时，傅家瑞真的进行了一些"革命"——改革：为了结合生产，他和同事在磨碟沙农场办起短训班，除了开设植物生理学基础课外，还开出水稻生产、水稻高产研究、作物栽培生理、植物激素等多门应用性课程，以水稻高产为中心，围绕着水稻高产开展教学，做到教学生产两不误。

作为教研室主任，科研工作也不能耽误。傅家瑞和同事们扩大研究视野，与生物学系同位素研究室的陈舜华、刘振声、丘泉发等老师合作，应用包括920②在内的植物激素作用于水稻，进行提高水稻产量的研究。

其后，同位素研究室的刘振声也多次与傅家瑞合作研究碳-14标记物B_9在花生中的分布积累，显示出"强强联手"的效应。

同位素标记物在水稻上的吸收、运转和积累的研究方面，傅家瑞还与广东省测试分析研究所合作，相关成果发表在1979年发行的《植物生理学报》上。傅家瑞也与中山大学

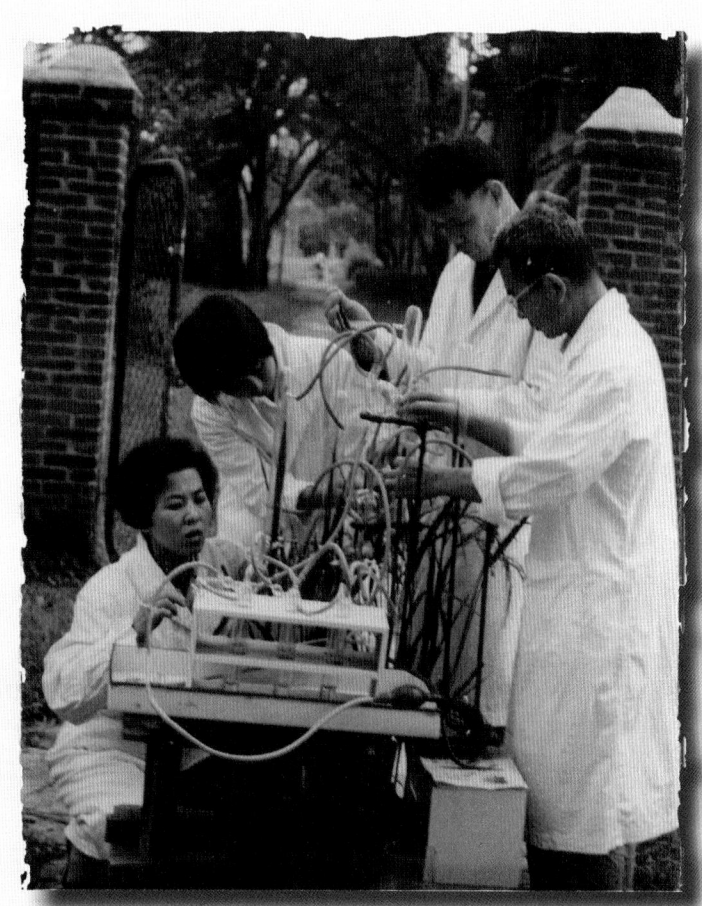

傅家瑞和同位素研究室的老师们正在进行有关同位素的试验[蹲下的为陈舜华，站在傅家瑞（右1）身边的为丘泉发（右2）和战秀清（右3）。摄于1973年夏]

---

① 参见《关于磨碟沙农场改为生物学系试验农场后几个具体问题的补充通知》，档案号为1974-XZ1100/011/21，藏中山大学档案馆。
② 920：赤霉素。在"文革"时期，因反对崇洋媚外，将赤霉素称为920。一些地区至今还在使用这一名称。

化学系的老师合作,开展了增产灵、乙基伐灭磷、920等应用于水稻增产方面的研究。

那段时间,结合同位素来研究水稻、花生等作物的生理特性和提高产量是傅家瑞的研究重点。

搞水稻生产、高产研究,需要有试验田。当时,生物学系围绕水稻进行研究的老师比较多,除了傅家瑞外,还有庄豪、李宝健、林启汉等人进行的激光育种以及蒲蛰龙、古德祥等人进行的水稻害虫防治等等,他们的工作都得到生物学系和学校的大力支持。为了扩大水稻生产试验的范围,1974年1月17日,学校革委会决定将校园内现有的13亩水稻田,暂由生物学系磨碟沙试验农场兼管。[①] 这无疑让傅家瑞如虎添翼,同时也坚定了傅家瑞继续做好水稻研究的决心。学校的这项决策还给傅家瑞带来了好处:冲淡了当时正敲锣打鼓进行的批林批孔运动引发的负面影响。这段时间,生物学系党总支组织全系320名工农兵学员,"揭矛盾,摆问题,写出了数千张大字报,办起大批判专栏,召开各种类型批判会、座谈会,联系学校阶级斗争实际批林批孔"[②]。傅家瑞是工农兵学员的教学骨干,如果没有学校的这项决策,想在学员们进行的政治运动漩涡中抽身而出,钻研科学,那是不可能的。

广州的植物生理学工作者接待来自上海、北京等地的植物生理学研究同行(前排右1为傅家瑞。摄于华南植物研究所)

---

① 参见《关于磨碟沙农场改为生物学系试验农场后几个具体问题的补充通知》,档案号为1974-XZ1100/011/21,藏中山大学档案馆。

② 《中山大学生物学系党总支组织工农兵学员认真看书学习》,见中共广东省高等教育委员会批林批孔运动办公室编《批林批孔情况反映》,1974年第19期,第4页(档案号为1974-DQ1100/定001,藏中山大学档案馆)。

第六章 "文革"岁月

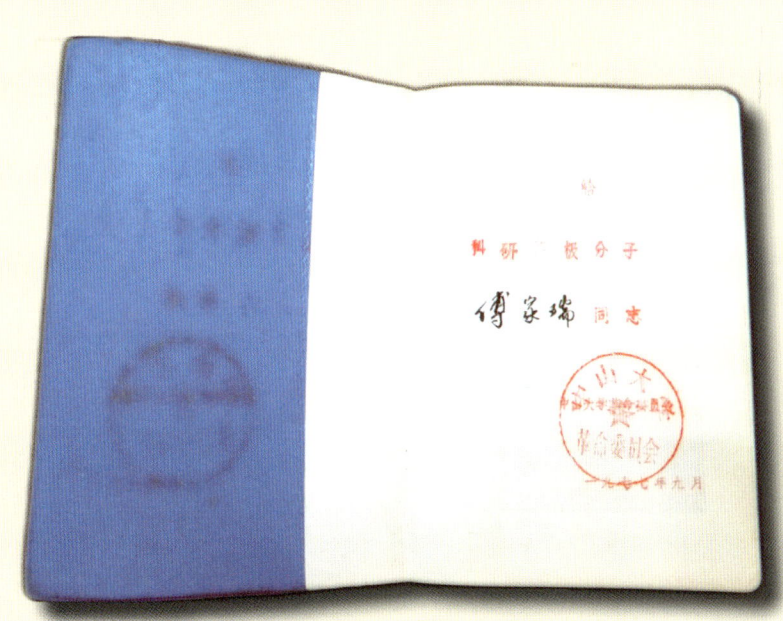
学校授予的科研积极分子奖品

过去的经历使傅家瑞对农作物、农业生产等农事有着浓厚的感情。一方面是受到多年的岭南大学农学院的学习熏陶,对农事既有较多的理解,也有深刻的体会;另一方面也是受到父亲傅保光的影响,虽然七岁丧父,但父亲的形象、父亲对农业的执着,加深了傅家瑞对农事的热爱。当时,许多教师对离开课堂进行大量的生产劳动持有异议,但是傅家瑞却能全心全意地投入到农事生产中,不论在教学上或是在研究上,他都能全力以赴,这着实让周围很多人佩服不已。

傅家瑞的付出也被学校和生物学系领导看在眼里,1977年9月,"文革"刚刚结束后,他就被学校革委会授予"科研积极分子"的荣誉称号。

十年"文革",十年内乱。清队、批判、下放……数不清的瞎折腾,严重干扰了高校教学和科研秩序的正常进行。"广大教师、知识分子被诬蔑为'臭老九',被视为异己和批评对象,不少教师感到'入错门、搞错行','真倒霉'。"[1] 许多老师的心态已经成为"麦田里的守望者",愤怒、焦虑,又很无奈。即便在这种气候下,傅家瑞也没有过多地指责这个社会,而是埋头苦干,坚守理想,终于等到"科学的春天"的来临。

"文化大革命"结束,历史翻开了新的一页。经过拨乱反正,终于雨过天晴,中山大学迎来了跨越式发展的新时代!

春风暖人,秋雨愁人,几多甘苦,都在心头。与许多地方一样,大学校园里也有污垢,道路中不尽平坦。但是,怀士堂前那片宽广的草坪,正是康乐园的象征;它开阔舒展,总是生机蓬勃,让生活在这里的人们总是充满了鲜活的绿意。[2]

"文革"后,傅家瑞还应邀到多个学习班、培训班授课,为国家和地方培养了千余名农技人员,许多人后来已经成为技术骨干和地方领导,走上了富国富民的道路。

---

[1] 中山大学革命委员会:《中山大学教师队伍情况调查报告》,1976年4月30日(藏中山大学档案馆)。
[2] 参见黄天骥著《中大往事:一位学人半个世纪的随忆》,南方日报出版社2004年版,第15页。

傅家瑞为广东省农业干部学校水稻农艺师学习班授课时使用的讲义

第七章 科教之春

　　1976年12月1日，工人毛泽东思想宣传队撤离中山大学，"文革"的痕迹逐渐从美丽的康乐园抹去。校园主干道两侧茂密的紫荆树夹杂在沧桑的白千层中，粉红的紫荆花挂满了枝头，有些花瓣落在地上，校道便像铺着碎锦。紫荆树下，是经过修剪的灌木丛，红花映衬；空地上的小叶榕、木棉树、蒲桃林，夹杂着一丛丛翠竹，微风过处，花树婆娑，绿树成荫，繁花似锦。康乐园恢复了她怡人的本色。

晋升副教授

　　"文革"结束后不久，邓小平负责分管科学和教育工作，在他的直接领导下，首先从科学和教育部门开始拨乱反正，"尊重知识，尊重人才"成为党内共识。"向科学进军"是流行于1977年中期的一个口号，这让傅家瑞看到了高教发展的新希望。科学，是高校教师最应该去传播和研究的老本行。"向科学进军"不就是在鼓舞高校的老师们高举科学旗帜，向科学的神圣殿堂大步前进吗？

　　"文革"十年，傅家瑞从没有离开过劳动、教学和科研。他努力，他拼命，但毕竟科研环境被影响和破坏了，科研氛围被稀释冲淡了，就算再努力，效果也会大打折扣。这十年间，傅家瑞在正式刊物上发表的文章仅有两篇，而且都是综述，都发表在1974年发行的《中山大学学报》第3期上。十年没有发表一篇研究论文，这对于一个高校教师来说是不可思议的。

　　由于邻近港澳的优势，中山大学和香港地区高校之间的学术交流迅速活跃起来。1977年，学校通知傅家瑞，与生物学系张宏达教授一起接待来访的香港中文大学副校长容启东教授。

　　班荆道故，记忆的长河在傅家瑞的脑海中泛波奔涌。早在岭大任教时，容启东教授就是傅家瑞的首位导师，后来又指导其攻读研究生，对傅家瑞有醍醐灌顶之功，于公于私，他都很想念这位恩师故交，"昔楚人始交，必有乘车戴笠不忘相揖之誓，诚以为富贵不相忘之难也"。1951年，容启东应香港大学聘请，出任该校植物学高级讲师，自此离开岭南大学，这不啻为岭大的一大损失。后来，容启东兼任香港大学植物学系主任，1959年被选为崇基学院院长。1963年，香港中文大学成立时，被委任为副校长。容启东先后在国内外科学杂志上发表多篇论文，为学术界所重视；他是国际植物形态学会创办人。

傅家瑞（右）与容启东（中）、张宏达（左）在生物楼前留影（当时生物楼正在维修，"文革"遗迹清晰可见）（摄于1977年）

与容启东恢复联系后，傅家瑞在20世纪80年代到香港高校进行学术交流时，曾专程看望他。1987年11月，容启东在香港病逝。得悉恩师仙去的消息，傅家瑞内心久久不能平静。

傅家瑞和香港的学术交流自此十分活跃，一直维持到退休。之所以这么活跃，主要有三点原因：一是确有学术交流之需；二是广州与香港距离之近；三是傅家瑞在香港有亲属，存在交流之便。这些便利条件是绝大多数内地学者所不具备的。

在1984年访问香港大学时，傅家瑞（后排左2）与在港的二堂兄傅惠泉一家相聚（堂兄虽然早逝，但是留下众多子孙）

傅家瑞（后排左1）及家人与从香港来探亲的二堂嫂（前排右1）的合影

内地的学术交流活动也在如火如荼地开展。1978年6月16日，张宏达出任生物学系负责人，他将学术交流视为学术发展的生命。在他的鼓励和支持下，生物学系的学术交流活动就似张耒笔下的景象，"荒林春雨足，新笋迸龙雏"，生机勃发。

10月7日至14日，中国植物生理学会第二次全国会议在广西南宁举行，傅家瑞和来自全国的206位同仁参与了这次盛会，大家对植物生理学的科研、教学、科学普及、出版、国际学术活动和科学发展规划等进行了认真讨论。罗宗洛当选为理事长。①

罗宗洛（1898—1978年），中国第一代植物生理学家，先后任"中央研究院"院士、中国科学院学部委员。罗宗洛从日本回国后，第一站就落户国立中山大学生物学系，在生物学系创建了中国第一个植物生理学实验室。"黄河之水，源可滥觞"，前人栽树，后人乘凉。于志忱、傅家瑞等人都是在罗宗洛打下的基础上，继续开展工作的。十分悲痛的是，天妒英才，罗宗洛在广西会议后十余天便在上海病逝。

参会期间，傅家瑞和岭大校友、我国著名的植物生理学家娄成后教授以及广东的植物生理学界老前辈于志忱教授及莫熙穆等人进行了深入的交流和探讨。

傅家瑞（右1）在出席中国植物生理学会第二次全国会议期间与于志忱（左1）、娄成后（左2）、莫熙穆（左3）的合影（1978年10月12日摄于南宁）

此后，傅家瑞多次代表中山大学参加中国植物生理学会全国会议。1982年11月，在南宁举行的第三次全国会议上，傅家瑞当选为学会理事、生长发育专业委员会委员；四年后，在重庆举行的第四次全国会议上，傅家瑞再次当选为理事、发育生理专业委员会委员。

改革开放前，傅家瑞积蓄力量，蓄势待发，正像一艘即将远航的船，擦亮舵，加满油，扬帆起航。这使他在1978年到1979年的两年间，相继发表了五篇关于水稻生理和黄麻生理方面的研究文章。到1979年之前，傅家瑞已经发表了28篇文章，其中19篇论文为第一作者。凭借这些论文的发表，1978年12月30日，在新年即将到来之前，他

---

① 参见中国植物生理学会秘书处《中国植物生理学史料汇编》，1993年10月编印，第119页。

终于完成了从讲师到副教授的跨越，迈进了高级知识分子的行列。级别为"教学级7级"，月工资为139元人民币。

当年，晋升副教授的竞争远比现在激烈，主要是学校对高级职称的职数控制很紧，所以并驱争先人员众多。

晋升为副教授后，傅家瑞的学术地位和在学术界的知名度逐渐提高，虽然他自己从来不伐功矜能，但还是逐渐为学术界所认同。

1979年底，傅家瑞的妹妹傅福贞从北京来到广州，与傅家瑞和姐妹相叙，顺便庆贺傅家瑞晋升副教授。和谐的日子，见到亲爱的姐妹，傅家瑞从来没有感觉到生活如此的安详、惬意。

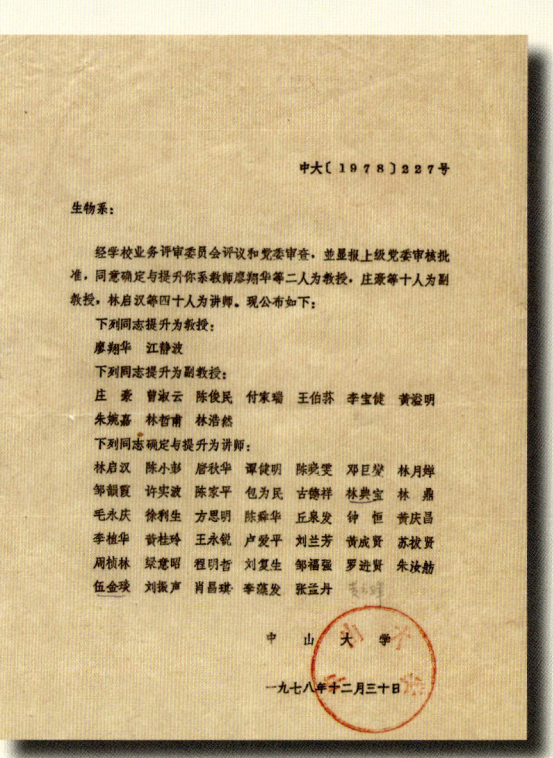

记载傅家瑞提升为副教授内容的中山大学文件

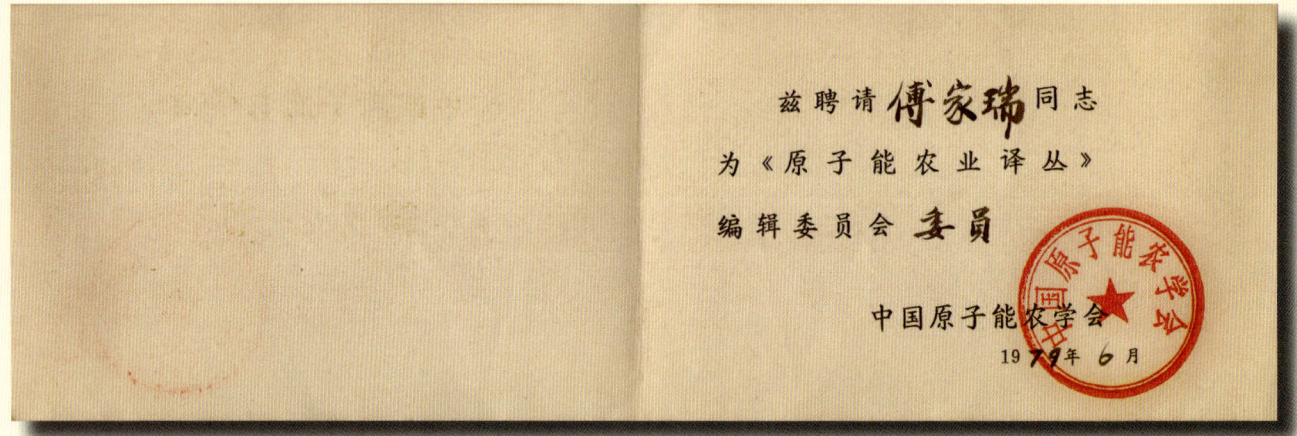

傅家瑞被聘为《原子能农业译丛》编委

第七章 科教之春

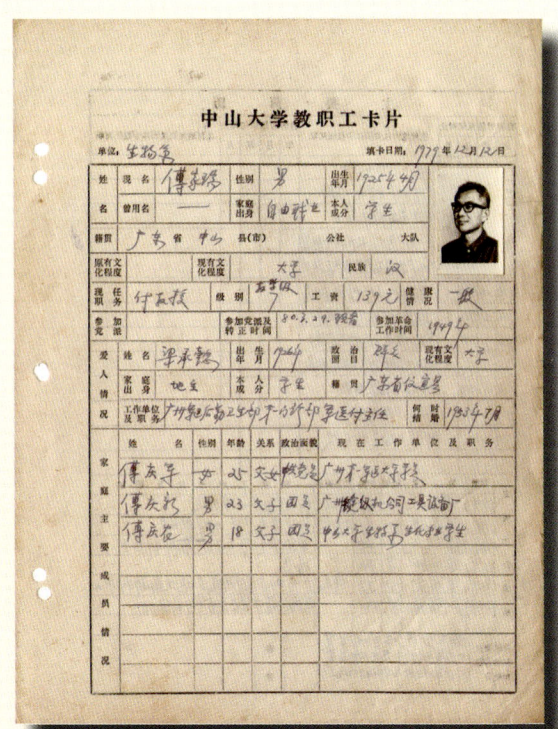

傅家瑞于1979年12月12日填写的"中山大学教职工卡片"正面

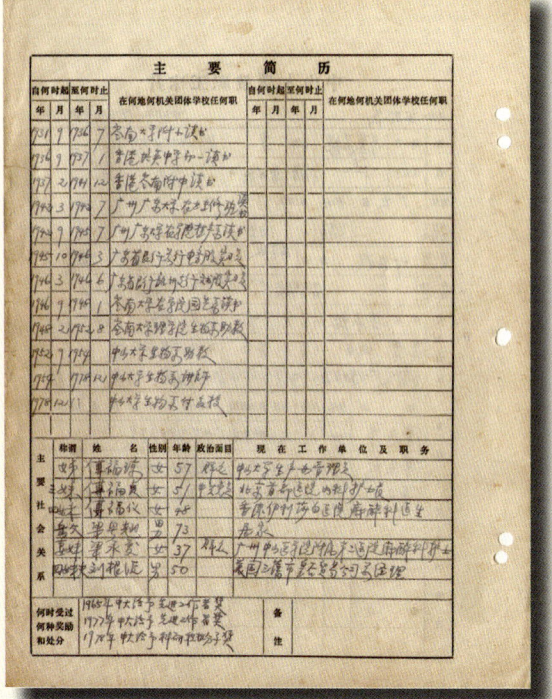

傅家瑞填写的"中山大学教职工卡片"背面

傅家瑞阖家福（摄于1979年）

加入共产党

1980年3月31日，中共中山大学党委正式批准傅家瑞加入中国共产党，傅家瑞从此实现了自己多年的心愿，从组织上完成了人生一次非常重要的跨越，这让傅家瑞愈加勃然奋励。

回顾入党的心路历程，漫长而崎岖。作为一名从旧社会走过来的知识分子，傅家瑞开始时对中国共产党毫无了解和认识；由于过去受宗教影响等的障碍，自己与要成为一名具有共产主义信仰的共产党员是有距离的。与过去的观念决裂，而且要获得党组织认同并接受成为组织的一员，虽不是不可逾越，但也不是件轻而易举之事。加入中国共产党，是傅家瑞在经历过大大小小的政治运动后，经过反复思想斗争思想觉悟逐步提高的结果，也是党组织对他的思想认识转变和工作成绩的考察并认可的结果。

傅家瑞从懂事起，就亲身经历了国家被日本侵略和践踏、人民处于水深火热之中的惨况，因而自幼就有强烈的爱国情怀；父亲傅保光当年谢绝美国多家企业的挽留，毅然回国为苦难的中国效力，也给傅家瑞留下刻骨铭心的影响。爱国、正直、上进、勤勉、贡献，这是傅家瑞从小的家教以及一生的追求。傅家瑞既是十分专注业务科研的知识分子，也是一腔热血、热切希望祖国强盛的爱国主义者，能为国家和人民作出贡献是他一生的愿望。

新中国成立后，从现实中看到"只有共产党才能救中国"。从多年来共产党所做的工作，中国所经历的翻天覆地的变化，以及无数优秀共产党员的事迹中，傅家瑞看到了共产党的伟大和共产党员真心实意为人民的品格。共产党是先锋队，是领导全国人民实现国家富强的有力保证；党的章程规范了每个共产党员必须不谋私利，要全心全意为人民服务，这正是自己所期待的，也是对自己的要求。而共产党员要起的模范带头作用对自己很有激励作用。只有向党组织靠拢，成为一名名副其实的共产党员，才能更好地发挥自己的作用。

虽然"文革"使国家遭受劫难，个人也受到冲击，但这并不影响傅家瑞对共产党的看法，反而增加了加入组织的热情和决心。改革开放的春风吹遍全国，党内政治思想得到了很大的解放，不仅把"以阶级斗争为纲"转变为"以实现四个现代化"为主要奋斗目标，而且对知识分子的政策也发生了很大变化。邓小平同志提出，知识分子也是劳动人民，知识也是生产力。此后，中国科学技术领域的春天也到来了。这一切，傅家瑞看在眼里，喜在心上，觉得这样中国就会前途光明，个人也有了用武之地。他决心跟党走，发挥余热。

但要加入共产党，就必须与过去社会遗留在自己身上不符合党的章程所要求的历史和思想做出厘清和决裂。傅家瑞在读书时曾参加过基督教的活动，但只是一般的参与。

第七章　科教之春

当时只是期盼基督教能做到真善美，可拯救世人。新中国成立后，经过社会主义教育，他看到了当时宗教阴暗的一面，认为靠宗教无法解决中国的问题，更不能使中国人民摆脱半殖民地半封建、备受压迫的境地。后又经过20多年的社会主义革命和建设历程，傅家瑞对此有了进一步的反思，并再次向党组织做了思想汇报。

20世纪70年代，傅家瑞第一次向生物学系党组织递交了入党申请，向党表达了为共产主义奋斗终生的决心。

生物学系党总支经过一系列的考察、调查，认为傅家瑞已经具备了加入中国共产党的条件。1980年3月29日，生物学系党总支经过讨论，通过了傅家瑞的入党申请，批准他成为一名中国共产党预备党员。李卓杰和王永锐是他的入党介绍人。两人在组织通表会上介绍傅家瑞老师时指出，傅老师为人"仰不愧于天，俯不怍于人"，心系教研室工作，入党动机纯正，已经符合入党条件，愿意介绍其入党。

经过一年的预备期考察，1981年6月29日，中共中山大学党委通知生物学系党总支，让傅家瑞转为中共正式党员。

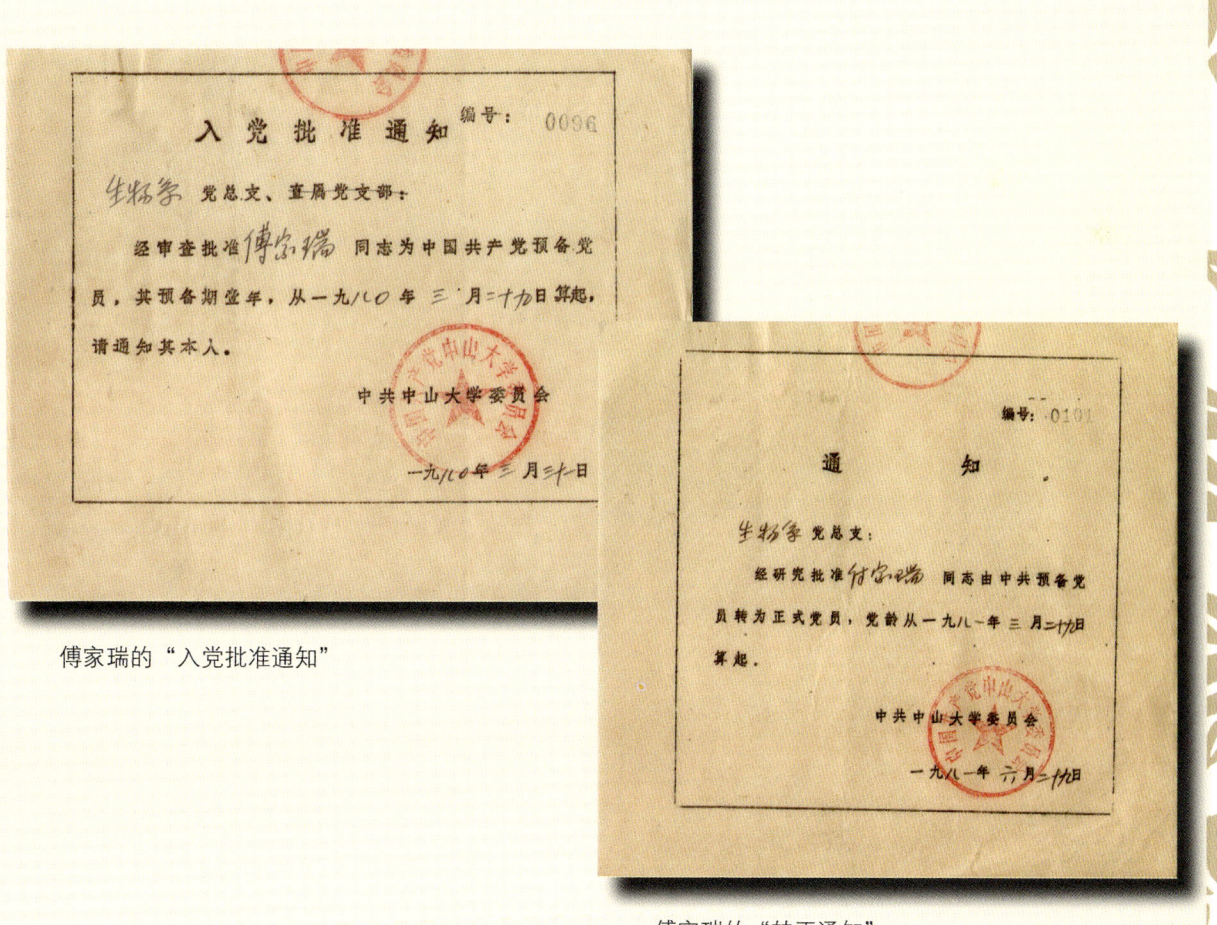

傅家瑞的"入党批准通知"

傅家瑞的"转正通知"

1983年中大"七一"表彰优秀党员名单

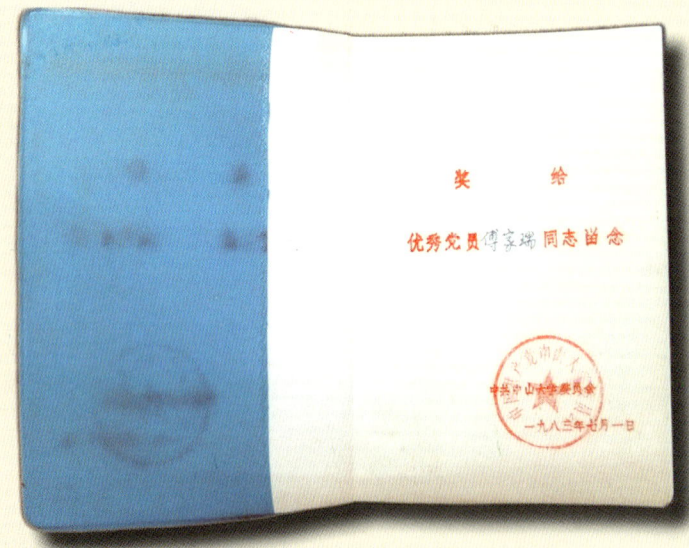

1983年7月1日，中共中山大学党委颁发给傅家瑞的优秀共产党员奖品"日记本"

回顾入党历程，可谓是一个思想上脱胎换骨般的改造过程。递交入党申请书、递交思想汇报、召开群众座谈会、对家庭成员的函调、党支部通表、党总支通表、中共中山大学党委批准，可以说，没有一个环节是应付了事的；而每过一个环节，傅家瑞都感觉是陶熔鼓铸，经历了一次人生思想的升华。

跨进党的门，就是党的人。入党给了傅家瑞更大的激励，党组织成了他奋进前行的火车头，成了他成长的沃土。他以更大的热情投入到工作中，向先进人物学习，主动承担校系托付的任务。

他的努力得到了学校肯定。1980年，他组织申报的两项科研成果"开花生理的研究"和"乙基伐灭磷的合成及对水稻生理过程的作用和增产效果"获得学校奖励。1983年，中共中山大学党委的"七一"表彰优秀党员名单中有傅家瑞的名字。傅家瑞策顽磨钝，不断敦促自己继续前进。当时，组织上还向优秀党员赠送日记本留念，这日记本一直留在傅家瑞身边。其后，他还先后多次被评为学校"优秀共产党员"。他履行了入党诺言，带头学习并执行党的路线、方针和政策，出色地完成了党组织交给的各项任务，成为社会主义事业建设者的模范代表。

第七章 科教之春

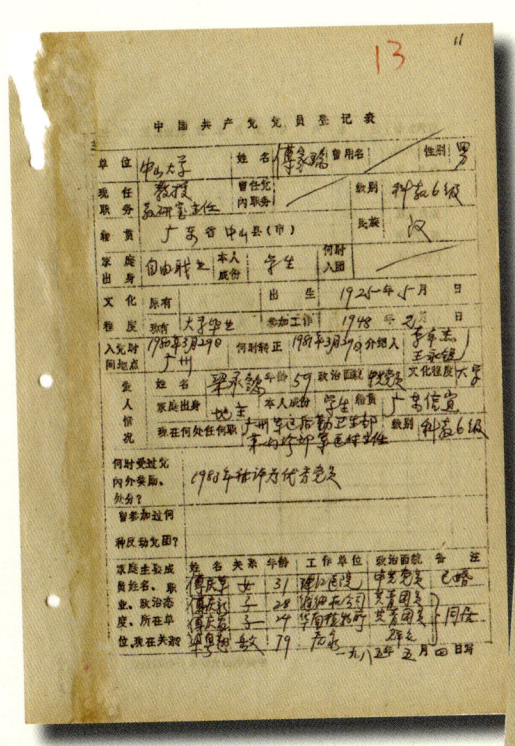

傅家瑞填写的"中国共产党党员登记表"
（正面，1985年5月4日填写）

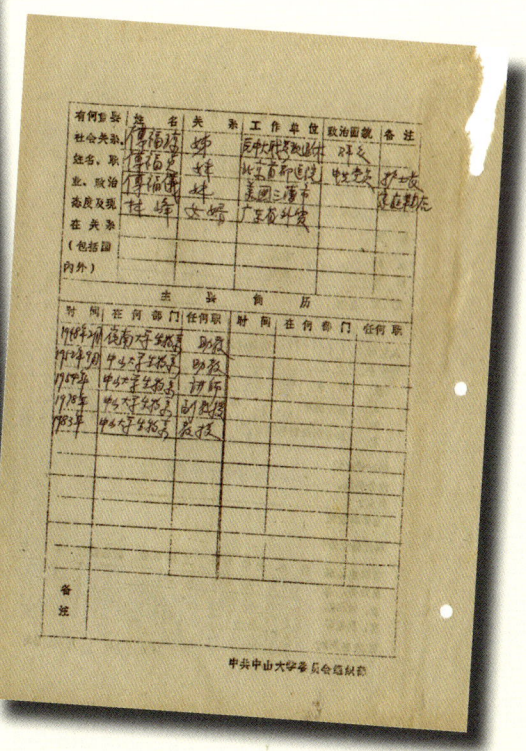

傅家瑞填写的"中国共产党党员登记表"（背面）

中共中山大学党委授予傅家瑞的"优秀共产党员"奖状（1985年11月）

这个模范代表不是浪得虚名，有一件事情可以为证。20世纪90年代末期，中山大学进行房改。根据规定，傅家瑞完全可以有资格申请购买一套房改房，而且按照博士生导师的身份，他可以购买一套面积比较大的房改房。但是，傅家瑞没有去申请，学校也没有安排，这引起许多不了解情况的老师频频给学校提意见，询问为什么不给傅老师分房。实际情况是这样的：因为在此之前，由于家里人口较多，当初傅家瑞到学校去申请，学校说没有合适的房子了，故傅家瑞一家就将就着住了几年。尔后，妻子梁承懿单位开始房改房，就以妻子的名义在部队申请了房子。因为当时国家有关政策规定，夫妻不管是不是在同一个单位，只能购买一套房改房。因此，傅家瑞自然没有在学校申请房改房了。当时领导考虑到群众的反映，就找傅家瑞谈，说你还是去选一套房子吧。按当时的评分，傅家瑞的评分排在很前，可以拿到一套较好位置的大房子。在即将挑选房子之际，傅家瑞放弃了房子的申请，理由是我们夫妻已经有了一套，不能违反国家规定。此后，多少人为其惋惜，说他太傻了，不要白不要。虽然傅家瑞从出生到退休70多年一直在中大校园生活、工作，与中大校园结下的那份特殊感情确实难以割舍，没有了房子意味着被连根拔了出来。多年后，广州市的房价火箭式蹿升，尤其是中山大学校内住房。用现实一点的话说，傅家瑞可能损失了二三百万元人民币。不过他并没有什么怨言，作为一名共产党员，对得起做人的准则，对得起自己的良心，这也许就是一种价值观吧。

数年后，因为其妻子单位分的房子的面积不够傅家瑞本人职务应该享有的面积，加上傅家瑞退休后学校仍经常需要他回去办事，所以学校给他在中大租住一小套房子，一是补足面积，二是让他回校办事还有个落脚之地。后来，因为年纪大了行走不便，越来越少回校，房子渐渐空了下来。有一次，他女儿的朋友想租住一段时间。当女儿回家和父母商量时，傅家瑞认为这样不合适，觉得那是为了工作方便才租给他的，不应转租给其他人，因此给回绝了。继而不久就无条件地把房子退回给了学校。当女儿傅庆军回忆到这段事的时候，颇为感慨："虽然出租自己花钱租来的房子无可厚非，我父母的做法的确对自己太严格了，但我很理解他们。他们的理念就是：声誉比金钱重要，品德比名利重要，精神比物质重要！这看起来与当今的环境有些不相符，但我看到，具有这样情操的人，才是真正感觉幸福的人。"

加州大学访问学者

改革开放后，对外学术交流活动与对内学术交流活动一并展开。1979年1月，应李嘉人校长的邀请，以美国加州大学洛杉矶分校副校长斯文森博士为团长的学术代表团一行访问了中山大学等地，拉开了改革开放后中美学术交流的大幕。

大幕开启后，两国之间的学术交流日渐活跃。1979年，教育部下发了《关于部属重点高等学校选拔人员出国短期进修、工作的通知》。根据通知精神，中山大学加紧进行了选拔工作,傅家瑞凭借扎实的工作基础入选。1980年下半年,傅家瑞收到美国加州大学戴维斯分校蔬菜系主任杨祥发寄来的邀请信,信中邀请他到戴维斯分校做访问学者,为期一年。国家为傅家瑞提供了一年5000美元的经济支持。中山大学于1980年12月19日在给教育部的请示报告中对傅家瑞给予了较高的评价:"长期从事教学工作,教学认真负责,刻苦钻研,并能坚持科研工作,写出论文40多篇,能顺利阅读英语专业书刊,并有一定听说能力。"[①]

出国前,学校为傅家瑞等人专门在校内开设了英语短期班,以适应出国之用。

1981年,傅家瑞第一次走出国门,踏上了飞往美国的航班。

虽说是第一次走出国门,但是美国对傅家瑞来说并不陌生,这是父亲当年求学的国度。岭南大学得益于美籍友人的全力支持,学术声誉响彻中华大地。在傅家瑞的印象中,美国与父亲、与他都有着永远割不断的情感纽带。

傅家瑞的落脚点是美国加州大学戴维斯分校(UCD 或 UC Davis)Mann 实验室。

加州大学戴维斯分校,也常被翻译为加利福尼亚大学戴维斯分校,是一所地处美国加州首府萨克拉门托市西部的公立研究型大学。在加州大学系统下的十所分校中,戴维斯分校校园面积最大。在学术与科研方面,加州大学戴维斯分校与伯克利分校和斯坦福大学交流互动频繁,因而并称"加州黄金三角"。也因此,其学术和教育水平一直都处于顶尖水平,农学专业更是高居全美乃至世界第一名。

Mann 实验室闻名全球的是对乙烯的研究,而傅家瑞访问的意图就是研究种子与乙烯的生理作用,其指导教授是杨祥发院士。

傅家瑞与杨祥发的合影(1981年摄于杨祥发在戴维斯分校的办公室)

[①] 《关于傅家瑞副教授赴美短期进修学习的请示报告》,档案号为1981-XZ11-012-36,藏中山大学档案馆。

杨祥发院士（1932—2007年），我国台湾省籍人。1956年获得台湾大学农业化学学士学位，1962年获得美国犹他州立大学（Utah State University）生物化学博士学位，加州大学戴维斯分校（University of California, Davis）蔬菜学系教授，乙烯生物合成途径的发现者，以此成就当选为美国科学院院士、台北"中央研究院"院士、沃尔夫农业奖得主。乙烯生物合成途径一般称为蛋氨酸循环，因为是杨祥发首先发现，因此也被称为杨氏循环（Yang cycle）。

杨祥发实验室的研究生及访问学者中有不少是华人。杨祥发教授很好客，每逢节日就会邀请实验室人员到家中做客。

已经57岁的傅家瑞非常珍惜这次到美国学习的机会。在这一年中，他夜以继日地把绝大部分时间都用在了实验室，查文献，做试验，写论文。他还虚心地向国外同行学习，利用各种机会接触国外学者，也和同时期在美国做访问学者的国内同行交流，取得了丰富的收获。

傅家瑞在Mann实验室进行种子样品的乙烯分析（摄于1981年）

傅家瑞根据杨祥发的意见，独立完成了一项研究；同时，还与杨祥发团队中的霍夫曼（Hoffman）合作，完成了另一项研究。通过对这两项研究结果的整理，傅家瑞撰写了两篇论文，都发表在1983年发行的美国专业科学期刊上。

傅家瑞与杨祥发也就此建立了终生的友谊。1994年，他在香港科技大学访问期间，巧遇杨祥发夫妇。此时，杨教授已从戴维斯分校退休，在香港科技大学短期逗留后将回台湾任职。两人畅聊雨迹云踪，颇似苏曼殊《致刘三书》所言："回忆秣陵半载，对床风雨，受教无量，而今安可得耶？"2007年，杨祥发逝世，傅家瑞深感惋惜，痛失一人生导师。

第七章 科教之春

傅家瑞（中）在香港科技大学与杨祥发合影（左1为黄玉山、右2为杨祥发、右1为杨祥发的夫人。摄于1994年）

在留美期间，积极参与学术交流是傅家瑞在出发前就定下的一个目标，也是国家和学校交给他的重要任务之一。因此，除了在实验室里紧张地工作外，傅家瑞还争取机会参加在美国举行的学术会议。有一次参会时，一位外国代表询问傅家瑞是不是来自日本时，傅家瑞回答道："我来自中国，是中国人！"周围的人都很惊讶，因为在他们看来，这个东方古国还在沉睡。当然，我们也应该反思自己的闭关锁国政策所带来的灾难性影响。不过，惊讶之余，傅家瑞也让他们感受到了来自文明古国的第一声问候！

除了工作外，傅家瑞还利用休息机会参加一些必要的社交活动，以体验和感受东西方交融的文化氛围。通过这些活动，他结识了一些国内国外友人，对以后的科研工作起到了一定的帮助作用。在这些人中，包括来自北京大学的吴相钰，他在光合作用方面造诣颇深。

在戴维斯分校的中国访问学者在一起交流聚会时的合影（左1为傅家瑞、左2为吴相钰。摄于1981年）

留美时间如白驹过隙，转眼就到了圣诞节。这在西方是最为重要的节日。傅家瑞思量再三，还是舍不得休息，他与在俄勒冈州的安大略大学（Ontario University）邹德曼教授联系，到她的实验室做有关种子生理生化测定方法的工作，受到邹德曼的欢迎。邹德曼是一位华裔教授，为人诚恳，对来自祖国的傅家瑞提供了最大限度的方便。在与傅家瑞建立了学术交流关系后，邹德曼后来还应傅家瑞邀请访问了中山大学并作学术讲座。

在归期到来前，傅家瑞抓紧时间到美国东部地区高校访问。他从三藩市出发，乘坐"灰狗"旅行巴，先后到访康奈尔大学（Cornell University）Khan教授的实验室以及约翰霍普金斯大学（John Hopkins University）与植物生理有关的实验室。在Khan教授的实验室，傅家瑞学习到了一些有关种子生理生化的技术与理论，并在他的鼓励下，提出了一个有关种子生物学的国家合作课题。遗憾的是由于得不到美方批准，该计划无法顺利实行，但傅家瑞领导的课题组在相当一段时间内都是在这个设想的基础上继续进行种子生物学的研究，并且多次获得中国国家自然科学基金的资助。在这个基础上，傅家瑞和Khan还获得国际组织国际植物遗传资源委员会（IBPGR）的两次资助，使他们在种子生物学的研究领域做出了许多令人瞩目的成绩。

在约翰霍普金斯大学，傅家瑞遇见两位熟人：一位是岭南大学校友曹安邦，他已经是约翰霍普金斯大学教授；另一位是同期在美国做访问学者的中山大学生物学系同事罗

第七章 科教之春

傅家瑞（右）与岭大校友曹安邦（左）在其家中的合影（摄于1981年）

进贤。异国相见，傅家瑞受到他们的热情接待。在他们的引见下，傅家瑞得到该大学同行的热情欢迎。随后，傅家瑞和罗进贤一同乘坐"灰狗"旅行巴前往三藩市旅行。他们从美国东部辗转经过多个州，在车上生活了数天，最后抵达三藩市。在旅行及参观过程中，傅家瑞曾遇见美国学者问他们参观访问是否带了翻译这样的问题。在美国学者看来，来自内地的中国人首先需要过的是语言关。这给了傅家瑞很大的刺激。我们真正融入西方国际主流学术界的路还很远，但是不会太漫长，只要有一代又一代的国人努力追赶，总有一天，我们会站在潮头，那时的弄潮儿就是来自中华民族的子孙。

作为中国改革开放后最早一批访问美国的学者，傅家瑞等人受到党和国家的高度关心，出国有专门培训，连穿衣服都有置装费。在美国生活期间，享受一定的补助，还经常会得到来自官方的问候。中国驻美总领事在1981年11月24日专程到戴维斯分校慰问在当地的留学生和访问学者。

在加州大学戴维斯分校刻苦钻研的一年间，除去学术上的收获外，傅家瑞在友情上也收获良多。回国之前，Mann实验室专门给傅家瑞举行了一个温馨的送别会，一曲阳关，曲曲含情，大家在送给傅家瑞的一张卡片上分别签上名字及写上告别短句。此情此景，让傅家瑞想起了当年李陵所做《与苏武》一诗："携手上河梁，游子暮何之？徘徊蹊路侧，悢悢不得辞。"

中国驻美总领事（前排右4）前来戴维斯分校慰问当地的中国留学生及访问学者并合影留念（前排右3为傅家瑞。摄于1981年11月24日）

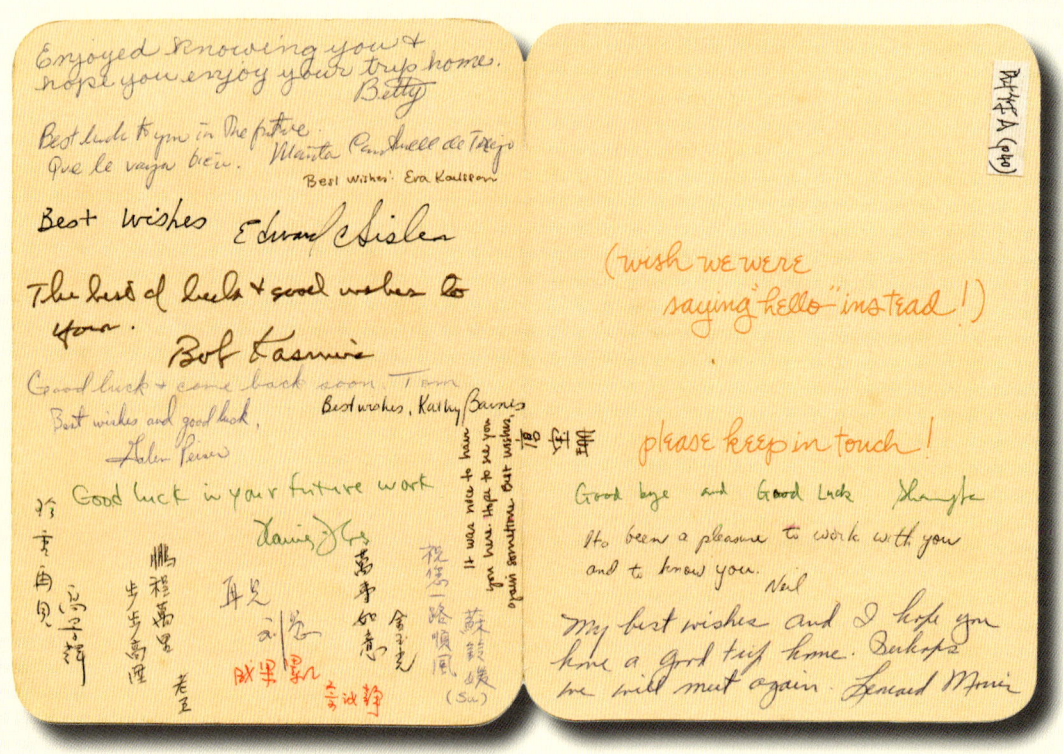

Mann实验室的室友赠送给傅家瑞的签名卡

第七章 科教之春

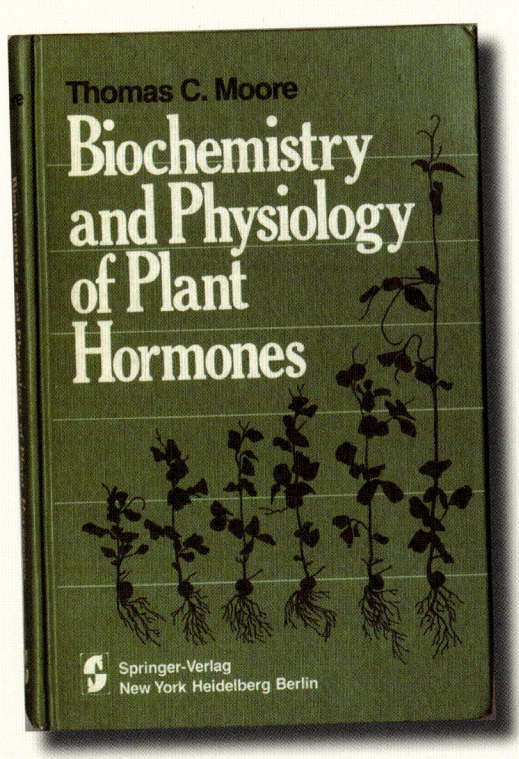 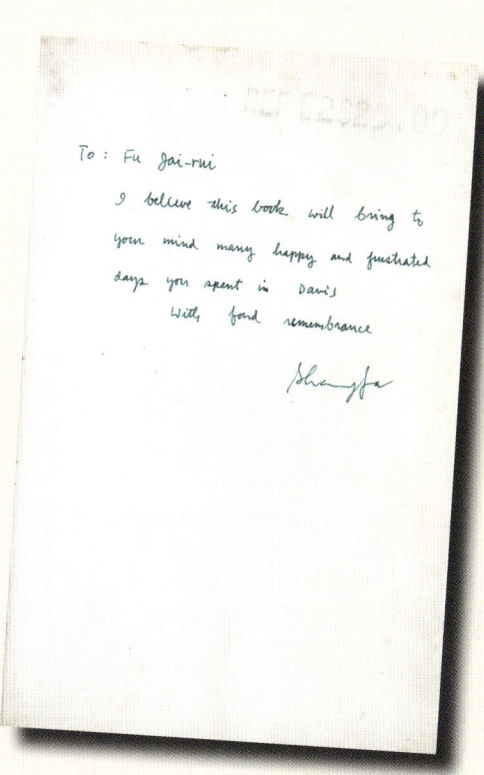

杨祥发教授送给傅家瑞的专业图书及写在该书扉页上的临别赠言

傅家瑞曾和罗进贤一起到三藩市旅游。之所以选择去三藩市，是因为妹妹傅福仪和妹夫刘根源生活在那里。而且，戴维斯分校就在加州，离三藩市很近，在星期天，傅家瑞偶尔会去妹妹傅福仪家里做客。

在妹妹傅福仪家里的合影（右为妹夫刘根源。摄于1981年）

带着收获，也带着恋恋不舍，傅家瑞登上了回国的班机。从这次访问留学中，傅家瑞深切地感受到了交流合作的重要性。回国后，他多次邀请国外学者前来中大讲学，也接受国外学者邀请前往访问，以此增强交流、促进合作，提高业务能力，为自己在科研工作中取得优异成绩起到了助推作用。

对于访美取得的丰硕成果，傅家瑞在多个场合进行了总结和介绍，推动了中美种子生理学方面的研究与合作。

美国之行让傅家瑞对什么是尖端意义上的科研、如何进行科研有了新的认识。其实，科研本身并不高深。美国资源委员会对科研的定义是："科学研究工作是科学领域中的检索和应用，包括对已有知识的整理、统计以及对数据的搜集、编辑和分析研究工作。"这是一个十分通俗易懂的定义。问题在于，科研是一个系统工程，它需要一步一步地走，想一蹴而就是不可能的。

傅家瑞正是这么一步步走过来的。只是，从美国回来后，他步子走得更快了，路子走得更直了。

傅家瑞在中国林学会举行的全国林木种子生理学术报告会上介绍美国种子生理研究概况时使用的单行本（1982年10月使用）

论文首发国际期刊

1982年至1983年，傅家瑞围绕水稻、花生等作物的种子活力进行了深入的研究，先后在《植物生理生化进展》、《种子》、《中山大学学报》、《植物生理学报》等刊物上发表了七篇论文，拔新领异，初步奠定了自己在种子生理研究方向上的学术地位。

前文所述，傅家瑞在美国访问期间与导师杨祥发密切合作，先后发表两篇论文。

第一篇论文，傅家瑞作为第一作者，题目是"Release of heat pretreatment-induced dormancy in lettuce seeds by ethylene or cytokinin in relation to the production of ethylene and the synthesis of 1-aminocyclopropane-1-carboxylic acid during germination"，发表在1983年发行的国际期刊 *Plant Growth Regulation*（《植物生长调节》）上。

第二篇论文，傅家瑞作为第二作者，与合作者霍夫曼（第一作者）和共同导师杨祥发一起完成，题目是"Identification and metabolism of 1-（malonylamino）cyclopropane-carboxylic acid in germinating peanut seeds"，发表在1983年1月发行的 *Plant Physiology*（《植物生理学》）第71卷第1期上。*Plant Physiology* 创刊于1926年，为美国植物生理学会主办的国际知名的学术刊物，是植物生理学领域影响力排名第二位的国际期刊。

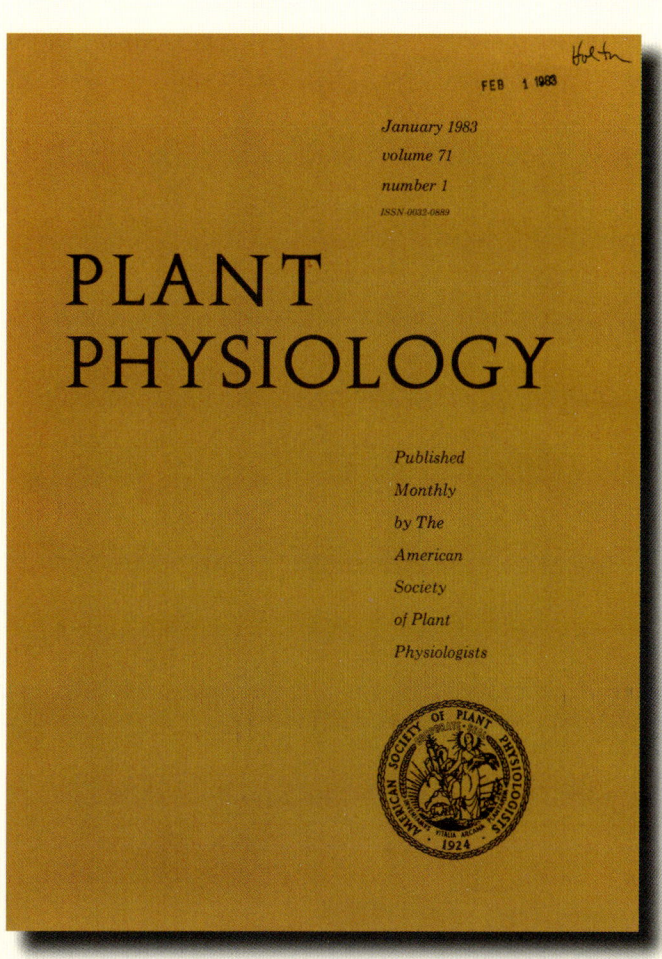

Plant Physiology January 1983 Vol. 71 No. 1 封面

这是傅家瑞最早在国际期刊上发表论文，对推动傅家瑞的科研工作所起的作用是不言而喻的。也是凭借上述两篇论文，傅家瑞基本接掌起于志忱等前辈交给他的扛起植物生理学研究大旗的重任。

晋升教授

1983年5月，凭借扎实的研究功底、多篇研究论文等科研成果的支撑，傅家瑞晋升为教授。

当时，中山大学尚未获得教授资格的审批权，申请教授职称，材料要交到广东省人民政府。省政府在1982年8月专门成立了"广东省教授、副教授（职称）评审委员会"①，中山大学生物学系蒲蛰龙教授出任评审委员会主任，委员都是来自各个研究领域有一定影响的科学家。各个学校申请教授、副教授的材料都统一交至该委员会评审，使其权威性、公正性有了一定的保障。

傅家瑞是这个委员会成立后评审出的第一批教授。中山大学在1986年第165号文件中确认，根据国家教育委员会（简称"国家教委"）1986年3月31日下发的(86)教师管字008号文件通知和粤高教人字〔1986〕041号文通知，正式批准傅家瑞晋升教授，晋升时间为1983年5月31日。②

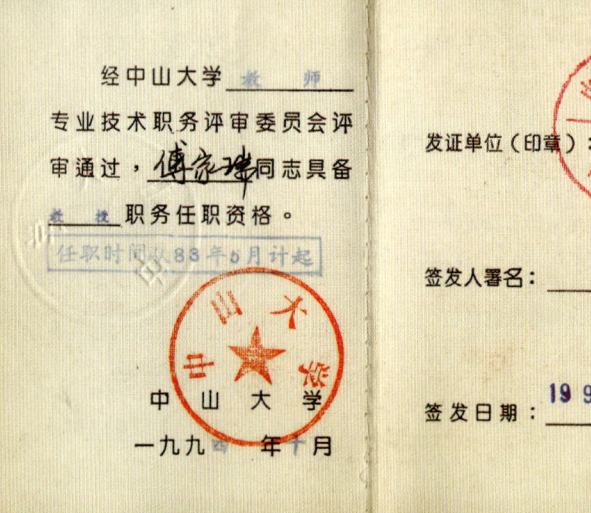

中山大学教授职务资格证书封面

中山大学教授职务资格证书内页（上面注明了傅家瑞被聘为教授职务的时间）

---

① 《一九八二年大事记》，见广东省教育厅网（http://www.gdhed.edu.cn/introduce/gdedu/memo/memo-1982.htm）。

② 此处参考资料档案号为1986-XZ11-013-05，藏中山大学档案馆。

第七章 科教之春

成为教授，是一名高校教师梦寐以求的理想和追求。如果父母能九原可作，傅家瑞一定会把这个喜讯最先告诉他们，以馈父母养育之恩。作为一名土生土长的科学家，傅家瑞不可能像父亲傅保光那样，生活在一个人才奇缺的年代，从国外一回来，就可以直接被聘为副教授、教授。他需要经过人生的百般考验、千般磨难、万般历练，需要有一代又一代的科学家前辈的指点，需要国家和学校、生物学系的无私支持，才可能有今天的成就。

嘉理思、容启东、于志忱、张宏达、杨祥发等人都是给予他直接指导的恩师；植物生理学的前辈罗宗洛，虽然在有生之年与傅家瑞没有活动交集，但是他创建了中山大学植物生理学学科，傅家瑞是后来者、乘凉人，所以罗宗洛的贡献也需要铭记；还有其他同事、家人……

不过，所有这些，傅家瑞的个人努力是最基本的；否则，多大的支持都是空中楼阁。

晋升教授，对傅家瑞来说，是一个新航程的起点。他申请基金、招收研究生、撰写论著与论文，忙得不亦乐乎。

功夫不负有心人。1983年年底，他人生中的第一个主持的国家自然科学基金项目"种子劣变生理及应用渗透调节法进行修复的理论研究"获得国家自然科学基金委员会的批准；七万元人民币的资助金额在今天看来不算多，但在当时，这会给一位科学家带来火箭一般的推动力。果不其然，从1984年到1989年的六年间，傅家瑞连续发表了37篇论文，迎来了人生的一个科学春天。能在花甲之年迎来这个春天，那该是多么的令人喜悦！

林浩然在1984年出任生物学系主任后，对教师职务聘任工作做了进一步规范，要求在聘任书上写明教学工作、科研工作、管理工作等内容。这种契约式管理模式，对于傅家瑞来说，是一种责任，也是一种激励。傅家瑞在"科研工作"一栏下写下了"种子活力变化中的修复研究、顽拗性种子贮藏的生理生化研究、人工种子的生理生化研究"等三个方向。敢于写上去，就要做出成绩来，傅家瑞兑现了自己的承诺。

傅家瑞填写的"中山大学教师职务任务书"

出版著作

教书就得写书，能够出版自己的著作，一直是傅家瑞努力的人生目标之一。

20世纪50—70年代，傅家瑞主要围绕光周期与农作物发育的问题进行研究，研究对象主要是水稻、花生、黄麻等，发表了30余篇论文，并在1963年10月出版了第一部合著《花生栽培》。另外，由于傅家瑞在大学期间做过关于大薸（水浮莲）的毕业论文，其后又在吴印禅教授的授意下对其发育问题进行进一步的研究，竟然发现大薸种子是需光性种子，并且需要一定湿度才能保持种子寿命。傅家瑞于1957年在《科学通报》上发表了《大薸（水浮莲）种子是需光种子》一文，这是国内研究需光性种子的第一篇论文，种子生物学逐渐清晰地成为傅家瑞的主要研究兴趣。到了80年代中后期，根据种质资源长期保存的需要，傅家瑞进一步开展了顽拗性种子的研究。该研究与种子活力的研究并向而行，直至他退休。到90年代，在种子活力的生理研究基础上，傅家瑞还指导研究生从分子水平上深入探索了种子生物学的科学问题。后来，傅家瑞多次获得了国家自然科学基金、国家教育委员会博士点基金及广东省自然科学基金等资助，深入开展上述领域的研究；积基树本，这奠定了傅家瑞领导的团队的研究地位，同时也夯实了他撰写研究著作的基础。

将所研究的理论撰写成专著是傅家瑞的夙愿。在工作期间，傅家瑞一方面进行种子生理的研究；另一方面也对国内外种子生理的研究工作进行了归纳总结，举办专题讲座，并于1985年编成《种子生理学专题讲义》，由中山大学印刷发行，供校内师生及业内同行学习、批评指正。

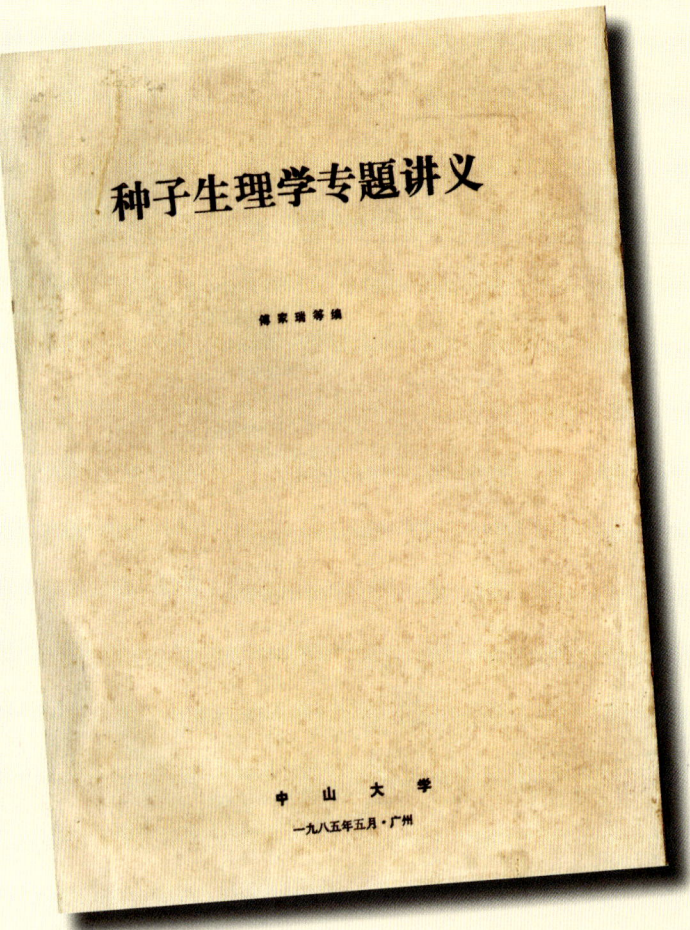

傅家瑞等人编写的《种子生理学专题讲义》封面

第七章 科教之春

傅家瑞经过多年的精心准备，好梦终成，写成《种子生理》一书，由科学出版社在1985年6月出版发行，全书34.6万字。这是国内首本关于种子生理的教材。"为了完成编著任务，傅家瑞翻阅了国内外大量文献资料，并在这个基础上开展种子生物学的研究，同时也延续了他在20世纪50—60年代所进行的一些种子生理研究工作。"①

种子生活史是植物发育的一个特定阶段，由于它本身的代谢特点以及它与环境的相互作用较植物个体更为容易控制与研究，因此以种子为研究对象，可以较好地揭示生物学一般性理论问题和基本规律。全书从生理生化角度论述了种子的形成、萌发、后熟生理、休眠、寿命与贮藏等生命过程。②著作出版后，成为生物科学、农业科学工作者及大专院校生物学系、农林院校的重要参考书之一。

该书出版后，得到了学校的高度评价，在1987年9月10日获得中山大学优秀教材奖。这一天正是中国的第三个教师节，教材获奖具有特别意义，也算是对傅家瑞潜心教学与研究工作的一个褒奖。

《种子生理》封面

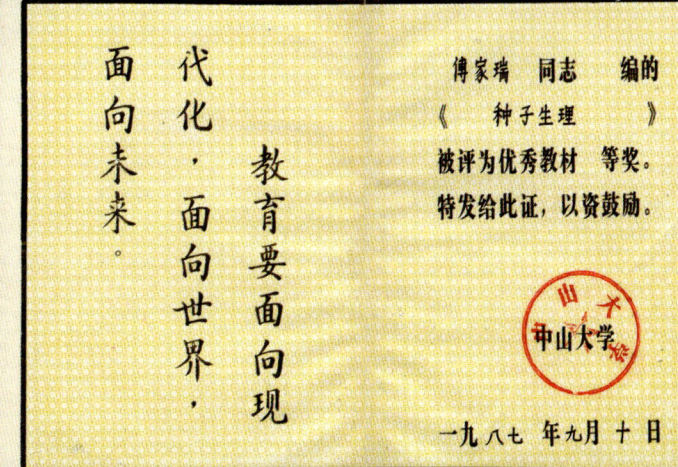

《种子生理》获得1987年中山大学优秀教材奖

---

① 黄上志、宋松泉主编：《种子科学研究回顾与展望》，广东科技出版社2004年版，第186页。
② 参见《扉页》，见傅家瑞著《种子生理》，科学出版社1985年版。

为了满足我国种子生理的教学与研究需要，在完成《种子生理》一书后，傅家瑞与徐是雄、唐锡华合作编撰了第三本著作《种子生理的研究进展》。该书由中山大学出版社于1987年6月出版。全书分为五章，分别介绍了种子发育、种子活力、种子休眠、种子萌发以及调控种子休眠和萌发的物质等几个方面的最新研究成果，内容涉及种子生理的各个领域，并结合作者的工作对一些问题进行了较为深入的讨论。这本书对研究禾谷类种子、林木种子及其活力、种子休眠、种子萌发等种子生理问题的读者有一定的参考价值。这本书是学术交流的产物："由于进行学术上的交流互访，使本书的作者们有机会共同探讨和研究问题，促成这本著作的问世。在这里特别提及的是：上海植物生理研究所唐锡华教授应邀前来中山大学讲课，香港大学徐是雄教授和中山大学傅家瑞教授根据两校交流计划互访，对本书的出版起了促进的作用。"①

著作出版后，为了更有效地在国内传授种子生理知识，在1985—1986年之间，植物生理学教研室先后承办了三期种子生理学习班，由傅家瑞主讲，教研室其他老师负责指导实验，近200位专业教师和科研人员参加了学习。1987—1988年，植物生理教研室又先后举办了三期种子检验员学习班，有百余人前来学习，为国内种子检验人员的培训作出了贡献。这三期学习班从讲课到实验都由教研室其他老师承担，其中陈润政老师做了具体工作，傅家瑞则承担指导之责。

学习班的师生以《种子生理》一书作为教材。大家在学习后对《种子生理》一书的学术水平给予了很高的评价。但是，也有一些读者

《种子生理的研究进展》封面

---

① 《序》，见徐是雄、唐锡华、傅家瑞等著《种子生理的研究进展》，中山大学出版社1987年版。

第七章　科教之春

傅家瑞在种子检验学习班上授课

科普读物《种子生理》封面

表示，书中专业知识比较深奥，难以读懂，他们希望傅家瑞能够将科学术语科普化，撰写一本通俗易懂的科普读物。因应这个需要，傅家瑞就种子的发育、贮藏、休眠以及萌发的生理进行了通俗化讲解，以方便广大农业技术人员阅读。这本科普读物依然定名为《种子生理》，由农业出版社于1992年3月出版，篇幅压缩到只有94页。正是这两个学习班促成了这本科普读物的出版。

《种子科学与技术原理》培训教材（该教材为傅家瑞领导中山大学生物学系植物生理学教研室老师所编写）

Advances in the Science and Technology of Seeds 的封面

在广东省农业厅种子总站和中山大学生命科学学院的支持下，傅家瑞领导植物生理学教研室开办的种子检验员学习班一直延续到20世纪90年代末期，不遗余力地培训了大批农业技术人员，为广东省农业科技发展起到了推动作用。可谓"春风风人，夏雨雨人"，春风化雨，雨润南粤。

1990年，第一届种子科学与技术国际会议（ICSST）在杭州召开，傅家瑞是这次国际会议的副主席。会后，傅家瑞和Khan等人合作编撰了论文集 Advances in the Science and Technology of Seeds，由科学出版社于1992年出版。该书主要介绍了种子发育的大分子物质的变化、热带种子的生理生化、激素调控种子休眠机制、顽拗性种子贮藏特性、作物的雄性不育系以及种质保存等方面的最新研究进展。

第七章 科教之春

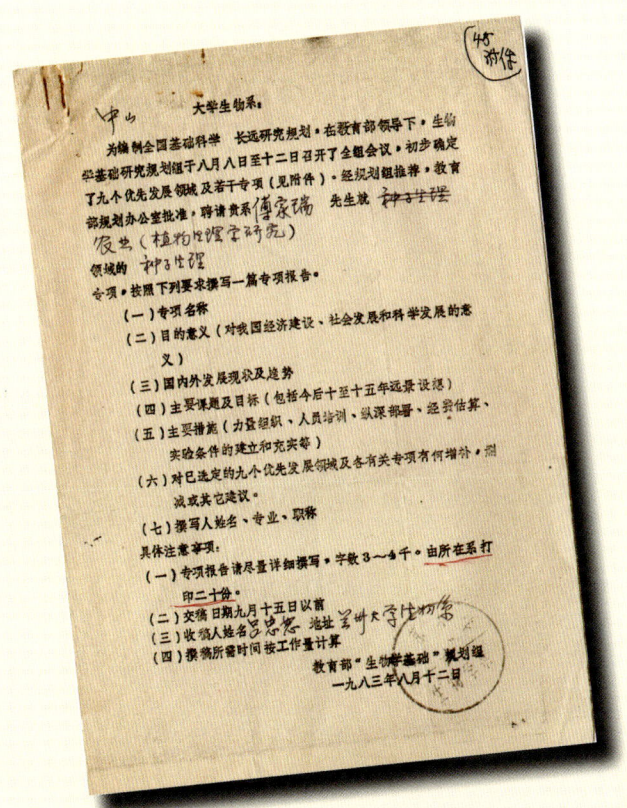

教育部"生物学基础"规划组给中山大学生物学系发来的聘请傅家瑞就农业（植物生理学研究）领域种子专项撰写报告的聘书

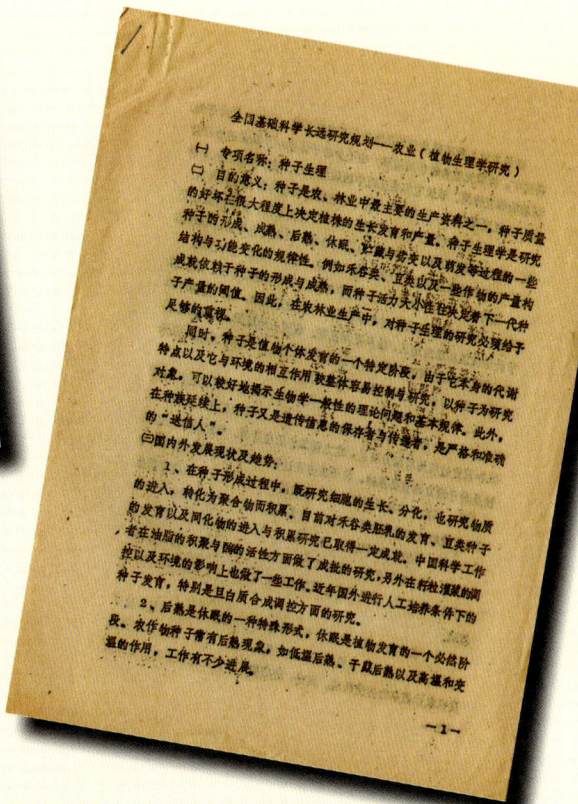

傅家瑞为教育部"生物学基础"规划组撰写的报告

除了编撰著作，傅家瑞还积极组织力量参与科学规划的制定。科学规划的作用非同一般，是未来一段时间内某一工作领域的指南。能够主持一个领域的工作规划，说明他在这个领域具有公才公望的地位，至少是地位上升；同时，也说明在未来的时间欢迎他参与这个领域的工作。1983年8月，教育部"生物学基础"规划组为编制全国基础科学长远研究规划，组织全国相关人员进行设计和规划，其中有关农业（植物生理学研究）领域的种子生理专项由傅家瑞负责。傅家瑞将国内的一些植物生理学方面的专家力量组织起来，兼权熟计，字斟句酌，撰写的报告获得了教育部有关方面的好评。

同月，傅家瑞与殷宏章、罗士苇等专家应中央人民广播电台和中国植物生理学会的联合邀请，就"什么是农业现代化"、"植物生理学与农业现代化有什么关系"等大众关心的问题向全国广大听众作科普性介绍，从 1983 年 8 月至 1984 年 1 月在中央人民广播电台《科学知识》节目里连续播出。傅家瑞负责第 15 讲"植物开花与农业生产"。讲座播出后，大量听众去信中央人民广播电台，要求将讲座稿件汇编出版。中国植物生理学会、中央人民广播电台科技组与科学普及出版社编辑部联合于 1985 年 8 月出版了《植物生理学与农业现代化》一书，受到读者的欢迎。

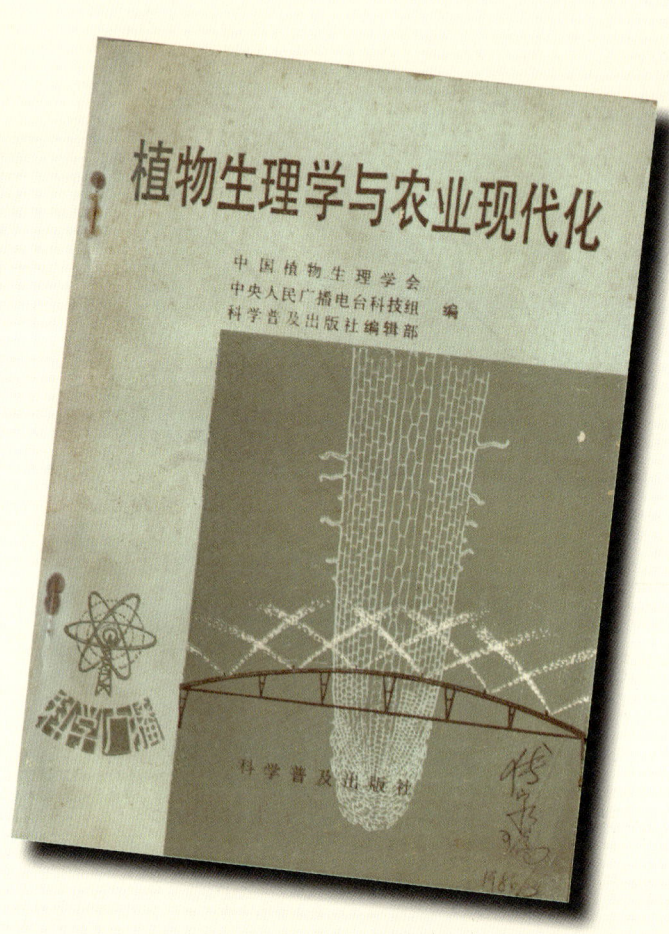

《植物生理学与农业现代化》一书封面

第八章 作育英才

作为一名大学教师，傅家瑞始终没有忘记教师的职责——作育英才。育人，是一个系统工程，育人者需要经过凤凰涅槃式的锤炼，所谓"打铁还需自身硬"就是这个道理。

创建博士点与研究生培养

随着改革开放，教育事业要有所发展，教研室的任务便要加强。傅家瑞挑起了改革植物生理教研室的重任，他首先建议设立植物生理专业与开设专门化课程，增加骨干教师力量。在他的努力下，教研室调入多位教师，开设多门专业课，把教学任务、人才培养任务同步推进。同时，积极开展科研工作，鼓励室内老师相互合作，通工易事，共同促进科研成果的培育与推广；鼓励与其他单位进行合作研究，拓宽研究视野。他亲自带头，与中大生物工程中心合作开展高科技项目"人工种子的生理生化研究"，与西南林学院合作承担国家自然科学基金课题"珙桐种子的休眠研究"，都取得了很好的成绩。

在人才培育方面，除了完成本科生的教学任务外，傅家瑞还积极为招收研究生做好准备。

招收研究生，是一个全新的挑战。中山大学虽然自1935年就开始招收研究生，有一定的培养经验，傅家瑞自己也是岭南大学的研究生；对于生物学系来说，岭大生物学系和原中大生物学系都在新中国成立前招收过研究生，初步积累了招生经验；20世纪60年代，蒲蛰龙教授等人也招收过几批研究生。只是在"文革"期间，由于众所周知的原因，中山大学的研究生招生工作陷入进退两难的窘境。

1978年，中山大学恢复招收研究生。首批108名硕士生入学，其中有23人是生物学系招收的。植物生理学教研室招收的第一届研究生是在1979年入学的。本系两位在职的年轻教师黄学林和陈润政报名参加了考试，他们两人分别是植物学教研室和昆虫学教研室的助教，都对植物生理学特别感兴趣。经过认真准备，两人在考试中取得了优异成绩，并顺利经过面试，被录取为第一届硕士生。

第八章　作育英才

傅家瑞（中）和第一届植物生理学硕士研究生黄学林（左）、陈润政（右）在生物楼前合影（摄于1982年）

傅家瑞（右2）与1982级植物生理学硕士研究生刘志穗（左1）、黄上志（左2）、吕小红（右1）在生物楼前合影

植物生理学教研室虽然已经开始招收硕士生，可是当时中山大学生物学系只有植物学硕士点，没有植物生理学硕士点，因此第一届植物生理学硕士生毕业时要想获得学位，只好就近到华南师范大学（简称"华南师大"）生物学系去申请。1982年，黄学林和陈润政顺利获得硕士学位，成为傅家瑞的开山弟子。

虽然申请华南师大的硕士学位比较顺利，但这一事件让来自华南地区最高学府的傅家瑞等人颇为尴尬，堂堂中山大学生物学系培养的植物生理学硕士研究生还要到他校申请学位，用广州话来说"真系唔好意思"。知耻而后勇，傅家瑞憋足劲，决心努力填补这一缺憾！他积极组织力量，认真整理材料，填写申请表格，在生物学系和学校的大力支持下，终于在1984年获得植物生理学硕士学位授予权。① 因此，除了第一届硕士生要到华南师大申请硕士学位外，从第二届开始，中山大学生物学系便有了授予植物生理学硕士学位的资格。

---

① 参见中山大学研究生院《中山大学博士研究生导师硕士研究生专业》，1994年5月编印，第131页。

林浩然在1984年出任生物学系主任后，根据教育事业的发展，果断地调整了生物学系的发展目标，明确要将生物学系建设成为国内一流的研究型学系。加大培养研究生的力度成为全系共识。

作为教研室主任，傅家瑞的工作任务也从本科生培养转向研究生培养。为了加强培养质量，他没有采取每年都招生的形式，而是在三年内悉心培养已招收的研究生，直到他们顺利毕业后，再招收新的研究生。傅家瑞招收的第二批三名研究生，包括黄上志、刘志穗和吕小红。其后，还招收了宾金华、王俊美、黄丽萍、唐林凤、夏清华、梁卫文、张宏伟、黄祥富、黎茵等人。在研究生培养的过程中，植物生理教研室的其他同仁也得到了锻炼和成长。其中黄学林、陈润政和黄上志在毕业留校后，都逐渐成长为学术骨干，并先后晋升为教授。1990年开始，黄学林、李卓杰、陈润政和黄上志成为傅家瑞培养硕士研究生的协作导师，共同培养了五位硕士生。1995年入学的梁永恒则是名义上傅家瑞培养的硕士生中的关门弟子。20年间，傅家瑞总计培养了25名硕士研究生。

如何培养研究生，并没有固定模式可言。傅家瑞遵循了一个道理：研究生就是教研室的研究主力，要像培养教师一样培养研究生。这可能与他当年在职读研究生的经历有很大关系。这样，他不落窠臼，采取了"走出去，请进来"的培养方法，收效明显。

傅家瑞（左3）和1982级与1983级硕士研究生赴华东实习时的合影（摄于杭州农业厅招待所门前）

第八章 作育英才

在"走出去"方面，1984年1月，傅家瑞和两届硕士生同赴华东地区进行教学实习，走访了一些国内知名的植物生理学专业研究生培养点，包括到中国科学院上海植物生理学研究所、华东师范大学生物学系、复旦大学生物学系及浙江农业大学等院校考察，开阔眼界，借鉴经验，受益匪浅。

参加学术会议，也是"走出去"的重要方式。1986年11月，傅家瑞带领1983级研究生参加了在成都举行的第四届全国植物生理学大会。傅家瑞和李卓杰、陈润政、陈光仪等人合作，向大会提交了四篇关于种子生长发育方面的论文。①

"请进来"，是指邀请专家学者来校讲学办班。1983年3月，傅家瑞邀请香港大学植物学系主任徐是雄教授前来中山大学访问并开办讲习班。参加听课的有教研室的教师与研究生，还有其他单位的老师。

傅家瑞（右2）与1983级硕士研究生肖平（左1）、宾金华（左2）、郑晓红（右1）参加第四届全国植物生理学会后在四川乐山大佛前合影

---

① 参见中国植物生理学会秘书处《中国植物生理学会第四次全国会议论文摘要汇编》，1986年10月编印，第209~212页。

傅家瑞（前排左6）与徐是雄（前排左5）在生物楼前和参加讲习班的师生们合影

傅家瑞（左）与徐是雄（右）在香港大学实验室合影

有来有往方显礼仪风度。在徐是雄的邀请下，1984年，傅家瑞回访香港大学，并进行科研合作。前述著作《种子生理的研究进展》就是傅家瑞和徐是雄等人合作完成的。除了著作，两人还合作在《中山大学学报》上发表了三篇论文。

第八章　作育英才

傅家瑞（前排右5）和 Khan（前排左6）在研讨班结束后与学员的合影

在傅家瑞的邀请下，康奈尔大学的 Khan 教授于 1985 年来到中山大学访问并作学术报告。Khan 教授在傅家瑞赴美做访问学者期间，曾提供了无私的帮助。这次邀请他来中山大学，傅家瑞做了精心准备。他专门为 Khan 开设了一个研讨班，参加者除本校教师和研究生外，还有被邀请的来自北京、杭州等地的大学教师。此种盛况，让 Khan 教授有受宠若惊之感。

中山大学生物学系凭借较为雄厚的实力，在学科建设上走在中山大学各个学系的前列，到 1986 年初，已经在植物学、动物学和昆虫学等三个专业拥有了博士学位授予权，但是百花园里还缺少植物生理学专业这支靓丽的花朵。

傅家瑞在顺利申请到植物生理学专业的硕士点后，没有停下脚步，又马不停蹄地组织教研室的力量申报博士学位授予权。当时，申请条件规定，一个博士点至少要有两名教授，可是植物生理学教研室只有傅家瑞一人拥有教授职称。怎么办？不能等，只能引进一位！傅家瑞思量再三，他想起了自己的岭大老同学——郑泽荣。此时，郑泽荣已经是中国科学院的研究员，在植物生理学研究领域有一定的影响。

利用一次到上海出差的机会，傅家瑞走访了中国科学院上海植物生理学研究所，目的只有一个：动员郑泽荣调来中大。郑泽荣热情地接待了傅家瑞。由于两人早在岭大读书时就彼此熟识，并师出同门，郑泽荣大学毕业后首站选在嘉理思教授实验室担任助教；加之郑泽荣也是广东籍人，亲人也都在广州，所以他们颇有相见恨晚的感觉。郑泽荣表示，能支持来自故乡的大学，于公于私都是他应该做的。郑泽荣本来在上海植物生理研究所的研究工作非常优秀，对这次调动却没有提出任何附加条件，给予了傅家瑞和中山大学生物学系极大的支持。

由于郑泽荣教授的调入，中山大学生物学系具备了申报植物生理学博士点的师资条件。

1986年1月，中山大学接到国家教育委员会（简称"国家教委"）的通知，将在厦门举行第三批学位授予单位的初审工作会议，评议小组分别为经济学和生物学。中山大学研究生院派出傅家瑞等人参加了会议。

生物学小组总计有包括傅家瑞在内的17人参加，都是在生物学界举足轻重的人物。经过一周的紧张讨论、评议，最后以无记名投票的形式选出一批博士点与博士生指导教师。选举结果需要报国家教委及国务院学位委员会分别审批通过后才算正式结果。当然，没有意外，中山大学植物生理学专业和傅家瑞分别通过了博士点和博士生导师的审批。其中，傅家瑞属于经过国务院学位委员会审批通过的第六批博士生导师。至此，傅家瑞成为中山大学植物生理学专业的第一位博士生导师。他为植物生理学博士点获得通过作出了居功至伟的贡献！当然，成绩的背后是中山大学、研究生院和生物学系的大力支撑。

出席国家教育委员会第三批学位授予单位初审工作会议生物小组中的几位委员在厦门郊游时的合影（摄于1986年1月）

第八章 作育英才

植物生理学教研室的部分老师合影（从左至右为陈润政、李卓杰、傅家瑞、郑泽荣、张英聚、邓政寰、黄学林、张北壮。1984年春节摄于生物楼前）（此时正值郑泽荣从上海调入中大生物学系、第一届硕士生留校工作之际，教研室兵强马壮）

随着生物学系的发展壮大，硕士生导师人数在迅速增多，但硕士生招生名额却是有限的。有鉴于此，生物学系领导提出，博士生导师应将主要精力集中到培养博士生上，减招甚至不再招收硕士生。傅家瑞"更唱迭和，赴曲随流"，主动从1991年起不再单独招收硕士生，将机会留给了黄学林等硕士生导师。

在1986年被评为博士生导师后，傅家瑞开始招收第一批博士研究生。博士生入学考试要经过笔试、面试等环节，是典型的"严进严出"，能够获录的都是精英。作为傅家瑞招收的第二批硕士生，黄上志怀着对植物生理学的浓厚兴趣，再次报考，并通过考试，成为傅家瑞博士生中的开山弟子。之后，王晓峰、宋松泉、彭业芳、宾金华、金剑平等28人相继被录取，成为傅家瑞的弟子。毕业于2003年的张以顺则是以傅家瑞名义招收的最后一名博士生。

博士生培养层面的学术交流呈现出了更加红火的态势。

有了几次学术交流时办学习班的经验，傅家瑞切身感受到这种交流模式的良好效果。1987年，傅家瑞邀请加拿大Bewley教授前来中大访问时，也开办了学习班，并邀请其他大学和研究所的植物生理学同仁前来交流。随着办班经验的增多，傅家瑞有意识地邀请了一些青年人才参加学习班，这为中国种子生物学学科的发展培养了一大批骨干。

傅家瑞（前排右5）与Bewley（前排右4）在学习班结束时与学员的合影

傅家瑞（左1）与Bewley（左2）赴华南植物研究所交流时在华南植物园的留影

在接待 Bewley 时，华南植物研究所的同仁给予了积极的配合，Bewley 顺道前往华南植物研究所进行学术交流。他深切地感受到广州植物生理学研究力量的强大。

Bewley 离开后不久，美国俄勒冈州安大略大学的邹德曼也被傅家瑞邀请来中山大学访问，并做了系列的学术讲座。傅家瑞广发英雄帖，校内外一些单位的教师和科研人员都应邀前来听讲。

邹德曼在授课时的留影［傅家瑞（前排左4）、中南林学院彭幼芳教授等人在前排认真听讲］

犹如凤凰涅槃一般，黄上志经过三年的博士生生涯，终于在1990年完成了博士学位论文的撰写，并在6月顺利通过了博士学位论文答辩。作为傅家瑞培养的第一位博士生，他对答辩工作十分重视，自始至终要求答辩要体现程序规范、过程严格的特点。在程序规范方面，专门邀请了中山大学研究生院的负责人参加，协助指导答辩工作；在过程严格方面，他亲自出面，邀请本系张宏达教授与郑泽荣教授、华南师范大学潘瑞

植物生理学专业第一届博士生答辩会合影［后排中间为博士生黄上志，前排为答辩委员会委员潘瑞炽（左1）、张达宏（左2）、郑泽荣（左3）、傅家瑞（左4）］

炽教授和华南农业大学李启明教授出任答辩委员会委员，组成了我国华南地区植物生理学的最强阵容，以确保从学术角度不会出现纰漏，保证答辩质量。

傅家瑞（右）与王晓峰（左）前往海南三亚考察芒果种质资源时合影（摄于1992年上半年）

傅家瑞与博士生王晓峰论文答辩委员会人员合影（从左至右为王永锐、傅家瑞、郑泽荣、林植芳、潘瑞炽、王晓峰、黄上志。摄于1992年下半年）

王晓峰是中山大学植物生理学专业第二位进行论文答辩的博士生，为了保证答辩质量，除了郑泽荣教授外，傅家瑞还邀请了华南植物研究所的林植芳研究员和华南师大的潘瑞炽教授参加，共同组成答辩委员会。

进入20世纪90年代后，傅家瑞已近古稀之年，他意识到植物生理学学科要想继续发展下去，必须有一批人才形成梯队。到1995年，他有意识地让黄学林、黄上志、宋松泉等人参与到博士生培养工作中来，与他一起联合培养博士生。如今，虽然傅家瑞、黄学林都已经退休，但是黄上志及调到中国科学院植物研究所工作的宋松泉都已成为博士生导师，奋斗在研究生培养的第一线。

第八章 作育英才

傅家瑞（坐者）与黄学林（后排左）、陈润政（后排中）、徐安龙（后排右）的合影

傅家瑞（左3）、陈润政（左2）、黄上志（左4）与研究生共同讨论学术问题

傅家瑞、宋松泉（左）和陈润政（右）在观摩番禺生物农业基地时的合影

严师出高徒。在傅家瑞和植物生理学团队其他教师的悉心培养下,一批研究生如同芝兰玉树,多已成为所在行业的骨干翘楚。其中在高校和科研院所工作的研究生中,有20多人成为教授,除了前述的黄学林、陈润政、黄上志、宋松泉等几位曾在中山大学生命科学学院工作的弟子外,还有王晓峰、宾金华、林鹿、杨晓泉、唐建军、陆旺金、姜孝成、蒋跃明、何生根、梁永恒等人;从事教育事业管理工作的有现任江西农业大学副校长的潘晓华博士、现任湖南怀化学院纪委书记的伍贤进博士以及中国科学院华南植物园副主任的蒋跃明博士。蒋跃明接过傅家瑞的班,扛起广东省植物生理学研究的大旗,现任广东省植物生理学会理事长。金剑平与文方德博士毕业后到珠海市园艺研究所工作,现已成为该所的主要负责人,黄祥富博士白手起家创立广州大观农业科技有限公司。师兄弟们都称他们为"花博三剑客",为广东花卉事业的发展作出了很大的贡献。

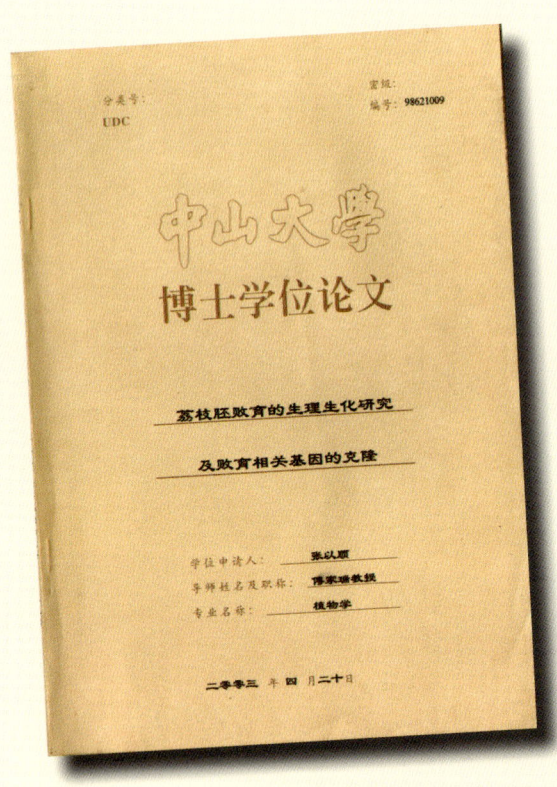

傅家瑞指导的最后一名博士生张以顺的博士学位论文

傅家瑞与弟子们的合影

第八章 作育英才

傅家瑞和弟子们在中山大学生命科学学院曾宪梓堂前的留影（摄于2000年）

这仅仅是一份不完全的统计，其他毕业生也都在自己的工作岗位上取得了令人满意的成绩。他们共同传承导师的理念，共同完成导师的理想，共同谱写美好的未来。

1992年，在校庆来临之际，傅家瑞等研究生导师因为在研究生培养中做出突出成绩而受到中山大学党委和行政的联合表彰。

傅家瑞获得的"优秀研究生导师"证书

除了研究生培养，从 1991 年开始，傅家瑞还先后指导了四位博士后研究人员，分别是 1991 年、1993 年、1994 年和 1996 年进站的范国强博士、何军贤博士、刘箭博士和乔爱民博士。在傅家瑞的指导下，他们潜心涤虑，孜孜不倦，先后进行了花生种子老化与蛋白质变化、顽拗性黄皮种子发育过程中脱水敏感性、低分子量热激蛋白在种子中的表达特征等研究，发表了数篇论文。

20 世纪 80 年代，国家对于保送到香港地区或者国外攻读博士学位的人员采取了严格的选拔措施，指定一批学术水平高的专家学者把关，傅家瑞就是负责把关的专家之一。由他负责选拔的人员有四人，分别为徐安龙、蔡宇平、李春平和梁爽，其中徐安龙和蔡宇平前往美国，李春平和梁爽分别前往香港和法国的高校攻读博士学位。多年以后，这些人都取得了令人瞩目的成绩。例如，徐安龙回国后，先后担任中山大学生命科学学院生物化学系主任、中山大学生命科学学院院长、中山大学副校长、北京中医药大学校长等职，其在免疫学研究领域的科研成果曾获得国家自然科学奖二等奖。

"一沙一世界，一花一天堂，一树一菩提，一叶一如来"，傅家瑞的每一位弟子都把"博学、审问、慎思、明辨、笃行"的中大校训演绎出独特的精、气、神。作为导师，傅家瑞立足将自己的教育精神发扬光大；作为学生，弟子们则践行着导师的教育理念，终成"铁肩担道义，妙手著文章"的社会栋梁。

引领教研室发展

1961 年 12 月，傅家瑞从于志忱手中接过植物生理学教研室主任一职，进入 80 年代，历史的长河已经流淌了 20 年。

教研室主任是个极为特殊的职务。说它特殊，首先，它的"官职"最小，上有系主任，下有什么呢？教研室的"兵"了；其次，它的责任最大、任务最重。一所大学的一个学科发展如何，能否在国内居于领先地位，能否冲击世界一流，与它的职责发挥有着最直接、最关键的联系。

20 年来，为了推动教研室的发展，傅家瑞如《左传》所言："筚路蓝缕，以启山林"，找人、找钱、找物，能干的他都干了。这其中关键的一环是找人。郑泽荣、王永锐、李卓杰、黄学林、陈润政、张英聚、陈光仪、李文仪、黄上志……一位又一位英姿勃发、胸怀理想的中青年在傅家瑞的影响下加入到这个群体中来，植物生理学历经探索和磨砺，逐渐成为生物学系除了昆虫学、植物学和动物学之外的四大学科之一。

引人，就要育人，这是亘古不变的道理；否则，引人就可能成为"废人"。

育人，是一个系统工程。傅家瑞一步一步夯实育人的基础，也将引进的人才一位一位培育成材。他与大家一起申请课题、钻研实验、参加学术会议，只要是好机会，他从来没有一个人独享过，这就是一位科学家的情怀！

1984年10月25—29日，全国植物发育生理会议在成都举行，傅家瑞与李文仪、陈光仪一起与会。这次会议云集了全国植物发育生理研究的人才，有力推动了植物发育生理研究的进展，让人切身感受到发育生理在植物生理学领域中被重视的程度。究其原因，主要是发育生理在植物生理学科中是与生产和生活结合得最为紧密的方向。

因被四川农学院邀请，在会议前，傅家瑞一行先赴雅安做客，并做了一次学术报告，同行的还有来自中国科学院上海植物生理学研究所的唐锡华研究员。报告结束后，大家一起乘车转赴成都参加会议。

傅家瑞（前排左5）与参加全国植物发育生理会议的代表合影

傅家瑞游览黄山时留影

1985年3月18—24日，中国植物生理学会组织的全国植物营养生理会议在杭州召开，傅家瑞也带队与会。为了加深联络，会后傅家瑞一行与一些熟识的学者联袂赴黄山旅游，苍劲的迎客松欢迎着他们。他感叹道：迎客松似天外来客，独立云山秀色之中，也许正是由于它是一颗独树，才木秀于林；但是，育人就不能像迎客松一样，仅此一颗，而应该有一批，林秀于山，山容于林，满眼苍翠，才是"山道"——山之王道。

傅家瑞（左2）与参加全国植物营养生理会议的同人在黄山留影

第八章 作育英才

1987年9月，第一届全国种子生理学术讨论会在湖南株洲中南林学院举行时，傅家瑞因其在种子生理学界的学术地位而被推举为大会委员。这表明，中山大学生物学系植物生理学学科研究团队在傅家瑞的带领下已经处于国内领先地位，并得到认可，这促进了进一步培养团队成员进入植物生理学主流学术界。

在全国种子生理学术讨论会主席台上就坐的是国内该领域研究种子生理学的一批知名学者，包括中国科学院上海植物生理研究所、浙江农大、中南林学院等单位的知名学者，傅家瑞（左3）代表中山大学

参加完全国种子生理学术讨论会后，傅家瑞与黄学林、陈润政、张北壮等人转道长沙，继续交流学习（1987年9月26日摄于长沙）

为了尽快提高青年教师的学术水平，傅家瑞在广东省植物生理学会的支持下，于1988年7月15—30日在中山大学生物学系举办了"高级植物生理讲习班"，除了本教研室的老师，还有来自省内外的众多青年教师参加。傅家瑞和其他专家在讲习班上合计做了八个专题报告，内容包括植物环境生理、植物营养生理和物质运输、植物生长发育和种子生理等植物生理学的多个领域。[①] 这次讲习班对提高植物生理教研室人员的教学科研水平帮助很大。

在傅家瑞的领导下，植物生理学教研室在花生种子研究领域取得了一些国内瞩目的成果。1989年11月，傅家瑞应邀赴青岛参加全国第一届花生学术会议，会后和部分与会代表到崂山游览。

对教研室张北壮老师的关心也能体现出傅家瑞对人才培养的重视。他没有门户畛域之见，不分出身，不问来路，进入教研室就是一家人，对任何一位成员都比而不党，只求团结合作，致力教育事业。

傅家瑞（第一排右5）与参加全国第一届花生学术会议的代表们合影

---

① 参见中国植物生理学会秘书处《中国植物生理学史料汇编》，1993年10月编印，第165页。

第八章 作育英才

生物学系为了推动产学研转化工作，委托张北壮在番禺化龙镇开办了生物农业基地，进行花卉组织培养、苗木种植等项目，其后还设立植物医院项目。这也是傅家瑞所期待和探索的。植物生理学与农业密切相关，科学研究如果不能走向应用，就如同《史记·平淮书》所言："太仓之粟，陈陈相因，充溢露积于外，至腐败不可食。"在化龙基地开办期间，傅家瑞很关心基地的建设进展，常常和植物生理学教研室的老师们去参观，为主持工作的张北壮提供一些技术指导。

在关心人才成长方面，还有一件"小事"能看出傅家瑞的大仁大义与大恩大爱。

傅家瑞（前排左2）在参加全国第一届花生学术会议后到崂山游览，在狮子岩前与潘瑞炽（前排右2）等人合影

傅家瑞（右1）在参观化龙生物农业基地时与刘定华（左1）、张北壮（左2）、黄溢明（左3）、张宏达（左4）等人的合影

改革开放之初,涨工资是几乎所有人关心的大事。每逢加工资时,大家都会议论纷纷,有期待的,有担忧的,有势在必得的,也有失望闹情绪的……

20世纪80年代中的某一年,中大又沸腾起来了:到涨工资的时候了!生物学系植物生理学教研室也不例外,大家在讨论,今年该谁加工资了。僧多粥少,有点伤脑筋。有的人前年、去年都没有晋升,今年该轮到了吧;有的人工资低,又一家老小的,很需要钱,也应该予以优先考虑。身为教研室主任的傅家瑞,知道大家都很努力,都在同心协力地工作,非常希望晋升工资人人有份。可是,这只能是希望。

傅家瑞也是两三年没有晋升工资了,这一年,生物学系特地多分配一个浮动名额给植物生理学教研室,并叮嘱是留给傅家瑞的,因为他上一年已经把自己的名额让给了教研室的其他同事。可是,面对教研室的实际情况,作为教研室主任的傅家瑞再次犹豫了,几经思考后,他决定再一次把留给自己的名额让给同事。

从内心来说,傅家瑞不想涨工资吗?应该不是。早在50年代中期,中山大学校园内就流行一句"地下口号":"向381高地进军!"因为在康乐园里,"381高地"是老师们向往的地方。"381高地"者,是指当时教授最高一级工资每月381元之谓也。当时,能拿到381元工资的只有理科的姜立夫教授和文科的陈寅恪教授,他们都是国家级大师。这是年轻教师,当然包括傅家瑞向往的最高目标。时间过去30年了,到1985年时,傅家瑞的工资才每月176.5元,在生物学系13位教授中,这个额度是不高的,远未达到"381高地"的目标,距离生物

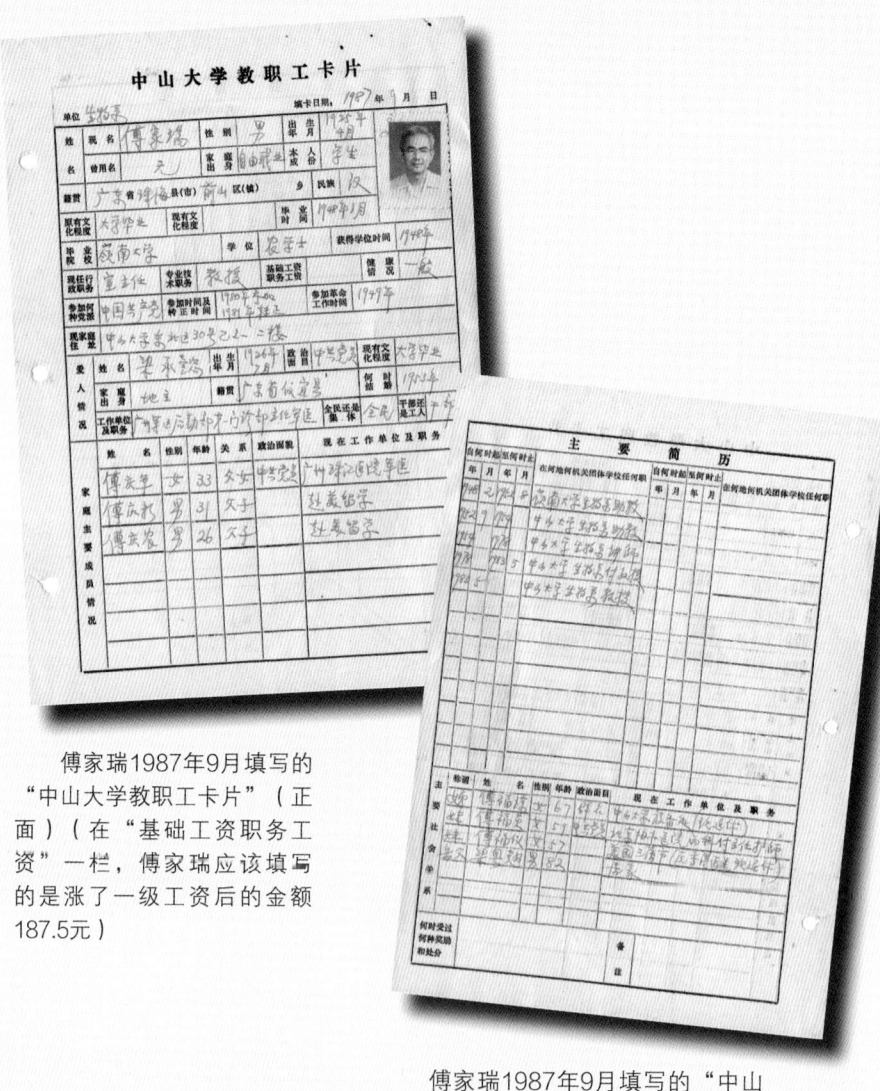

傅家瑞1987年9月填写的"中山大学教职工卡片"(正面)(在"基础工资职务工资"一栏,傅家瑞应该填写的是涨了一级工资后的金额187.5元)

傅家瑞1987年9月填写的"中山大学教职工卡片"(背面)

第八章　作育英才

学系工资最高的廖翔华教授的每月331.5元也是相距甚远。难道他不想涨工资？并不是，他也想涨。但是，他更加理性，更加懂得人文关怀。

在一次吃晚饭时，傅家瑞向家人解释了自己的决定，他今年还要把涨工资的机会让给同事。虽然一家人对金钱的欲望不高，但是论贡献、论情理，傅家瑞都是受之无愧的，上一年已经把机会让给同事了，为什么今年还要让？这次就算不让也说得过去。家人何尝忘记，三年困难时期，弊衣箪食；"文革"期间，省吃俭用……但是，傅家瑞晓之以理，动之以情，表示还有比他困难的老师，他们更需要这点钱，正因为自己苦过，所以现在不能让同事再重蹈自己的覆辙。最后，家人一致决定，支持他将名额让给同事。此举感动了生物学系的领导，最终决定把学校给生物学系的一个特殊名额给了傅家瑞，皆大欢喜！① 当时晋升一级工资，涨多少钱呢？11元人民币。

傅家瑞就是这样，以身作则，身正影直，正己正人。植物生理学教研室正是在这种精神的感召下，栉风沐雨，扶犁耕耘，终至硕果满仓。他本人也于1987年9月10日被中山大学予以通报表扬及物质奖励，广东省高等教育局在1988年更是授予他广东省高教系统"先进工作者"的光荣称号。

中山大学向傅家瑞颁发的"通报表扬及物质的奖励"奖状

广东省高等教育局授予傅家瑞"广东省高教系统先进工作者"证书

① 参见傅庆新《父亲傅家瑞二三事》（手稿）。

国家教育委员会颁发给傅家瑞的荣誉证书

傅家瑞出演的电影《一夕是百年》海报

1988年,傅家瑞迎来了从教40周年纪念。1992年12月,国家教育委员会授予他"从事高校科技工作四十年,成绩显著"证书,这是对傅家瑞的最佳褒奖。

傅家瑞这种学为人师、行为世范的形象在中山大学是出了名的,以至珠江电影制片厂要把江静波教授的文学著作《师姐》改编为电影而需要寻找一位民国期间教会大学老师的扮演者时,大家一致推举傅家瑞出演,说他褒衣博带,最像大学老师。他是大学老师中的"真师",他也确实在民国期间当过教会大学老师,而且是和江静波共事过的仅有的几位仍在中山大学生物学系工作的老师。

时光倒流:在东基大学,一位大学教师(傅家瑞饰演),身着长袍,目光深邃,站在讲台上向那些青年学子传道授业。课堂选在中山大学生物楼一楼,连窗户都被糊成网格状,总之一切回到了民国。虽然他的出场镜头并不多,但傅家瑞也算是走进过电影殿堂。1991年元旦,这部由陈鹰、邵学海导演,胡亚捷、剧雪主演的名为《一夕是百年》的电影在中山大学梁銶琚堂首映,轰动一时。

能够就近办一本专业期刊,

是傅家瑞一直以来的愿望。办刊物，既可以锻炼编撰能力，又可以为科研人员发表成果提供平台，一举两得。除了曾出任《原子能农业译丛》编委之外，1989年10月11日，他还担任了种子专业期刊《种子》的编委。

1992年，以华南植物研究所为主，中山大学、华南农业大学、华南师范大学、热带林业研究所共同创办的专业期刊《热带亚热带植物学报》创刊，来自中山

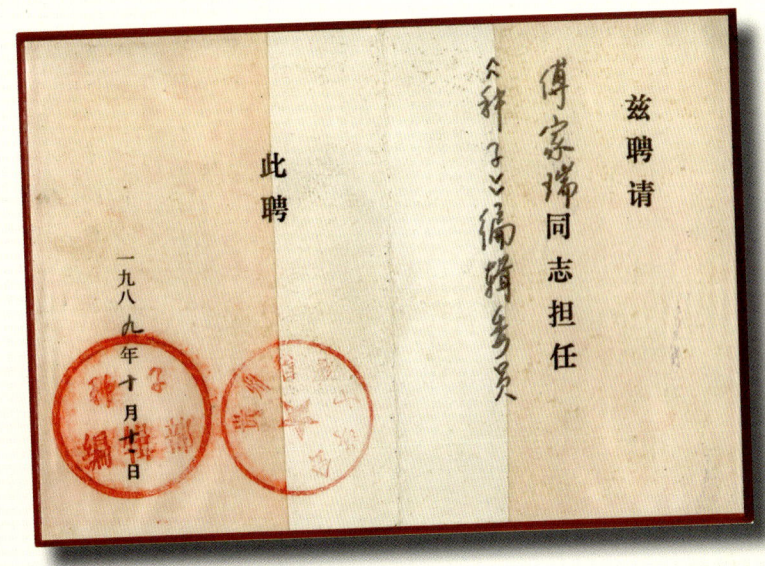

《种子》编辑部发给傅家瑞的编委聘书

大学生命科学学院的张宏达、傅家瑞、刘良式等人被聘请为编委会委员。依托《热带亚热带植物学报》，中山大学植物生理学教研室的师生发表了多篇研究论文，有力地推动了教研室科研工作的发展。

傅家瑞（前排右5）与《热带亚热带植物学报》编委会委员等人的合影（摄于1992年）

傅家瑞（前排右2）在参加《热带亚热带植物学报》编委会活动时的留影

傅家瑞被华南植物研究所聘为研究员职务任职资格评审委员会委员的聘书

第八章 作育英才

1992年7月，应湖南师范大学生物学系周广洽教授邀请，傅家瑞前往长沙讲学。讲学期间，傅家瑞应邀与国际著名的"杂交水稻之父"、湖南杂交水稻研究中心主任袁隆平先生交流，商讨杂交水稻优势、育性转换和种子活力等问题，通过交流增加了友谊和互信。

傅家瑞（左）在湖南省农业科学院讲学期间拜会袁隆平（右）时的合影

1993年初，在学校统筹安排下，傅家瑞申报了中国科学院学部委员，申报学部是生物学部，专业为植物生理学。作为中山大学在植物生理学专业影响最大的教授，能代表学校申报学部委员，是学校对傅家瑞学术地位和学术贡献的高度认可。张进修副校长在申报书"推荐单位意见"中写道："傅家瑞同志长期从事植物生理学方面的研究

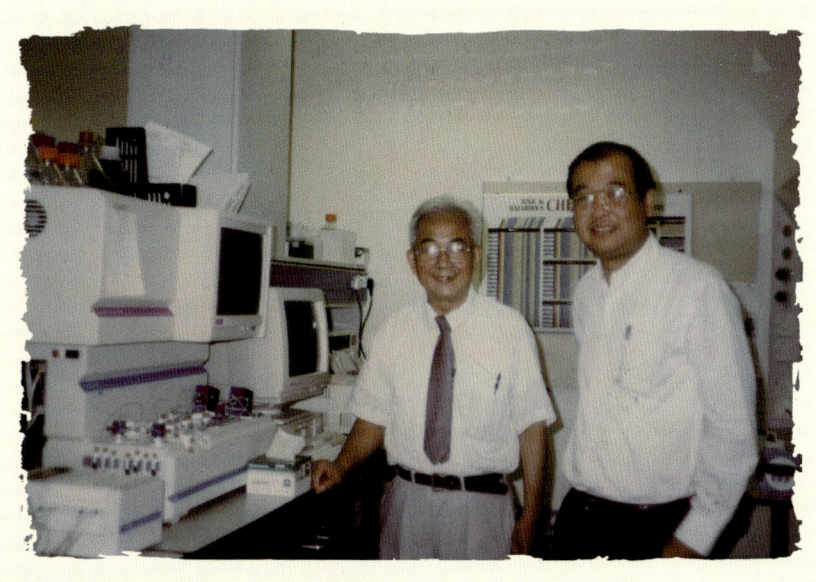

在访问香港科技大学时与黄玉山（右）在实验室的合影

工作，主要是研究种子生理及开花生理。在国内首次提出种子活力和应用PEG渗调提高种子活力，对国内种子生理学的发展起到了促进作用。在种子活力和劣变，以及种子发育中贮藏蛋白质合成与积累等方面进行了大量和系统的研究，对花生种子活力与劣变的研究处于国内领先地位。关于顽拗性种子的致死原因和延长贮藏寿命的研究居于国内领先地位，在国际上也有较大影响。"

1994年，应香港科技大学黄玉山教授的邀请，傅家瑞前往香港科技大学进行学术交流。黄玉山是著名的环境生物学家，由于科研工作的需要，他一直在寻找机会和中山大学合作。科研合作，一般都会带来双赢的效果，这也是傅家瑞所提倡的。

其后，应傅家瑞的邀请，黄玉山回访中山大学。黄玉山年轻有为，干劲十足，与中山大学生命科学学院植物生理学教研室的业务联系维持了很长一段时间。每年春节前，傅家瑞和黄玉山都会邮寄贺年卡，互致新年问候。

植物生理学教研室就是在傅家瑞的不断牵线搭桥下寻找机会，把握机遇，不断前行。

进入90年代后期，为了加强教研室硬件建设，改善研究条件和工作条件，傅家瑞为教研室购置了许多新的仪器设备，配备了电脑等现代化工作工具。这些设备促进了教学与科研工作的顺利开展。

其后，由于陈小彭等人调离，郑泽荣等人退休，教研室的老师阵容与鼎盛时期相比，在数量上有所减少。1994年年底，傅家瑞卸下做

黄玉山（左4）访问中山大学，与植物生理学教研室的老师们在实验室座谈时的合影（左2为陈润政、左3为傅家瑞、左5为黄上志）

傅家瑞在办公室工作时留影（摄于1992年）

了30余年的教研室主任职位，将担子交给李卓杰。1998年，李卓杰又将担子传递给黄学林。而在黄学林退休后，将担子转移到了黄上志肩上。

在傅家瑞卸任之时，植物生理学教研室的发展形势"火之始然，泉之始达"，拥有教授三人、副教授八人、硕士生导师八人，研究方向包括发育生理、种子生理、棉花生理、营养生理、矿物营养等，累计招收研究生71名。[①] 1996年7月，笃信"笨鸟先飞，方可

---

① 参见中山大学研究生院《中山大学博士研究生导师硕士研究生专业》，1994年5月编印，第60页、第131页。

第八章 作育英才

植物生理学教研室全体教师合影（从左至右分别为陈光仪、黄学林、王永锐、邓政寰、傅家瑞、黄道发、李卓杰、黄上志、陈润政、宋松泉、孙景欣、张北壮。摄于1994年4月）

早入学林"[①]的黄学林晋升为植物生理学专业博士生导师。生命演华彩，薪火传未来。

在傅家瑞的领导下，植物生理学教研室在科研和教学等多个方面取得了很大的成绩，获得数项奖励。这里仅摘登部分省部级奖励证书：

"应用等电点聚焦电泳预测杂交水稻种子纯度的技术" 1993年6月获得国家教育委员会科技进步奖三等奖

---

① 陈田香、洪哲雄编：《中山大学博士生导师名录》，中山大学学报编辑部编1997年印刷，第176页。

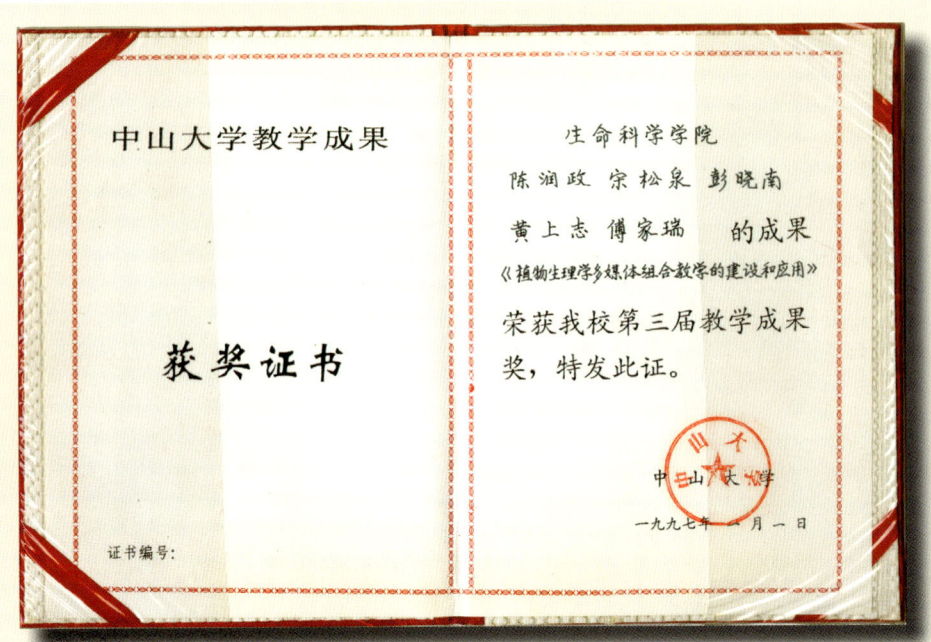

植物生理学教研室组织的《植物生理学多媒体组合教学的建设和应用》获得中山大学1997年度教学成果奖

1996年4月17日，傅家瑞在填写的"民主评议党员表"上对自己的科研、教学和研究生培养等工作进行了系统总结。从总结中可以看出，傅家瑞对待工作总是兢兢业业，即使老之将至，也不忘建功立业。

傅家瑞填写的"民主评议党员表"

傅家瑞教授被评为1992年1月至1997年6月中山大学"先进科技工作者"的荣誉证书

1996年6月，中山大学"211工程"重点学科建设项目经有关部门组织专家论证，申报的九个学科群全部获得通过。这九个学科群包括生命科学学院申报的"热带亚热带生物科学与技术"项目。该项目是一个项目群，其中包括傅家瑞组织申报的"种子脱水耐性及机理的研究"子项目。在该子项目中，傅家瑞领导的团队已经发表了18篇论文，取得了在国际国内具有一定影响的科研成果。[①]在"211工程"的支持下，植物生理学学科在人才培养、设备、场地等软硬件建设上都取得了很大的发展，科研成果在原有基础上更上了一层楼。

1997年，国家调整了学科目录，将同为二级学科的植物生理学

傅家瑞在全国植物发育与信息转导会议上作学术报告

傅家瑞（右2）与几位熟识的参会代表合影（他们都是高等院校或中国科学院系统的植物发育研究方面的专家）

与植物学合并，合并后的新学科统称为植物学。植物生理学硕士点、博士点也相应地与植物学硕士点、博士点合并。合并不意味着植物生理学被吞并，而是在植物学大学科下通功易事、协调发展。

1999年11月，傅家瑞前往厦门参加全国植物发育与信息转导会议，在会议上做了学术报告。借助参会之机，傅家瑞与国内同行就植物生理学学科的发展趋势进行了密切交流。对于植物学和植物生理学的关系，傅家瑞指出，二者的关系可谓休戚相关。

---

① 参见《中山大学理科211工程基础性研究前沿项目调查表》，档案号为1-1998-KY1100-032-12，藏中山大学档案馆。

傅家瑞退休前与植物生理学教研室教师合影（前排从左至右为孙景欣、陈润政、傅家瑞、黄学林、张北壮，后排从左至右为黄道发、黄上志、陈云凤、张以顺。摄于2003年）

进入21世纪后，生命科学学院调整了发展战略，强调教研室在组织好教学工作的同时，要加强研究功能，并将教研室统一更名为研究室。植物生理学教研室也顺应发展，更名为植物生理学与分子生物学研究室。

经过傅家瑞的悉心经营，植物生理学教研室经历艰难困苦，终于在教学、科研、研究生培养和人才引进等方面取得了一系列成果。王永锐、陈润政、黄上志、宋松泉、张以顺、黄学林等人先后出版了《水稻生理育种》、《植物生理学》、《种子生物学研究指南》、《种子生物学》、《植物生理学实验教程》、《高等植物组织离体培养的形态建成及其调控》、《植物发育生物学》等数本著作，黄上志教授团队于2013年在 *The Plant Cell* 等国际著名期刊上发表了高水平论文，十余人先后成长为教授、副教授，并从上海植物生理生态研究所引进了国家杰出青年基金获得者罗达教授。目前，中山大学植物生物学领域有罗达、黄上志、姚楠、肖仕、张以顺、黄霞、黎茵等人在撑门抵户。

傅家瑞数十年如一日地关心植物生理学研究室的发展，为研究室献智献计、奉献终生。

父爱无垠

1954年"八一"建军节，傅庆军来到这个世界。女孩的名字里带个军字，会让人联想起南北朝时期的女将花木兰，显得大气，带着憧憬。

傅庆军随母亲在广州军区后勤部幼儿园度过了幼儿时代，到了该上学的年龄，回到了中大附属小学读书。由于在成长的历程中有着两个不同环境的交织，傅庆军一方面有着军人的直率、坚毅，另一方面又蕴含着知识分子的性情，这种影响对她的成长产生了深刻的影响。

小学时，母亲在位于广州市东山区的广州军区直属第一门诊部上班。60年代，在交通不便的广州，从中大校园到门诊部乘车要两个多小时，加上在部队工作，晚上经常要进行政治学习，早晨还要出操。因此，母亲只有周六晚上下班后很晚才能回到中大的家中，在家过两个晚上一个白天后，周一清晨四点多钟又要出门，回医院上班。所以，傅家瑞的三个孩子，女儿庆军、长子庆新、次子庆农，在离开家参加工作之前，与父亲在一起的时间远多于与母亲在一起的时间。用傅庆农的话说，家里是"严母慈父"。对此，傅庆军说："母亲是教导我们的人，而父亲是影响我们的人。母亲虽然很少在家中，但一有时间就会教我们如何做人、如何为人处世，不论品德还是思维方法都给我们许多教诲。而父亲很少用语言去教育，他是用行动去影响，我现在很多的品质都是父亲潜移默化影响的结果。父亲一直很忙，下班后吃完饭不久又伏案工作到很晚，基本没什么时间去管我们的功课。但我们三姐弟都很听话，自觉性强，也照着父亲的样子，安静做功课。由于有母亲定下的品行底线，有父亲的良好影响力，有很宽松自由的行为环境，所以三姐弟在德、智、体方面都较均衡发展。我从小学开始一直是班干部，记得在小学四年级还当选为班里的火车头。"[①]

与现在许多的家庭教育相比，傅家瑞夫妇的教育颇为不同，他们俩都是严以律己、宽以待人，注重自身的品行，且都是很敬业和把整个身心都投入到工作中的人。他们不是通过打骂、指责去实现自己对子女的影响力，而是首先自己做好榜样，同时在子女有缺点、错误时通过讲道理教育子女。在姐弟仨的记忆中，从没受过父母的打骂。在这样的氛围里，家庭的气氛非常和谐向上。

傅家瑞一生非常简朴，因为父亲早逝，从小在屯蹶否塞的环境中成长，深知物质资源得来不易。他不追求财富，也很反感浪费东西。傅庆军说，从小到大，只记得一次父亲对小弟庆农发了大火，原因是小弟把年度结束后的作业本一股脑地扔去柴桶烧火用了，却被父亲发现作业本里还有数张白纸（姐弟小时候每年用完的作业本都要把后面未用完的空白纸裁下来，重新整合成一本拿来做练习用）。可见，父亲对子女这方面的品质

[①] 傅庆军：《父亲的影响》（回忆文章），本书略有删节。

傅庆军（左1）、傅庆农（中）、傅庆新（右1）少年时与姑妈傅福琼合影（傅庆军和傅庆新已经加入少先队，而傅庆农刚刚进入中大附小读书）

在意的程度。由于傅家瑞的影响，傅家三姐弟从小养成了艰苦朴素的作风，而且延续至今，不仅个人不铺张浪费，在单位也十分注重节约公家的资源，克己奉公。现在虽然经济状况好了许多，但本色依旧。

傅家瑞对子女影响最深的莫过于勤奋学习和敬业精神，珍惜点滴时间的优良品格。傅家瑞对时间格外珍惜，如果谁有无聊的事耽误了他的时间，他会很不高兴。他对事业的执着，与对本职工作的热情令人非常难忘；他时刻鼓舞、鞭策子女，令他们习惯成自然，并伴随一生。

也许是"庆军"这个名字的暗示，傅庆军当年非常渴望参军，期望成为一名英姿飒爽的女兵。15岁那年，即1969年底，她如愿以偿入伍，到野战军当了一名卫生兵。这在当时的政治环境下是件非常难得的事。因为正值"文革"期间，凡是从新中国成立前过来的中大教师，几乎无一幸免地受到政治审查，傅家瑞也未被遗漏。但部队在傅庆军入伍的政审上却意外地得以通过，这不能不佩服和感谢负责政审的母亲梁承懿所在军队组织部门的政策水平和宽容，当然也得益于部队对梁承懿的良好评价。为此，傅庆军非常珍惜部队给予的机会，在部队服役的18年间，勤奋上进，成绩突出，受到部队领导和战友的提拔与信任。她入伍两年后提干，成为全师最年轻的干部。70年代初，在广州军区举行的射击选拔赛上，傅庆军以优异成绩被选入广州军区射击队；经过两年的训练，又以优异表现被选去参加在北京举行的全军运动会。这对一名军人来说，是无上的光荣！

后来，傅庆军被部队推荐上了中国人民解放军第一军医大学，大学毕业后被选留校，在心血管内科当医生和任教。1987年，因个人原因，傅庆军请求转业，获准。她来到广东省的一家进出口公司人事部门负责职称评审工作。当圆满完成了"文革"以来首期企

第八章 作育英才

傅庆军在广州军区射击队时所拍的全家福（1975年2月12日摄于广州）

傅家与林家（傅庆军的婆家）在中山大学校园内合影（前排左1为傅庆军的公公、左2为傅家瑞、左3为傅福琼、左4为傅庆军的婆婆、左5为傅庆军丈夫林峰的妹妹、左6为傅庆军，后排左1为林峰的弟弟、左2为林峰）

业职称评定的任务后，她主动要求到最基础的单证组工作，半年后被业务部门挑选去做进出口业务。这是她人生的一次重大转折，从军人到老百姓，从学医到做外贸，跨界甚远，一切从头开始，要付出很大的努力。傅庆军在"文革"前只读了四年半的小学，就被迫停课；上大学期间进行了三年的专业学习，虽有较大进步，但毕竟文化基础薄弱。傅庆军秉承了父母的品质，在父亲的鼓舞下，勤奋进取，刻苦好学，硬是把英语和业务这两关攻了下来。当年参加全国外销员统考的成绩单，算是交了一份令人欣慰的答卷：业务考试本部门第一名，全公司第14名（公司当时有500多人，业务人员绝大多数是毕业不久的本科生）；外语口语80多分，顺利通过考试。这对于一名半路出家，将近40岁的女性来说实为不易。尔后，傅庆军在外销工作中迅速成长，很快胜任了工作，第一年就成为部门完成任务的第一名。

关于成家，傅庆军也和同龄人一样，完成了人生的重要一步，与林峰结为伉俪。林家和傅家结为亲家，使傅家瑞的亲友团在不断壮大。

20多年前,在一次家族聚会的偶然机会,傅庆军接触了用天然花卉创作的押花画,也许由于受父亲从事植物学研究的熏陶以及对手工有着特殊的爱好,她一下子爱上了这种在国外称为"押花艺术"的东西,从此便为这种艺术历尽艰辛,陪伴它走到今天,成为押花艺术在中国的创始人之一以及世界押花软装市场的先行者。傅庆军除了出版合著的《押花艺术》和《植物押花》外,其押花作品曾入选1998年"吉尼斯世界纪录",并获得1999年昆明世博会系列金奖等许多大奖,并荣获广州"传承文化的100双手"、工艺美术大师等荣誉称号,多次被各级媒体采访报道。傅庆军把在国内外的同行只作为业余爱好,或只是学院教学、艺术展览的东西,一步一步推上产品市场,逐步让市场认同、接受,并成功地走向高端市场,走向世界。这种执着追求的精神,应该也是从她父母的基因中所获得的。

傅庆军著作《押花艺术》及《植物押花》封面

第八章 作育英才

傅庆军在父亲八十华诞时专门制作的大型押花画作《耕牛图》（寓意父亲数十年来辛勤耕耘，不知疲倦地劳作着）

傅家瑞与家人在一起（从左至右为傅家瑞、外孙女林璐、梁承懿、女儿傅庆军）

傅家瑞退休后，与女儿傅庆军居住在一起。傅庆军菽水承欢，成为父母贴身的"小棉袄"，傅家瑞和梁承懿含饴弄孙，生活快乐无比。

傅庆军和林峰的女儿，即傅家瑞的外孙女林璐，2012年获得了中山大学国际汉语教育硕士学位，成为外祖父、外公、外婆和舅舅的校友。傅家血亲同中山大学河同水密的联系在一代一代地传递着。

林璐在参加硕士学位授予仪式后与父母合影（看到背影中的康乐红楼，是那么亲切，"百年红楼百年情"，傅家人已在这里演绎了近百年的康乐情怀，至今还在延续）

傅庆新（中）和傅庆农（左1）赴美前的全家福（1985年摄于怀士堂前）

1956年和1961年，傅家瑞的两个儿子傅庆新和傅庆农分别呱呱坠地。在良好的家教下，两个儿子都过出了属于自己的精彩。

1974年，长子傅庆新应届高中毕业后插队农村，经历了一段时间的锻炼后，由当地农村推荐回广州读中专，毕业后分配到华南缝纫机厂工作，一直做至股长。在工作之余，傅庆新参加了广州业余大学的学习，这些学分得到了美国的一些大学的承认。[①] 在此基础上，80年代末，他申请到美国路易斯安娜大学（University of Louisiana）机械工程系就读。毕业后，取得绿卡，留美工作，曾在硅谷的多间公司任职，其中在西门子的工作期间较长。傅庆新现居住在美国旧金山湾区，夫人为香港人何慧诗（Andrea），有两个可爱的孩子，分别是长子傅立添、次女傅立玫。

---

① 在广州和上海的一些业余大学所修学分会得到美国一些大学的承认。

第八章 作育英才

傅庆新家人的合影

在傅庆新的眼中，父亲是一位热爱科研和教学工作，勤勤恳恳，顾全大局，为别人着想，不图名、不图利，不懂钻营的学者，从不愿意浪费一分一秒。有一次，父亲参加学术会议后绕道美国休斯敦探望他，并在他租住的公寓里住了两天。他为父亲安排好了行程。第一天是上午9点出发到NASA太空中心参观。如同平时工作日一样，父亲起了一个大早，打开书和资料开始工作，将近9点时，父亲将东西收拾好准备出发去参观。这时，傅庆新的室友跑过来请他陪同去看一辆二手车，想买下来用于上学和打工，估计需要半小时。在傅庆新和室友离开以前，父亲又重新打开行李，拿出资料开始工作了。傅庆新的室友看后感慨地说，别人的父母来美国，多是游山玩水，轻松一下，可是你父亲来还想着工作，时间抓得非常紧，一分钟都不放过，真是一个不折不扣的学者。

次子傅庆农自幼学习刻苦，韦编三绝，1978年考入中山大学生物学系生物化学专业，与父母成为校友，同时也成为父亲的学生。后赴美留学，在犹他大学（University of Utah）生物学系攻读博士学位，1990年获得生物学哲学博士，然后在得克萨斯农工大学（Texas A&M University）作博士后研究。1993年开始在美国从事商业工作，参与创立和经营多家企业，专注国际贸易和国际市场开发，担任过多家公司的副总裁、执行副总裁和总裁等职务。傅庆农现居住在休斯敦，夫人王欣与他为广州六中同届校友，1993年在得克萨斯农工大学获得硕士学位，现从事商务工作。同哥哥一样，傅庆农也有一对宝贝儿女，女儿傅立珊和儿子傅立健。傅立珊后来在得克萨斯大学（University of Texas）商学院获得会计学学士和硕士学位，现从事商业咨询工作；傅立健现正在得克萨斯农工大学就读。

傅庆农热心公益，多年来一直致力于提高海外华人的社会和经济地位，是一位海外知名的侨界领袖。在1992年，他当选为德州农工大学中国留学生和学者联谊会副主席。1993年，其参与创办的休斯敦华夏中文学校，是北美最早教简体字和汉语拼音的中文学校之一，而且，他担任了首届副校长和第二届校长；该校现已发展成为北美最大的中文学校之一，拥有自己的校舍，有七个分校和2000多名学生。1994年，他当选为美中商会秘书长。1995年，作为创始人之一，他被推选为休斯敦中国人活动中心首任理事长。该中心是改革开放后出国的"新侨"在海外最早建立和拥有的活动中心。中心凝聚侨社，服务侨民，得到了中国国务院侨务办公室和有关部门的高度赞赏，现已是大休斯敦地区华人重要的社团和活动场所。1996年，傅庆农作为首批中国国务院侨办邀请的全球"新侨"侨领代表团成员回国访问，受到党和国家领导人的亲切接见。1997年，作为全球几位"新侨"代表之一，他全程出席香港回归祖国典礼，并被香港各界庆祝回归委员会主席安子介和霍英东委任为顾问。2003年，傅庆农作为创始人之一被推选为美国德州广东总会首任副会长，2005年被选为会长，2009年以后担任副主席。广东总会下设商会、科技文化交流协会、艺术团等，由有中国内地、台湾、香港、澳门以及东南亚等地背景的新老侨民组成，是大休斯敦地区华人主要的社团之一。2006年，作为北美企业家领袖代表，傅庆农出席了中国国务院侨办的首届华商领袖圆桌会议。2007年，被北京市海外交流协会推选为理事；2011年，被广州市海外交流协会聘为名誉理事；2013年，担任国际商业领袖协会副会长。

傅庆农家人的合影

傅庆农与金融家巴菲特的合影

第八章　作育英才

傅家瑞（后排右2）全家福（摄于1992年元旦）

傅庆新和傅庆农分别踏着爷爷和父亲的脚步，前往美国留学。这对他们正确理解和接受高等教育的真谛以及日后取得良好的工作成绩起到了很大的作用。

1992年元旦，傅庆军、傅庆新、傅庆农和其他亲属齐聚康乐园，与父母一起庆祝新年。海内外30余人共聚一堂，相亲相爱，美满团圆，真是让人羡慕不已。

傅庆农曾写了一篇小文《父亲的笑容》，对自己的人生经历做了回顾，并对父亲给予他的影响做了客观的评价[①]：

"在父母结婚60周年的钻石婚庆的日子里，我专程从美国回到广州，庆祝这值得纪念的人生里程碑。在秋天的花园中，我为父亲拍摄照片。他那熟悉的笑容进入了我的镜头，是那样的亲切、和蔼，有一种说不清楚的魅力，我激动地不断按下快门……

"在我最早的记忆里，父亲显露同样的笑容是在我还是三四岁的时候。从那以后，父亲的笑容就经常陪伴我，从小到大，一直到现在。当我与父亲在一起的时候，他脸上总是带着笑容。

"记得当年父亲常常用自行车载着我在中大校园里来来去去，到他的实验室，或走访他的同事家。他的车技特别好，他的笑容和自行车是我童年美好记忆中的亮点，他的笑容给了我安全感、信心和快乐。他是我心目中的英雄。'文化大革命'来了，到处笼罩着打砸抢的恐怖气氛，父亲的笑容在外面消失了，但对我还是依然如初。后来，父亲进了'牛栏'受审查，但父母对我们一直坚持正面教育，这使我幼小的心灵在黑暗的岁月中幸免了严重的歪曲。

"父亲去'五七'干校，我日夜盼他回家。那次父亲的脚受了伤，瘸着回到家门前，

---

① 本书略有删节。

我首先看到的是他那熟悉的笑容。我欣喜若狂，一下子跑过去跳起来抱着父亲的脖子，父亲丝毫没有责备我，仍笑呵呵一步一瘸地把我抱回家中。在十年动荡时期，食品缺乏，父亲每次出差都会为我们买一些粮食土特产，长途跋涉地背回家，他笑着戏称是为我们做牛做马。他心甘情愿地为家人付出，当看到我们狼吞虎咽的时候，他的脸上露出欣慰满意的笑容。

"我小时候还算比较听话、上进，但与其他小孩一样也有淘气闯祸的时候；但父母从来没有骂过一句，更没有责打。在当时的年代，特别是在'文化大革命'的岁月，邻居的孩子被父母打骂是常有的事。当我做错事的时候，父亲会严肃地批评教育，最多是声音大一些，但从来不会上纲上线，只是就事论事，点到即止；当我认错的时候，父亲总会接纳我，并露出包容的微笑。虽然没有被打骂，但我从被原谅中获取了正面的力量，变得更加自觉、更加阳光。

"在上个世纪，我认识的大多数父母对儿女都不轻易赞扬，也许是怕晚辈骄傲自满，也许是要保持长辈的尊严。我父亲对我却是以表扬为主，尽可能用鼓励来帮助我进步，并且给我自由的空间开阔视野和尝试，允许我在闯荡的过程中犯错。上高中以后，我与父母可以在相互尊重和平等的氛围中各抒己见，甚至父亲还很自然地向我请教。例如，父亲的英文已经算是很好的，而上大学时的我英文只是一般而已，有几次父亲需要写比较正式的英文书信，竟让我帮他修改。当时，我有点受宠若惊，但看到他真诚的笑容，我就非常认真地和他一字一句斟酌，直到他露出满意的笑容。虽然他工作一直很忙，但是如果我有什么事情要找他谈，他总是会放下手中的工作，微笑地看着我，与我交谈。在经历和研究中西教育几十年后的今天，我特别感谢父母当年的教育方法，幸运自己生长在这样健康、自由、平等的家庭中。我认为，在当时的环境中，甚至在当今的东西方，他们都是众多父母中的优秀典范。

"父亲是位丰产的教授和科学家，发表论文360篇并有多部著作出版，培养出了几十位博士和硕士以及无数的科学工作者，在植物生理学特别是种子生理学领域作出了突出贡献。勤奋好学是父亲的特质之一。他是属牛的，对工作和学习非常努力认真，就像牛一样，不知疲倦地耕耘，埋头苦干。除了上班工作外，我看到他在家里的大部分时间都是坐在硬板凳上，在堆满书籍和文稿的书桌前埋头用功，几十年如一日。他对科学工作有天生的热情，大家都觉得他这样干很苦很累，甚至到了难以理解的地步。但他觉得苦中有乐，并乐在其中，把科学研究和教学作为他生命中不可缺少的一部分，因而能全身心地投入。

"父亲对我在科学方面的影响是深刻的。在'文革'时，我最喜欢他为我读《十万个为什么》，他带着我天真的心灵遨游太空、探索自然、幻想未来，在日常生活中观察和学习科学。在恢复高考时，我将攀登科学高峰作为自己人生的方向，想要以父亲为榜样。父亲鼓励我，积极帮助我发展对科学的兴趣。我当时最喜欢物理，他支持我，并没有特意地让我转向生物，因为他要给我充分的自由去发现我的兴趣所在并选择我自己的道路。

第八章　作育英才

我于1978年应届考上重点大学，在选专业时，因为我的分数达不到当时最热门的物理系的要求，在不知所措中，是母亲鼓励、推动我选择生物化学专业。这样，我就在父亲工作的中山大学生物学系上了本科。父亲笑了，是那样的开心和满意。他以我为荣，我更以他为荣。后来有一天，我忽然发现我的DNA是与生命科学相连的，而且与中大这片热土有关：我的爷爷早年在美国密歇根州立大学获农学学士和农业化学硕士学位后回国，在岭南大学（现中山大学）担任农学院和蚕丝学院教授，后来担任蚕丝学院院长和广东省蚕丝改良局局长；外公和父母都是岭南大学毕业的；我父母、姐姐和好几位亲阿姨和姑姑都是从事生命科学领域的工作。这使我顿时产生了一种归属感和使命感。在大学四年中，我就像海绵一样吸收知识，非常刻苦地学习，我感觉到这是父亲的遗传基因在起作用。与父亲同在生物学系，是美好的。我从小就在这长大，熟悉这里的人和物。但是，我隐隐约约担心，如果我做得不够好，会影响父亲的名声。但这只是我的多虑，父亲从来没有给过我任何压力，他还是像过去一样给我自由独立的空间发展，他不会因为他在生物学系就为我擅自做主。生化班在高年级时开设了植物生理学课程，这时父亲正作为访问学者去美国进修深造，所以他没有亲自教过我，这是我在生物学系就读的一个小小遗憾。父亲从美国回来后，我与他在学术专业上有越来越多的沟通，我当然是以学生的态度虚心学习，但他从来不会高高在上，而是以开放求实的态度与我分享和探讨。在父亲的影响下，我对用植物作为材料从事生理生化的研究的兴趣大增，并逐渐形成毕业后的工作方向。毕业时，我以中国科学院华南植物所作为我的第一志愿，希望专注植物生理领域，并形成了要接父亲的班的想法。

"在华南植物研究所工作的三年中，有幸为几位来中国做实验的美国教授做助手。他们对我的工作感到满意，一起邀请和推荐我到美国读博士学位。1985年，我告别父母，来到美国犹他大学生物学系，开始了从学士直接攻读博士学位的艰苦岁月。语言的障碍使我觉得连小孩都不如，专业术语更是使我不得不从头学起，极度的劣势差点摧毁了我的自尊和自信心。除了上课，我还要做助教，压力非常之大。刚开始，其他助教对我照顾，我的班里只有几位学生。我认真听课，努力备课，尽心辅导，受到同学们的好评，这使我慢慢建立了信心。第二年，我做了另一教授的助教，这个班里有100多位学生，只有两位助教。这次我充分发挥了笨鸟先飞的精神，尽全力教学。另外一位助教是美国人，他很少去听课，备课不认真，他的学生不断离开他的班。后来，几乎所有学生都到了我负责的班，学生们对我和那美国助教的评价可说是天壤之别，终于，我成了优秀助教。在博士论文的课题实验中，我大部分的内容在实验室做，只有少数在户外做，这样便可以没日没夜地工作，集中力量攻关。其他美国同学几乎都有硕士学位，又没有专业和语言的障碍，在选课和论文选题上不太在乎。而我是非常努力的，当一些经常打牌的同学看到我起早摸黑地学习的时候，他们笑我说：假如世界上的人都不读书了，你会是最后的一个。我心想：我还不是，但我的父亲可能是。的确，父亲在美国进修时整天没日没夜地在实验室工作的故事一直在激励着我。到论文公开演讲和答辩的那一天，不少老师和同学跌破了眼镜：我是在生物学系就读的几十名博士生中第一个用少于五年时间取得博士学位的。而且，博士学位论文本身和演讲都非常出色，令听众赞叹不已，教授们一致给我的博士学位论文以高度评价。这真是一场现实生活版的龟兔赛跑。1990年，当我获得博士学位的时候，我首先想到的是实现了父亲的殷切期望，成为傅家的第一个博士。其实，我远不如我父亲，他是博士的导师，当然比博士更厉害。我仿佛看到他在地球的另一侧开心的笑容，他和我均梦想成真！

"同年夏天，我到美国德州农工大学作博士后研究。第一、第二年还算不错，后来由一个助教指导我的工作。我当时设计编写了一个相当有意思的项目，去申请了NASA的研究基金。但当我看到即将发出的申请材料时却大吃一惊：基本上是我写的内容，然而三位申请人中竟没有我的名字！我马上与这位助教交涉，好不容易才把我的名字加上去。过去我听说过学术界的黑暗，这回真给我碰上了。更黑暗的是，他恶人先告状，到处说我坏话，使我对学术界非常失望。留美八年后的1993年，我第一次回到久别的祖国。回家的感觉真好！亲人的温暖、故土的热情与异乡的情形反差很大。当时邓小平视察南方，广东经济起飞，一片红红火火的，我的眼界一下子打开了，我的热血在沸腾，下海经商成了我脑海里的主旋律。后来回到美国后，原来已经得到美国农业部的一个实验室的聘用承诺，但因农业部的一个关于不能雇用非美国公民的中国人的通知，使我在科学界工作的最好愿望落空了，这促使了我下定决心改行经商。当时我最担心的是这样做会使父亲伤心难过。在我准备与父亲谈这件事的时候，心里有许多挣扎，想设法减轻这个决定的负面冲击。后来当我鼓足勇气向父亲说明时，我发现父亲并没有任何负面情绪，而且还鼓励我在新的领域好好干。那时，我心中的大石终于落了下来，心里充满了感激之情。是的，父亲是以孩子的具体情况和利益作为出发点，而不是为了自己的益处、虚荣或权威。在我们的周围，在传统文化中这是很难做到的，但我父亲做到了，而且还能继续鼓励并衷心祝福我，很了不起。之后，父亲经常问起我商业上的进展，并非常认真地听我说，还时常露出赞许的笑容。

"我的父亲是这样对待自己的孩子的，照我的观察，他也是这样对待他的学生的。他充满着厚爱、身教、关心、宽容和自由，父亲的学生中有不少是我大学同学或熟悉的校友，我也参加过父亲的弟子组织的活动。当父亲与弟子们在一起的时候，呈现在我眼前的是他那熟悉的笑容，他是那样的慈祥和亲切。当我听到他们和我父亲的故事时，都使我非常感动。说实在的，在其他地方，我没有见过如此深厚、自然、长久不息的师生情谊。

"在小的时候，我常跟着父亲去实验室或他的长辈和同辈的家里。我看到他与同事和下属相处时没有一点架子，脸上常常露出平易近人的笑容。对待前辈，父亲总是谦虚有礼、敬重有加、笑容可掬。即使是在那颠倒黑白、造反有理的年代，他对老先生们的态度还是如此。有时，当他向我们提起某位老前辈的往事时，他的表情也是相似的。我想这正反映了他内心的真实状态——尊师爱长，怀有感恩之心。

"父亲是成功的，他不但有等身的论文著作和一大批弟子学生，而且为人师表，有良好的品格。俗话说，成功的男人后面有一位女人的支持，我父亲的成就与我母亲有很大关系。母亲是父亲在岭南大学的同学，她从医学院毕业后，成为一名眼科医生，后来成为眼科主任，是那个年代中为数不多的女性高级知识分子。母亲很有教养，不但聪明，更有智慧，而且通情达理，严以律己、宽以待人。母亲一直积极支持父亲的工作，虽然她的工作地点离家远，只能每周回家一天，但她对我们姐弟三人的教育作用不可忽视，她对我们的教育能让父亲专心工作。母亲有教育小孩的完整理论，与父亲的做法相近，只是比较细致、严格和系统。父母在处理小孩的问题时总是保持一致，以免让小孩有机可乘，所以我们姐弟三人的成长是比较健康顺利的。父母之间的沟通顺畅：当父亲有脾气的时候，母亲通常只是注意听，不时做简单低调的回应，等到父亲平静下来后，她才与父亲深入交流，解决问题；当母亲激动时，父亲通常是平静地安慰她。我从来没有听过他们吵架，也没有见过他们冷战。在那个动荡的年代，没有争吵没有冷战的和睦家庭是非常少有的。我想，在社会的大风大浪中，家庭的和谐给了父亲一个平静安宁的港湾，这使他能够更加专心地工作，更多地做出成果。后来，母亲退休了，她更加注意在各方面处理好家务事，使父亲没有后顾之忧。父亲是名副其实的高级知识分子，专长是搞学问，不善于家务事，但是他很幸运，早年有我奶奶照顾他，后来有我妈妈照顾他。父亲能完成那么多的研究和教学工作，我母亲功不可没。

"在2003年年底，我们全家四口专程回国参加父母的金婚庆祝活动。在飞往祖国的途中，我想：父母的金婚是如此美好，除了物质的礼物，最好有一份非物质礼物，那送什么呢？父母的人生、家庭、婚姻感动了我，启发了我，于是，我在飞机上写下了一首藏头诗，记述父母生活的历程和写照，这是家庭幸福的颂歌。当父母看到用木板金字写下的诗句时，非常高兴，他们的笑容是那样的灿烂、那样的美丽。

"人生不是一帆风顺的，人生也有坎坎坷坷和急风骤雨。没过多久，母亲被诊断得了癌症三期C。面对死亡的威胁，母亲非常坚强和乐观，与癌症进行了生死搏斗。不少比她年轻、病情较轻的同期病人都相继离世，母亲承受了很多难以想象的痛苦，但却奇迹般地活了下来，而且多年后指标仍保持正常，其健康状况甚至比多数同龄人还要好。这是母亲非凡的人生经历，也是父母的共同成功，因为他们的生命已紧密连接成为共荣的一体了。

"时间真快，十年又过去了。在庆祝父母的钻石婚庆时，我心情激动，写道：'多少年来，婚姻本身就难，白头到老就更难！60年风雨同舟、相亲相爱难上加难！你们是美满幸福婚姻的写照，是大家学习的典范！你们不但有夫妻相处之道，而且还有父母教子之道，你们营造出了幸福、和谐、自由、平等的家庭氛围，并以爱来言传身教。我认为，你们是最好的父母，我万分感谢你们，并为你们而感到无比自豪！'

"此时此刻，我凝视着我在今年秋天为父亲拍的照片（本书封面和封底选用的照片），虽然父亲的笑容经历过风雨岁月的沧桑，但那种崇高的内涵与本质却没有变，我忽然感悟到这笑容后面的内涵与本质是仁爱。是的，是爱，他爱家人、爱师长、爱学生、爱同

傅家瑞一家团圆照（摄于1995年元旦）

事，他爱事业、爱工作、爱这片养育他的热土。

"愿父亲的笑容阳光灿烂，天长地久；愿爱像活泉涌流，永永远远！爸爸，我爱您！"

从教 50 周年

1998 年，傅家瑞迎来了自己从教 50 周年的盛典。

从 1948 年参加工作开始，傅家瑞经历了国民党统治、新中国成立、反"左"、反右运动、十年"文革"、改革开放等多个时代，成为新中国高等教育发展史的活化石。倏忽 50 年，"发愤忘食，乐而忘忧，不知老之将至"，从青葱岁月到白发满头，从理想激昂到收获满仓，从只身拼搏到师徒携手，从默默无闻到扬名国际，成败顺逆、苦辣酸甜，傅家瑞都经历过。如今，他如品尝珍馐一般享受自己的生活，像王者一样检阅着自己建设的植物生理学王国，那里有茂密的森林、成材的大树、甘甜的果实，更有广袤的土地……

生命科学学院像过节一样来庆祝傅家瑞从教 50 周年，学院主要领导、傅家瑞的亲属及弟子从世界各地、四面八方赶来，回到母校、回到亲人、回到老师的身边，薪火相传，师恩难忘。在这次祝贺会上，组织者黄学林、黄上志等人在座谈会上安排两名女研究生黎茵和黄胜琴向傅家瑞献花，寓意桃李芬芳、灿烂满园。黄上志代表全体研究生向老师致贺词，贺词中尊崇之情溢于言表。

第八章　作育英才

研究生向傅家瑞献花，祝贺老师从教50周年

黄上志在典礼上与老师傅家瑞（左）合影（中山大学植物生理学研究的旗帜从罗宗洛、于志忱、傅家瑞、黄学林等几代人的手中薪火相传，如今传到了黄上志的手上）

傅家瑞（前排中）与参加他从教50周年庆典的人员合影（前排左1为陈润政、左2为生命科学学院周昌清院长、左4为生命科学学院党委王录德书记、左5为李卓杰，后两排均为已毕业的博士或硕士研究生）

傅家瑞50年如一日,辛勤付出,栽桃育李无数。学生们看在眼里,记在心里。生物学系1955级植物学专业校友肖林炽就受过傅家瑞的教诲。肖林炽本科毕业后,赴香港经营工厂,事业有成。他有感于傅家瑞、张宏达、廖翔华等老师们付出的辛勤劳动,主动捐助了一笔款项作为生命科学学院的敬老基金,并委托其留校任职的同班同学杨白清、李植华、钟恒等人主持,不定期地宴请傅家瑞等当年曾教授过他的老师们,以表敬意。这项活动已持续了多年。

傅家瑞(前排左1)在参加敬老午膳时的留影[参加人员还有林浩然、黄溢明、周宇垣、张宏达(前排从左至右),王录德、杨白清、陈蕙芳(后排从左至右)等人]

傅家瑞(右1)等人在参加敬老活动时到番禺博物馆游览时合影

第九章 学术交流

政府特殊津贴是国务院对高层次专业技术人才和高技能人才的一种奖励制度，获得者被称为享受国务院政府特殊津贴专家，这是党中央、国务院在1990年做出的决定，是尊重知识、尊重人才的一项举措。为了表彰傅家瑞在植物生理学领域所作出的贡献，1992年10月，国务院决定向傅家瑞发放政府特殊津贴。在评选初期，获得政府特殊津贴，可谓是殊荣。

获得政府特殊津贴，从一个侧面证明了傅家瑞已经扬名国内，成为一名学术界知名的科学家了，这对促进傅家瑞的国际学术交流活动起到了一定的帮助作用。

1996年11月，在郑泽荣、陈润政、宋松泉等人的努力下，编撰完成了《傅家瑞论文选集》一书，由中山大学出版社出版发行。该书选编了傅家瑞及其课题组成员共同发表的68篇论文。其内容包括：植物开花生理及影响因子，种子发育，种子萌发，种子休眠，种子贮藏和劣变过程中的生理变化与种子活力和贮藏蛋白的关系，种子播前处理与提高种子活力的途径，种子检验，人工种子，顽拗性种子脱水和低温敏感性的原因，等等，可供生物学、农业科学工作者及大专院校生物学系、农林院校师生参考。中国科学院院士蒲蛰龙教授为《傅家瑞论文选集》一书作序。他在序言中对傅家瑞给予了很高的评价："傅家瑞教授长期从事植物生理学和种子生理学的教学和科学研究，先后主讲过植物

国务院颁发给傅家瑞的政府特殊津贴证书

学、微生物学、植物生理学、植物发育生理学、种子生理学和文献检索与述评等多门课程。他早期的研究重点是植物的光周期与开花生理，阐明了黄麻早花的原因以及光对花生结荚的作用；80年代对种子活力和劣变进行了系统的研究，在国内最早引进种子活力（seed vigour）的概念，阐明了花生种子萌发初期和劣变过程中的超微结构、生理生化变化及其与种子活力的关系。近几年来，研究了种子发育过程中贮藏蛋白的合成、积累与种子活力的关系，顽拗性种子脱水敏感性的原因和种质资源保存等问题。这些研究在国内处于领先地位，在国际上也有较大的影响。"[①]

《傅家瑞论文选集》封面

出席港澳地区及国际学术会议

随着改革开放的深入，对外学术交流也日益频繁。中山大学毗邻港澳，其学术交流之兴从粤港澳学术交流开始。

1985年，傅家瑞接受了香港中文大学生物学系容拱兴教授的邀请，前往香港访问。容拱兴与容启东同为学术界的"容族豪门"之一，他从容启东那里了解到傅家瑞对植物生理学的深厚造诣，对傅家瑞能应邀前来十分高兴，专门设家宴款待。

傅家瑞（右1）在容拱兴（右2）的家宴中留影

---

① 蒲蛰龙：《序》，见本书编委会编《傅家瑞论文选集》，中山大学出版社1996年版。

在香港中文大学逗留之际,恰好傅家瑞的表兄何章从珠海来香港探亲,亲人相聚,叙旧问暖,并在香港中文大学合影留念。

1986年,傅家瑞接受澳门东亚大学莫何婉颖院长的邀请,赴澳门访问,并在东亚大学作学术报告。《澳门日报》对傅家瑞的来访颇为重视,专门派记者前来采访,并以"植物生理研讨会傅家瑞介绍心得"为题刊登在次日出版的《澳门日报》上。傅家瑞踔厉风发地出现在了澳门影响最大的报纸的报道中。

傅家瑞(中)与表兄何章(左2)及家人在香港中文大学门口的合影

傅家瑞在澳门东亚大学作学术报告时的留影

第九章 学术交流

《澳门日报》对傅家瑞的来访进行了报道

访问东亚大学期间,傅家瑞在澳门标志性建筑物大三巴牌坊前游览时的留影

1986年,国际种子检验协会(ISTA)在澳大利亚布里斯班(Brisbane)召开第21届国际种子检验协会年会及学术研讨会,傅家瑞应邀参加。这是傅家瑞首次被邀请参加国际会议,反映了他在国际种子生理学术界地位的初步奠定。这也是傅家瑞的学术经历中的一次十分重要的标志性事件。

怀着兴奋与好奇的心情,傅家瑞积极把握每一个与各国代表接触交流的机会,累并快乐着。在大会上,傅家瑞做了有关种子活力的研究报告,报告受到了与会代表的好评。鉴于傅家瑞的学术贡献和学术地位,在会议期间,傅家瑞被国际种子检验协会聘请为种子贮藏委员会委员。

傅家瑞（左1）与马来西亚和南非等国家和地区的学者在第21届国际种子检验协会年会及学术研讨会会场内的合影（左2为南非学者Farrant、左4为马来西亚学者Chin、左5为南非学者Berjak）

会后，大会组织参会人员旅游，傅家瑞首次在海洋世界中看到鱼类表演、冲浪表演，首次乘坐潜水艇潜入海底参观活珊瑚生活状态的奇景，还看到了澳洲特有的动物袋鼠。

在这次会议上，傅家瑞和南非科学家Berjak教授相识。1994年，傅家瑞应邀参加在南非举行的国际种子及植物营养体脱水耐性与敏感性学术讨论会时，Berjak教授是主持人，两人再次见面，并由此建立了良好的学术和友谊关系，直至21世纪双方仍通过我国学者参加国际会议之际互致问候。而与另一位在澳大利亚认识的南非学者Farrant教授，两人其后也多次在国际学术会议上相互交流，成为友人。

1989年，又是忙碌的一年。傅家瑞先后两次应邀参加国际学术会议。一次是6月份到英国爱丁堡（Edinburgh）参加第22届ISTA学术研讨会。爱丁堡是英国著名的文化古城。会后，傅家瑞参观了爱丁堡的历史遗迹并在城堡前留影。

傅家瑞在爱丁堡的城堡前的留影（摄于1989年6月）

第九章　学术交流

另一次是8月份前往美国威廉斯堡（Williamsburg）参加6—11日举行的第三届国际种子学术研讨会。会后，傅家瑞顺道拜访了康奈尔大学，见了谊切苔岑的老朋友Khan教授，双方探讨了第二年在杭州联合举办第一届国际种子科学与技术学术会议（ICSST）事宜。会后，他们共同编辑出版了 Advances in the Science and Technology of Seeds，书中收录了在两人主持下合作撰写的四篇论文，这成为中山大学各院系中美合作的佳话之一。

傅家瑞在康奈尔大学与Khan的合影（摄于1989年8月）

与Khan教授告别后，傅家瑞和康奈尔大学的一些学者就近前往著名的尼加拉瓜大瀑布游览。瀑布景色壮丽磅礴，傅家瑞心生感慨，磅礴瀑布来自涓涓细流，人生何尝不是如此，想要做到成就卓著，就要力学笃行。

重访美国，一直是傅家瑞期待的事情，一方面是学术交流之需，另一方面是亲情所系。此前，儿子傅庆农已经来到犹他大学攻读博士学位，傅家瑞急切地想看看儿子在美国表现得怎么样。这可是傅家第三代人留学美国，要一代比一代更强才行呀！

傅庆农继承了父亲和爷爷的基因，勤学肯干，在犹他大学表现出色，傅家瑞悬着的心终于放了下来。傅庆农专程和同学陪同父亲乘坐小车从盐湖城出发，游览了美国著名的大峡谷国家公园。汽车在经过拉斯维加斯赌城时，他们休息了一宿，傅家瑞虽然没有亲自上场"耍两手"，但也算是有了到过赌城的经历。

途中，傅家瑞顺道去洛杉矶看望岭南大学附属中学时期的同班同学李世富，并在他家住了一宿。李世富见到来自故乡几十年未见的老同学，欣喜不已。第二天，他特意请傅家瑞到洛杉矶市游览。

1990年，傅家瑞有了在祖国参加国际会议的机会。中国植物生理学会主办的第一届国际种子科学与技术大会在杭州召开，作为国内一流的植物生理学研究专家，傅家瑞顺理成章地被推举为大会委员。这也是一次难得的人才培养机会，傅家瑞为中山大学生物学系争取了多个参会名额，黄学林、李卓杰、陈润政、黄上志等人都有机会参与大会，并在会上宣读论文。

在参加第一届国际种子科学与技术学术会议（中国杭州）期间，傅家瑞与国内外代表在会场前的合影（前排从左至右为王晓峰、来自英国的Bray、傅家瑞、黄学林、来自美国的Khan，后排从左至右为李卓杰、陈坤荣、黄上志、来自加拿大的Bewley、陈润政）

参加第一届国际种子科学与技术学术会议的部分代表在茶话叙会中的合影（左1为陶嘉龄、左2为傅家瑞、左3为郑光华、左4为赵同芳、左6为Khan）

参加第一届国际种子科学与技术学术会议的全体代表的合影（前排左4为傅家瑞）

在 Khan 教授及夫人的热情邀请下，傅家瑞偕夫人梁承懿于 1991 年 5—6 月间专程访问了康奈尔大学。此时，正值黄学林也被 Khan 教授邀请，在其实验室进行研究工作。黄学林此番留美，也是傅家瑞积极运作促成的美事。这次留美对黄学林能够顺利接过傅家瑞传递的植物生理学旗帜起到了十分重要的推动作用。后来，黄学林在香蕉种质资源研究等方面取得了较为突出的成绩，并出任了中国植物生理学会副理事长一职。

傅家瑞（左2）在Khan实验室与Khan夫妇（左3、左4）及黄学林（左1）的合影（摄于1991年）

这是梁承懿第一次踏足美国，因此傅家瑞趁此机会，与梁承懿顺便看看在美工作的儿子傅庆农，在进行学术交流的同时，顺享天伦之乐。此时，傅庆农已经从犹他大学取得博士学位，正在德州农工大学进行博士后研究工作，傅家瑞也趁这个机会拜访了得克萨斯大学的 Smith 教授。

傅家瑞（左）与Smith（右）在得克萨斯大学玉米田中的合影

傅家瑞与梁承懿合抱孙女傅立姗的合影

傅家瑞与梁承懿同游三藩市,在金门桥畔的留影

父母来到美国,让在美国工作的长子傅庆新也激动不已,专程赶到德州弟弟傅庆农的家中,与家人团聚。傅庆农学业、事业都有了进展,家庭温馨和谐,此时已为人父,有了可爱的女儿。傅家瑞和梁承懿则成为祖父母辈的长者。同时,傅庆农的岳母也专程来美看望他们并照料外孙女。傅家人几乎在德州大团圆了!

离开德州后,傅家瑞和梁承懿乘车前往三藩市,去看望妹妹傅福仪。老两口恰好可以在三藩市区、金门大桥、加州海岸的红树林等地游览一番。

在三藩市逗留时,傅家瑞夫妇专程拜访了岭南大学时的同学林振时、刘群珍夫妇,四位岭大校友同聚三藩市,大家都兴奋异常。在林振时、刘群珍的陪同下,大家一同参观了斯坦福大学。

第九章 学术交流

岭大校友同游斯坦福大学（从左至右：林振时、傅家瑞、梁承懿、刘群珍、林振时女儿）

傅家瑞（右）和Bewley（左）在参加第四届国际种子学术研讨会时在大会礼堂前的合影

1992年7月，傅家瑞和黄上志应邀赴法国昂热（Angers）参加第四届国际种子学术研讨会，并在会议上作报告。会议期间，傅家瑞遇到老熟人、加拿大著名种子生物学家Bewley教授。Bewley与傅家瑞有着密切的学术交流。

第四届国际种子学术研讨会结束后，傅家瑞随即应邀前往阿根廷首都布宜诺斯艾利斯，参加第23届国际种子检验协会年会及学术研讨会。在会议上，傅家瑞被安排做了一次学术报告。这次会议是用英语进行交流的，可是在日常生活中却要使用西班牙语，在当地旅游又很难遇到能讲英语的本地人，因此在会议结束后，傅家瑞便匆匆离去。

在第四届国际种子学术研讨会期间，傅家瑞（左）、黄上志（右）与大会主席、法国著名学者Côme教授（中）的合影

傅家瑞在第23届国际种子检验协会年会及学术研讨会上作学术报告

傅家瑞（左）在巴西圣保罗大学农学院与Cicero（右）的合影

第九章 学术交流

傅家瑞的岭南大学同学简鸿均正旅居巴西圣保罗，在他的邀请下，归程途中，傅家瑞顺访巴西。巴西是讲葡萄牙语的国度，简鸿均特别安排了一位华人陪同傅家瑞一行，以便交流。在巴西参观期间，傅家瑞应邀访问了圣保罗大学（University of Saint Paul）农学院，与 Cicero 教授进行了学术交流。交流结束后，傅家瑞一行乘坐夜间卧车前往里约热内卢参观。

1999 年 1 月，傅家瑞和黄上志一同应邀前往墨西哥白色之城梅里达（Merida），参加于 24—28 日举行的第六届国际种子生物学研讨会。继续参加国际学术会议时，傅家瑞将更多的精力放在了给黄上志等人提供融入国际种子科学学术界的机会。

从墨西哥返国途中经停美国，第一站是休斯敦；然后转飞约翰斯顿（Johnston），应弟子李春平的邀请，赴先锋种子公司进行业务交流，并在先锋公司做了一次学术报告。李春平在 20 世纪 80 年代出国留学时，曾得到傅家瑞的协助，这在当时是必需的程序。因此，李春平一直将傅家瑞看作自己今日成就的推动人，感恩有加。

傅家瑞（右2）和黄上志（右1）在参加第六届国际种子生物学研讨会时与外国代表的合影

傅家瑞（右）与李春平（左）在美国先锋种子公司的留影

离开先锋种子公司后，经过加州准备回国。长子傅庆新在加州住处接待了父亲，并同游雪地。

傅家瑞多次应邀参加国际会议，收获良多：

一是了解了国际相关领域研究的进展。知己知彼，才能使自己的研究与国际接轨，也才能做出具有国际水准的科研成果。当

傅家瑞与儿子傅庆新在美国加州的山上雪地游玩时的合影

年，连孔子都知道"登东山而小鲁，登泰山而小天下"，何况已经进入现代科技社会的 21 世纪，要想占领一个研究领域的国际制高点，就必须要知道制高点在哪里、是什么。种子生物学与农业紧密相关，是服务农业十分重要的研究方向。中国要通过占世界 7% 的耕地养活了占世界近 20% 的人口，粮食能否高产是关键的一环，如果能够通过种子生物学研究攻克粮食高产在种子环节存在的问题，意义非同小可。因此，中国必须要向国际上种子生物学研究走在前列的国家学习。

二是促进国际合作。多年来，傅家瑞和来自五大洲的科学家都建立了良好的学术关系，可谓是学术通五洲，佳朋遍天下。科学家有祖国，但科学无国界，闭门造车只能成为井底之蛙，"夫尺泽之鲵，岂能与之量江海之大哉"。多年来，傅家瑞与美国的 Khan 等科学家有着密切的国际合作，研究出的成果也是国际级的；同时，他通过举办培训班、学习班，推动了学科发展，培养了一批具有国际视野的教学科研人员。

顽拗性种子研究国际领先

早在 1973 年，罗伯茨（Roberts）根据种子的贮藏行为把种子区分为正常性种子（orthodox seeds）和顽拗性种子（recalcitrant seeds）。顽拗性种子在脱落时具有较高的含水量和一定的代谢活性，对脱水和低温敏感，在室温下贮藏寿命只有几天至十几天。在目前已知的植物中，产生顽拗性种子的植物物种约占 10%，且其中 88% 分布在热带亚热带地区，而且有不少种类是经济价值较高的作物、果树或林木。正是由于这一点，顽拗性种子的研究逐渐为国际学术界所重视。

傅家瑞从20世纪50年代就开始研究水浮莲种子，并发表了一系列论文。当时，傅家瑞提出水浮莲种子是不耐干藏的种子。如此看来，傅家瑞早在罗伯茨提出顽拗性种子的概念之前就已经从事该领域的研究并发表了论文。当顽拗性种子的概念在国际上受到重视后，傅家瑞顺应形势发展，将研究视角再度伸向顽拗性种子，并撰写了一篇题为"顽拗性种子的贮藏及种质资源保存问题"的综述，发表在1988年发行的《种子》杂志上。

在参加IBPGR组织的顽拗性种子贮藏国际学术研讨会期间，傅家瑞（右）与陶嘉龄（左）在邱园的留影

国际植物遗传资源委员会及时注意到了这一研究领域，并于1988年在英国伦敦植物园邱园（Kew Garden）举行了顽拗性种子贮藏国际学术研讨会，傅家瑞应邀参加，并在大会上宣读了研究论文。[①]

在邱园参会期间，傅家瑞与IBPGR项目负责人、美籍华人陶嘉龄博士结识并交往，两人就顽拗性种子的研究问题进行了深入探讨。从交流中，陶嘉龄敏锐地注意到，在这个研究领域，中国不但有像傅家瑞这样的知名科学家，还有改革开放的研究环境，加之中国作为农业大国，顽拗性种子研究将会在理论和实践领域都有很大的作为，应该给予大力支持。

在陶嘉龄的支持下，傅家瑞申请到了IBPGR的资助课题，以顽拗性种子芒果、荔枝、龙眼为研究材料。回国后，傅家瑞还获得了国家自然科学基金资助的项目"四种顽拗性种子和遗传资源保存的生理研究"，研究期限从1989年1月至1991年12月。在此基础上，傅家瑞领导的研究团队还先后多次获得国家自然科学基金的资助，集中了一部分力量进行种子脱水耐性和脱水敏感性研究的攻关。

为了检验自己在种子脱水耐性和脱水敏感性研究方面的成果，傅家瑞利用受邀参加1990年在上海举行的中国种子协会第二届代表大会之际，在大会上做了相关内容的学术报告。

---

① 参见中山大学师资管理办公室《中山大学教授名录》，中山大学出版社1991年版，第34页。

1991年11月4—9日，中国植物生理学会在中山大学举办全国植物育性及种子生理学术研讨会。这是傅家瑞在家门口集中展示自己研究成果的大好机会，他将自己在顽拗性种子研究方面的成绩拟成题目为"延长顽拗性种子寿命的新途径"的论文，提交给大会。①

傅家瑞在中国种子协会第二届代表大会上作学术报告

1993年10月，中国植物生理学会对傅家瑞顽拗性种子研究的水平给予了客观评价："顽拗性种子的致死原因及延长贮藏寿命的研究居国内领先地位，接近国际先进水平。"②

好风凭借力，助我上青云。在此后十余年的时间里，傅家瑞领导的研究团队先后发表的有关顽拗性种子的研究论文总计有67篇，其中有14篇分别在国外杂志及国际学术会

傅家瑞在全国植物育性及种子生理学术研讨会上作学术报告

议上发表及宣读，取得了国际领先的研究成果，奠定了其在国际上的学术地位。

1994年1月，傅家瑞被邀请参加国际种子及植物营养体脱水耐性与敏感性学术研讨会。在会议上作学术报告时，与会代表对傅家瑞的顽拗性种子研究成果给予了肯定。这次会议在南非德班的一个野生动物园中举行，出入乘坐汽车时经常可见犀牛、狮子、大象、老虎等猛兽分布于游客的周围，互不干扰。在南非期间，傅家瑞还参观了南非植物园。

---

① 参见中国植物生理学会、中国种子协会《全国植物育性及种子生理研讨会专题报告及论文摘要汇编》，1991年11月编印，第5页。
② 中国植物生理学会秘书处：《中国植物生理学史料汇编》，1993年10月编印，第222页。

第九章 学术交流

傅家瑞参观南非植物园时的留影（摄于1994年1月）

傅家瑞（左2）、黄上志（左1）在英国曼彻斯特大学Bray教授（左3）的实验室留影（摄于1995年9月）

1995年9月，应英国曼彻斯特大学（Manchester University）Bray教授的邀请，傅家瑞到英国访问。此时，傅家瑞的第一位博士毕业生黄上志正在该校做访问学者。抵英后，黄上志陪同傅家瑞进行学术交流活动。

其后，傅家瑞一行应邀访问英国国际园艺研究所。该所何廉全教授是英籍华人，多年前曾到访中大，并且与傅家瑞等人结识。当他得知傅家瑞正在英国访问时，便邀请傅家瑞与黄上志两人顺访该所。

离开英国国际园艺研究所后，傅家瑞一行南下，来到英国雷丁大学（University of Reading），应邀参加第五届国际种子学术研讨会。傅家瑞连续应邀参加国际种子学术研讨会，反映了他在这一领域的国际学术地位。在会议上，傅家瑞做了一个学术报告，在报告中系统阐述了自己在顽拗性种子研究方面所做的工作，受到了与会学者的赞赏。

傅家瑞（中）一行在英国国际园艺研究所访问时与该所学者的留影（左1为何廉全。摄于1995年9月）

傅家瑞（前排右3）在参加第五届国际种子学术研讨会时与部分代表的合影（摄于1995年9月）

第九章 学术交流

傅家瑞（左2）在邱园的留影（左1为黄上志、左3为Pritchard博士、左4为杨湘云。摄于1995年9月）

会议结束后，傅家瑞一行离开雷丁大学，应邀前往邱园访问，Pritchard博士及助手接待了傅家瑞一行。日后，傅家瑞与Pritchard两人通信不断，Pritchard经常给傅家瑞寄送邱园的出版物，傅家瑞也回赠了一些他的著作。

同月，傅家瑞申报的"顽拗性种子脱水敏感性及其贮藏生理研究"成果在国家教育委员会科技进步奖评比中获得三等奖。傅家瑞在顽拗性种子研究领域的地位得到了进一步肯定。

"顽拗性种子脱水敏感性及其贮藏生理研究"成果获奖证书

参加全国植物开花与种子生理会议代表的合影（前排右6为傅家瑞。摄于1995年）

从英国回来后，傅家瑞与李卓杰、陈润政两位老师一起赴内蒙古大学参加全国植物开花与种子生理会议。傅家瑞在会议期间还参观了内蒙古农业大学农场，并到广阔的草原、一望无际的沙漠、壮观的成吉思汗陵和滔滔不绝的黄河等景点游览。

在会议期间，与会代表们讨论了关于1997年在中国召开第二届国际种子科学与技术学术研讨会的议题，商定这次国际会议将安排在我国种子科学研究的重镇——中山大学举行，并以中山大学生命科学学院植物生理学教研室为依托，同时由其负责具体承办事宜。

傅家瑞在蒙古包前留影（摄于1995年）

傅家瑞（中）和李卓杰（左）、陈润政（右）到沙漠游览时合影（摄于1995年）

第九章 学术交流

由中山大学承办第二届国际种子科学与技术学术研讨会，是希冀，也是重托，更是信任，是对傅家瑞多年来执着进行种子科学研究的高度肯定。

1997年5月12—16日，中国植物生理学会、国际植物遗传资源委员会和中山大学联合举办的（中国）第二届国际种子科学与技术学术研讨会在中山大学隆重召开。傅家瑞与黄学林等人为办好本次会议花费了大量的心血，且经过了长时间细致、认真的筹备。中国植物生理学会理事长沈允钢院士任大会主席，傅家瑞任大会副主席；秘书处单位落户中山大学，由黄学林担任秘书长，并领导秘书处工作。参加会议的有来自美国、英国和中国等20个国家和地区的学者共129人，其中外国学者有52人。这是继1990年3月在杭州召开第一届国际种子科学与技术学术研讨会之后，在我国举行的第二次国际性种子科学与技术学术研讨会。与会的国家和地区数目及外国专家人数比第一次有了成倍的增加，许多国际上知名的种子科学家如Black、Côme、Khan、Gutterman、Hoekstra、Engels、Berjak、Roos等人都出席了大会，显示了此次会议具有一定的国际影响力及代表性。时任广州市人民政府副市长张广宁出席了开幕式并致辞，会议得到了国家自然科学基金委员会、国际植物遗传资源委员会、广东省科学技术协会等单位的资助。

傅家瑞主持了会议开幕式并宣布大会开始。会议安排了多场学术报告，围绕种子的发育、萌发与休眠，种子的活力、种质贮存，正常性及顽拗性种子的耐脱水特性，种子的超干贮存等当时种子科学研究的热点问题进行了交流和讨论，取得了丰硕的成果。这次会议也是对傅家瑞在顽拗性种子研究方面的一次国际检阅，至此，傅家瑞主持进行的顽拗性种子研究已扬名国际。

会议期间，来自康奈尔大学的代表盛情邀请曾访问过康奈尔大学的代表们合影留念，因为傅家瑞曾访问过康奈尔大学，也被邀请一同拍照。

第二届国际种子科学与技术学术研讨会（中国广州）组委会名单

第二届国际种子科学与技术学术研讨会与会代表的合影（第1排右6为傅家瑞）

第二届国际种子科学与技术学术研讨会主席台嘉宾的合影（左2为傅家瑞）

傅家瑞在第二届国际种子科学与技术学术研讨会上作学术报告

第九章 学术交流

在第二届国际种子科学与技术学术研讨会上，曾经访问过康奈尔大学的学者和康奈尔大学参会人员一起在怀士堂前的合影（中排右2为傅家瑞，前排右1为李宝健）

傅家瑞（右）在马来西亚参加国际顽拗性种子学术研讨会期间与范国强（左）的合影

1998年10月，傅家瑞应邀前往马来西亚参加国际顽拗性种子学术研讨会，顽拗性种子领域是他最为熟悉的研究领域。当飞机抵达马来西亚首都吉隆坡之际，天色已晚，他们在机场中总是找不着出路，幸好是几个人一同前往。恰在此时，傅家瑞在机场遇到自己培养的第一位博士后研究人员范国强。他在1991年拜师傅家瑞进行博士后研究工作，出站后回到河南农业大学，担任教授及泡桐研究所所长，他也是这次会议的参加者。大家经过一番找寻，终于发现机场路线的秘密，原来要按指路标向下行，才能走出机场"迷宫"，等到达市内会议指定宾馆时已经很晚，算是虚惊一场。

在马来西亚时,傅家瑞(左4)与梁承懿的大表兄李剑桥(左5)阖府及一些在马来西亚的亲戚合影

傅家瑞在访问新加坡国立大学时,与同行学者在实验室内合影

在访问马来西亚期间,傅家瑞还利用空余时间与妻子梁承懿的大表兄李剑桥在吉隆坡相会。李剑桥在马来西亚华人中具有很高的声望。此次在马来西亚相见,傅家瑞受到了热情接待。

会后,傅家瑞应新加坡国立大学的邀请,前往新加坡访问。他从马来西亚乘长途巴士直达新加坡。

2004年,傅家瑞携宋松泉等人,结合其领导的研究团队多年的研究成果,对顽拗性种子生物学进行了深中肯綮的系统总结和评论,出版了专著《顽拗性种子生物学》。专著的出版,一方面对解决顽拗性种子的繁育和种质保存有重要的应用和理论价值,可以推动农业经济的发展；另一方面，进一步巩固了傅家瑞在这个领域的国际学术地位。①

《礼记·效特牲》言："唯社丘乘粢盛，所以报本反始也。"傅家瑞知恩图报，他能在顽拗性种子研究领域取得国际性地位，与陶嘉龄的支持是分不开的。20世纪90年代末，傅家瑞曾向中山大学提出申请，聘请陶嘉龄为中山大学客座教授，得到了中山大学的同意和陶嘉龄的欣然应允。在中山大学颁发聘书的仪式上，陶嘉龄发表了热情洋溢的致辞，对傅家瑞的研究工作给予了很高的评价。

在中山大学访问期间，傅家瑞等人陪同陶嘉龄到鼎湖山、七星岩等地游览，两人寄情山水，畅谈科研合作，对种子科学的研究前景充满了希冀。陶嘉龄表示，顽拗性种子研究还有许多工作可做，祝愿傅家瑞能在这个领域取得更多更好的成绩。

《顽拗性种子生物学》封面

陶嘉龄在客座教授聘任仪式上致词

---

① 参见黄上志、宋松泉主编《种子科学研究回顾与展望》，广东科技出版社2004年版，第176页。

傅家瑞（右）与陶嘉龄（左）在鼎湖山游览时的留影

第十章　退休生活

光荣退休

进入20世纪90年代,妻子梁承懿首先从部队医院系统完全退休,于是,老两口有了更多的时间一起活动。

傅家瑞和梁承懿首先想到出去旅游。他们约定,只要是能一起参加的活动,不仅要积极参加,还必须一起参加。毕竟,两人年龄相加已逾百半,"长绳系日未是愚,有翁临镜捋白须",要特别珍惜能在一起活动的光阴。

梁承懿退休后,两人一起参加的第一项集体活动是到广州艺术展览会参观女儿傅庆军的艺术作品——押花画展。傅庆军退出公职,自主创业后,根据特长,成立了真朴苑

傅家瑞和梁承懿在参观女儿创建的真朴苑花艺公司展出的押花展品时的合影

花艺公司，专司押花作品创作，富有成绩。她不但出版了作品，还打开了市场，最关键的是找到了生活的快乐与人生价值。

1999年，中山大学组织了一次大型的旅游活动——到昆明参观世界园艺博览会。于是，傅家瑞和梁承懿一起报名参加了。抵达昆明后，他们先参观了世界园艺博览会，得以一开眼界。其中，让傅家瑞与梁承懿感到骄傲和自豪的是女儿傅庆军的押花作品获得了系列金奖。离开博览园，他们参观了石林景区，留下了深刻的印象。

傅家瑞和梁承懿在参观昆明世界园艺博览会时的合影

其后，旅行团还到了丽江古城游览，看到美丽的雪山，可惜因梁承懿出现了高山反应，两人对雪山只好远望而不能攀登！离开云南后，旅游队伍转往贵州，参观了黄果树瀑布。这是世界四大瀑布之一，令人印象深刻。

傅家瑞和梁承懿在云南石林的合影

8月份，两人又结伴到西安游览。西安之行，一是要看望梁承懿多年未见的患病表弟；二是想对古都有个深度了解，因为以前出差到西安，都是匆匆而过。这次，他们先后参观了秦始皇帝陵、秦兵马俑博物馆等景点。

傅家瑞和梁承懿在陕西秦始皇帝陵的留影

傅家瑞和梁承懿在秦兵马俑博物馆内合影（他们坐在仿制的秦时战车上时是否会想到，数十年来，人生就像驰骋沙场一样，吞风饮雨，车尘马足，终需下马卸鞍，颐养天年）

第十章 退休生活

傅家瑞和梁承懿参观洛阳博物馆时的留影

傅家瑞的弟子周晓强当时正在洛阳华美生物工程公司任职，傅家瑞返程经过洛阳时得到了他的接待，观赏及参观了久负盛名的洛阳牡丹及洛阳博物馆等地。

2003年1月[①]，傅家瑞接到生命科学学院的通知，他和张宏达、廖翔华、王伯荪等四位老师已到退休年龄，学院决定为他们举行欢送会。

欢送会简单而热烈。生命科学学院领导和近百位师生弟子参加了欢送会。在欢送会上，生命科学学院对傅家瑞等人数十年的教学和科研生涯给予了高度肯定：是传道、授业、解惑的楷模，是师者典范。

从1948年进入岭南大学，转瞬间，55年时光飞逝，傅家瑞已成龙眉皓发的长者。他将人生献给了教育事业，献给了这人类最为崇高的事业，育人无数，师爱无疆。等到真正彻底离开三尺讲台的这一天到来时，他内心恋恋不舍。但当他看到欢送会会场内近百名师生学子，看到他们睿智的双眸，知道他们在描绘未来、编织梦想，他又觉得可以放心地将接力棒交下去了。

---

① 傅家瑞的退休时间为2002年12月，2003年1月执行（档案号为3-2002-XZ1214-003-05，藏中山大学档案馆）。

就要离开心爱的工作岗位了，傅家瑞思绪万千……

他想起了父母：父亲是岭南大学的翘楚英才，却早早离世；母亲含辛茹苦把他拉扯长大。墓木已拱，父母嘱托言犹在耳，所幸他没有辜负父母的期望，做到了播理想于心田中，育桃李于天地间。

他想起了恩师：陈焕镛、嘉理思、容启东、蒋英、于志忱……恩师们寒而不凋、磨而不磷、涅而不缁的品格深深地烙印在他成长的轨迹上，影响了他的一生。人生难得一知己，每一位恩师都是他的知己。他将中山大学植物生理学学科推向了潮头浪顶，算是对得起恩师们的悉心栽培了。

他想起了岁月往事：日军侵华，他和家人科头跣足，颠沛流离，在港穗间往返逃亡，幸运地保住了性命；十年"文革"，被红卫兵批斗，关进"牛栏"，饱经风霜，但始终没有放下尊严；赴美留学，爱日惜力，见识与学习了世界上最发达国家的教育与科技；改革开放，神州大地，处处春华秋实，他创建了植物生理学博士点，为此"孔席不暖，墨突不黔"，培育了数十位高徒。他为祖国骄傲，他也为自己自豪，因为他是这个时代的见证者，也是这个时代的耕耘者。

参加傅家瑞退休欢送会的部分人员合影［坐前排的四位退休教师分别为王伯荪（左1）、傅家瑞（左2）、张宏达（左3）、廖翔华（左4）］

第十章 退休生活

参加中国植物生理学会学术年会的广东省代表在神农宾馆前的合影（前排右5为傅家瑞）（当他看到身旁影后的年轻科技工作者英姿勃发，学科发展方兴未艾，尤感欣喜欣慰）

2003年，中国植物生理学会学术年会暨成立40周年庆祝大会在杭州举行，傅家瑞作为广东省代表应邀参加会议。这次会议是中国植物生理学会的总结庆祝大会。对于傅家瑞来说，这也许是最后一次参会，因此也是自己从事植物生理学研究的总结大会。

傅家瑞正式退休后，他的弟子之一，已经调至中国科学院西双版纳热带

在云南澜沧江畔，傅家瑞与宋松泉（右）和姜孝成（左）的合影

植物园任职的宋松泉教授向恩师发出邀请。在他的协调下，中国科学院昆明植物研究所向傅家瑞发出讲学邀请。为了免去老师路途中的烦闷，宋松泉专门邀请同门师弟、湖南师范大学生命科学学院姜孝成教授与老师作伴。姜孝成欣然领命，专程从长沙赶到广州，陪同傅家瑞一起飞到西双版纳讲学。12月2日，他们先乘机抵昆明，然后再乘机抵达景洪。宋松泉从西双版纳前来景洪机场迎接。

傅家瑞（前排中）与西双版纳热带植物园宋松泉研究组的师生合影

3日，傅家瑞一行访问了昆明植物所，与西南野生生物种质资源库的有关人员进行了交流并参观了场址。在了解了项目可行性研究报告的主要内容和听取经理部人员对项目建设内容和规划方案的介绍之后，傅教授对项目的建设和将来的运行，尤其是种子生物学的研究提出了很有价值的建议。① 随后，傅家瑞到访西双版纳热带植物园，结识了不少年轻学者，也观察到了不少热带植物与热带风光。期间，傅家瑞应邀做了一次有关种子生物学的学术报告。

在西双版纳热带植物园中，奇花异木令人目不暇接。当傅家瑞看到一些有趣的热带植物上部长成椰子树模样而下部似酒瓶

在西双版纳热带植物园中，傅家瑞手抱热带植物酒瓶椰子的留影

---

① 参见《中山大学傅家瑞教授访问昆明植物所》，见中国科学院网（http://www.cas.cn/hzjl/gjjl/hzdt/200312/t200312051712150.shtml），2003年12月5日。

第十章　退休生活

时，情不自禁地用一只手抱着其中一棵，同行者迅速把这一镜头抢拍了下来。大家笑着说，傅老师一辈子喜欢植物，由此可见一斑。

傅家瑞在植物园里还看到了植物的"绞杀现象"。当一些小动物把榕树种子排泄到其他树木的枝丫或树皮裂隙中，这些种子在满足萌发条件后便会在此萌发，幼小的根像附生植物一样，随着榕树茎干的长大，它们的根相互交叉与融合，逐渐将附生树体包住、勒紧；当这些榕树逐渐成长时，它们的根茎将整个包住附生的树身，使附生植株营养亏缺而枯死，而这些榕树（绞杀者）最后便取而代之，成为独立的大树。在勐腊望天树景区，当他看到号称是世界第一高的中国第一条树冠走廊，不顾大家劝阻，也想试走一下，但走了一段感到摇摆太厉害，无法继续前进，只好望廊兴叹。

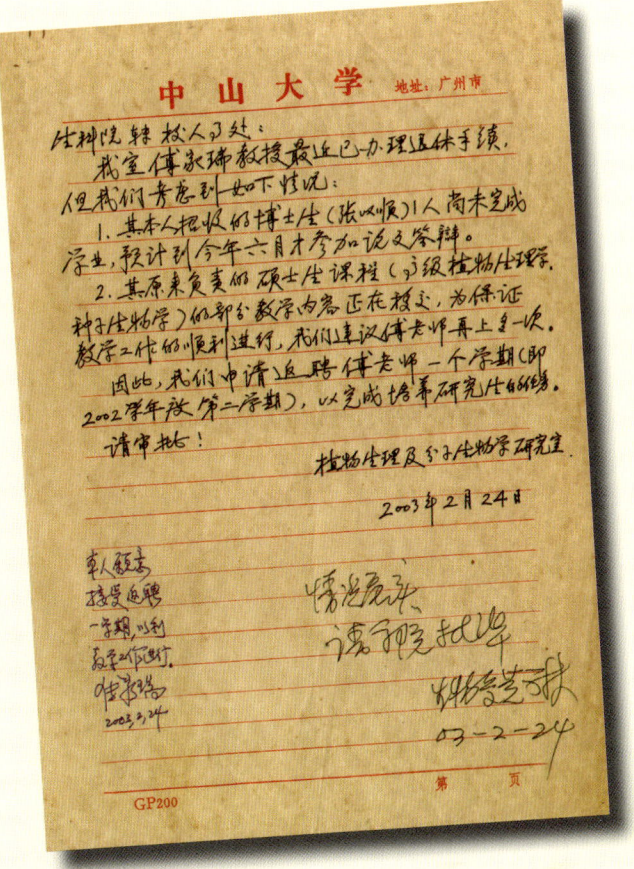

植物生理及分子生物学研究室提出返聘傅家瑞的申请报告

傅家瑞一行还参观了云南玉溪的红塔烟草公司等地。在宋松泉的安排下，傅家瑞结识了广州市华粤行仪器有限公司的曾先生等人，在他们的陪同下，参观了云南讲武堂和民族村。参观结束后，在曾先生的陪同下，傅家瑞乘机返回广州。

2003年2月24日，在傅家瑞刚刚办理退休手续后，植物生理及分子生物学研究室陈润政曾打报告给生命科学学院，申请返聘傅家瑞一个学期，一是继续指导其招收的博士生，二是使其原承担的高级植物生理学、种子生物学等课程的教学工作能顺利交接。傅家瑞欣然应允，报告也得到生物科学与技术系主任黄学林的认同。然而，考虑到此时傅家瑞已是近80岁高龄的长者，基于年龄因素，生命科学学院婉言拒绝了这一申请。这种人文关怀，自古有之，《论语》即有言，"老者安之"，已为含饴弄孙之龄，不宜再度辛劳。生命科学学院对傅家瑞的关心可谓体贴入微。

金婚之禧

2003年7月,傅家瑞从云南返穗不久,便迎来与梁承懿结婚50周年的金婚之禧。

《诗经》中《邶风·击鼓》有云,"执子之手,与子偕老",演绎至今,已经成为夫妻恩爱和谐的象征。从当年的洞房花烛夜,到今天的儿孙满堂,傅家瑞和梁承懿花了50年时间演绎这种恩爱和谐。当年,他们赤绳系足,没有现在这样的浪漫,不会花前月下的卿卿我我,也没有能力采兰赠勺,更未拍那一本本绚丽动感的婚纱照,但是,他们即使在掣襟露肘、饭糗茹草时,也能共舞朝阳、相扶风雨,"俱飞蛱蝶元相逐,并蒂芙蓉本自双"。他们一起走过了人生无数的沟沟坎坎,夫妻感情历久弥坚。

在全国各地的亲戚们来了,两个儿子都阖家从美国赶回来了,大家相聚一堂。妹夫邵耀中特意为傅家瑞拍了一张全家福。女儿全家则在广州,全心全意地照顾着父母。在孩子们看来,"何曾寸草报春晖,琴剑天涯负彩衣"。不管住得有多远,不管工作有多忙,都要回家与父母团聚,为父母祝福。

次子傅庆农,在回国的飞机上精心准备了一首藏头诗,庆贺父母金婚,以感谢父母的养育之恩:

傅家瑞与梁承懿金婚照

第十章　退休生活

傅家瑞与梁承懿金婚大喜之日,妹夫邵耀中拍摄的全家福

贺父母金婚

大学热恋岭南留,
家成傅梁共一舟。
同心懿行经风雨,
庆辈养育承品优。
金瑞年华儿孙乐,
婚姻半百情深柔。
志铭典范互敬谅,
喜悦平安爱恒久。

　　这首藏头诗,如果把每句诗的首字连起来就是:"大家同庆金婚志喜",诗中还含有父亲傅家瑞和母亲梁承懿的名字。全诗内容反映了父母几十年经风历雨,而鸾凤和鸣依旧,很有深意。

　　2003年12月,傅庆军代表姐弟三人写了一首长诗,送给父母,深情地回忆了父母给予他们的关心和爱护,对父母50年燕侣莺俦、风雨同舟的恩爱之情做了全面的总结:

    献给我们的父母

我常想,
我来到这个世界要比别人幸福。
也许人们会问:
你是否生在富贵之家?
非也。
只因为有一双非常好的父母!
是他们给了我姐弟们,
一个十分和谐温馨的家,
一个让我们健康成长的家。

在父母金婚纪念的日子里,
整理我纷纷繁繁的记忆,
心中充满爱和敬意。
他们虽无显赫的地位,
也没有过多的财产,
可高尚的情操、伟大的品格,
智慧的头脑、宽阔的胸怀,
以及为社会作出的贡献,
却使我们精神财富富甲满载。
父母——我们心中的英雄,
爱的代词。

自小时起,
从父母的榜样和教诲中,
不仅学会生活的能力,
而且懂得很多人生的道理:
做人要正直、善良、勤奋;
顺境不可傲,逆境不气馁;
卑贱者前不傲慢,尊贵者前不自卑;
人生最大的价值莫过于对他人,
乃至社会的付出;

物质之外，有着人生更美好的追求……
莫小看这精神的给予，
它能使人不论是艰难困苦，
还是飞黄腾达，
都乐观、开朗、坚忍、上进，
幸福感始终伴随着自己。

毫不夸张地说，
在我们姐弟人生的旅途中，
父母给予的财富远非金钱所能比，
他们人生榜样的感召力远非名利可以替，
他们对子女的教育远非许多父母所能及。
半个世纪的风雨同舟，
五十年的金婚之旅，
我们的父母，
始终相敬如宾、恩爱如初，
堪称我们的楷模！
藉此大喜之日，
表达我们心中的爱和深深的祝福！

老骥伏枥志在千里

"苍龙日暮还行雨，老树春深更著花。"退休后，傅家瑞虽然已过古稀之年，但是依然活跃在教学、科研与服务岗位上。

2003年11月6日，傅家瑞被韶关学院邀请参加"第一届红三角区域经济文化学术研讨会"暨"农业生物地球化学与富含有机态微量元素新食品全国研讨会"，作为著名老专家，继续发挥余热。

退休十年来，傅家瑞继续为多种科学期刊审稿，总计审了100多篇，这些期刊包括《林业科学》、《植物学报》、《植物生理学报》、《园艺学报》、《作物学报》及《热带亚热带植物学报》等16种。退休之初，每年接到的审稿函有十多份，近几年才渐减。这些刊物中，以《林业科学》的审稿为最多、持续时间最长。到2012年，由于傅家瑞患腰椎间盘突出，外加椎管狭窄引起了腰腿痛，走动不便，而且神经上也受到压抑，要认真阅读及审核论文感到很费劲，因此在评阅了2013年的最后一份稿件后便向《林业科学》及其他期刊编辑部请辞，从此彻底离开了科学研究领域。

"第一届红三角区域经济文化学术研讨会"暨"农业生物地球化学与富含有机态微量元素新食品全国研讨会"与会人员合影（前排左5为傅家瑞）

广州欧美同学会每年都会举行一些活动，作为留美学者，傅家瑞曾多次应邀参加。在2005年春节，傅家瑞和华立中、韩德聪等人一起参加了该会举行的春茗联谊活动。

欧美同学会本质是校友聚会，其实，傅家瑞的心中更为惦记另一群校友：超社社友和岭大校友，那都是他连舆并席的密友，而且大

傅家瑞（后排左2）参加广州欧美同学会春茗联谊活动时的留影（摄于2005年）

家一脉同气，同声共音。退休后，他有了更多服务岭大校友工作的时间。

数十年在岭南大学及康乐园里生活、学习、工作，岭大是傅家瑞永远的心灵家园。他将为岭大校友服务看成是自己的本职工作之一，毕竟他住在康乐园里，有捧毂推轮之便，只要把薪助火，就能助力岭南（大学）学院及中山大学校友工作的开展。他尽可能抽出时间来为岭大校友做一些工作，尤其是在被推举为超社广州校友联系人之后。

1988年，正值岭南大学建校100周年纪念，全体岭南人齐集广州康乐庆祝。傅家瑞所在超社的社友也回母校团聚，傅家瑞则尽地主之谊，倒屣相迎，解衣推食，令社友们都有宾至如归之感。

第十章　退休生活

傅家瑞（右9）与参加岭南大学建校100周年纪念大会的岭大校友在梁銶琚堂前的合影

在纪念岭南大学建校100周年时，曾是岭南大学附属小学同学的八位超社社友在中国大饭店合影留念（右2为傅家瑞）

童年时代在康乐岭南大学附属小学读书的同级同学，均属超社成员，当年他们同居一个屋檐下，后来经过数十年的人生历程，分散在世界各地，难得欢叙。只要有机会，傅家瑞便会组织聚会，让超社成员得以一聚，有的社友还专程从美国赶回来。但即便是岭南大学百年纪念这样的"大日子"，能够返校的超社社友也仅有八人。到了2012年，在广州生活的超社社友仅剩下傅家瑞等五人了。

2000年10月，在傅家瑞等人的东挢西扯下，超社社友组织了一次华东五市游，即到南京、无锡、苏州、杭州及上海旅游。香港及广州的社友都集中到广州，一起出发，而在其他各地的社友则分别在适当的地点加入。抵达南京时，社友郑汉业也加了进来，大家便一同到中山陵合影留念。

超社社友在南京中山陵前合影留念（前排右1为傅家瑞）（虽都已是70多岁的老人，但却个个神采飞扬）

这次旅游，队伍中有五位是岭南大学农学院的同学，他们都是当时农艺系或园艺系的学生，难得一叙。

当时，也有一些不是超社成员的岭南大学同学参加超社活动，有的校友看到超社活动比较活跃，甚至也称自己是超社的一分子。在上海参观金茂大厦时，傅家瑞便和同行的岭南大学师兄崔兆鼎夫妇合影留念。岭南一家亲，傅家瑞恨不得有更多的岭南大学校友能在一起组织活动。

在南京中山陵前，傅家瑞和四位来自岭南大学农学院的超社社友的合影（两位是农艺系同学，三位是园艺系同学，傅家瑞笑称是"超社农佬"聚会）

第十章 退休生活

2002年是超社社友毕业离校55周年,傅家瑞与社友聚会以表纪念。组织者别出心裁地给每位参加活动的社友赶制了一件社服,穿上社服的老同学年轻了很多,好像回到了那个以红灰为特征的岭南大学时代。

"触物兴怀言不尽,春来非是爱吟诗。"虽然岁月无情催人老,这些校友都已经是"奔八"的老人了,但是江山有意留人在,他们都健康地迈进了新世纪,迎接新生活。

2006年,中山大学岭南(大学)学院董事会举行教育奖金颁发会,邀请傅家瑞等岭南大学老校友作为颁奖嘉宾。颁奖后合影时,颁奖者与受奖者交错站立,让傅家瑞感受到了代代相传和生生不息的岭南人在不断演绎着百年岭南精神。

傅家瑞夫妇(右1、左1)和学长崔兆鼎夫妇(右2、左2)在金茂大厦前的合影

在超社社友毕业离校55周年庆典时,全体社友身穿新发的社服合影(中排右7为傅家瑞)

在岭南（大学）学院颁发教育奖励金时的合影（右8为傅家瑞）

2007年是超社社友毕业离校60周年，全球社友集中在香港，举行了盛大庆祝叙会。在广州的社友傅家瑞、陈福如也赴港参加。活动安排得丰富多彩。第一天游览迪斯尼乐园，晚宴后，社友们聚集在一起，兴高采烈地拍摄了很多生活照。第二天白天，社友集体到香港岭南大学参加庆祝大会。晚上，社友们在酒店举行宴会时，还有不少来宾应邀出席，包括香港岭南大学的校领导和校友。其中一项活动是祝酒，超社的14位社友代表超社向全体参加活动的校友祝酒，傅家瑞特意代表广州社友向大家表达了祝福。

超社社友在香港聚会时的合影（中排右2为傅家瑞）

第十章　退休生活

在香港岭南大学校园内，社友们手持超社社旗合影（中排左4为傅家瑞）

傅家瑞（左3）等超社代表向参加宴会的全体校友献上祝福

　　傅家瑞在赴港前已患咳嗽，在港经过两天的劳累，到了第二天晚上便发现健康状况不佳。翌日早餐时，在香港的妹妹傅福仪前来看望，原本他是想在大会所安排的自由活动时间与在港的亲属一叙，但妹妹发现傅家瑞健康状况不妙，正好此时李玉珍学长从家里来酒店看望各社友，知情后便立刻安排人员购买车票让傅家瑞提前返穗休息。傅福仪也即时陪同返回广州，在广州火车站由在广州的女婿林峰陪同回家，后经多天的吊针治疗才得以恢复健康。可惜的是，这次庆祝活动他未能全程参加！

　　在广州的超社社友原有十余位，可是随着时光的消逝，人数渐减。有的是逝去，也有的是外迁。多年来，在广州的超社社友一直坚持每两个月举行一次叙会，并且为70岁、80岁或90岁的社友庆祝寿辰。梁子超、李文俊、徐炳荣、陈福如等人先后在这种聚会中度过了自己的70岁、80岁，甚至是90岁寿辰。

近几年，参加祝寿会的社友有所减少。由于年事已高，家人越来越不放心他们单独出来活动，每次聚会时，都会有家人陪同，这让聚会热闹了不少，成了老中青几代人的聚会。2011年，香港社友伍沾德、李玉珍邀请广州社友到新开张的翠园午叙进餐，除广州的社友外，还有从香港过来的其他社友。广州的社友多数都是年老体弱，要有个伴同行，因此便增加了一些年轻的同志，还有些是社嫂。伍沾德和李玉珍高兴起来，还要和傅家瑞及其女儿和孙女合照，于是便留下了一张很有意义的照片。

傅家瑞（前排右3）与广州及香港超社社友在广州翠园午膳时的留影（摄于2011年）

傅家瑞（前排右3）参加岭南（大学）学院校友会活动时的留影（摄于2011年4月12日）

颐养天年

有个好身体，才能安享晚年。在老伴的鼓励下，傅家瑞学起了太极拳。早在20世纪60年代，中山大学体育教研室在郭刁萍教授的领导下，曾聘请武术界的知名拳师傅永辉来校教习太极拳，傅家瑞一向对武术感兴趣，也报名参加了太极拳班。其后虽因郭教授去世，太极拳班在开办数年后停办，但傅家瑞仍然坚持练习太极拳。到了90年代，学校离退休处专门为退休人员开设了太极拳班，继续请体育教研室的老师教习，傅家瑞又兴致勃勃地报名参加。

中山大学离退休协会的太极拳学习班在西大球场练习时的留影（前排左2为傅家瑞）

傅家瑞还常常练习太极剑，拳剑互练，令老人身体硬朗、神清气爽，颇如李郢在《上裴晋公》一诗中对唐相裴度的描述："四朝忧国鬓如丝，龙马精神海鹤姿。"

退休后，傅家瑞从康乐园迁往校外，因老伴住所在越秀区第二军休所内，他便参加了军休所举办的太极拳班的活动。他的到来受到了其他学员的热烈欢迎！及至后来，因傅家瑞年纪渐大，早上起床时状态不佳、不宜参加集体活动，只好改为个人在适当时间进行太极拳运动，一直坚持至今。

除了练习太极拳和太极剑，傅家瑞还报名参加了在广州军区老干部大学举行的诗词学习班，每周一上午到学校学习，也颇有乐趣。有一次，他看见校内贴出征稿布告，为《中国五老丛书》[1]征稿。傅家瑞因为刚获得中大颁发的卓越服务奖，产生了动力，便也积极报名参加征稿。经过一段时间的努力，终于写出初稿，再交由女儿傅庆军修改补充后定稿，题为"做一颗孕育森林的种子——教学育人五十五载"，后被丛书收录。他还写了一些诗词，投到《中大老园丁》及《常春诗刊》，前者是中山大学离退休协会所办的刊物，后者则是广州军区老干部大学的刊物。这些文章延续了傅家瑞的写作风格，"中通外直，不蔓不枝"。以下抄录的分别是发表在两本刊物的两首诗：

亚运会开幕式后记[2]

历史篇章今日看，
亚洲百姓竞欢欣。
风帆招展人几跃，
花炮升腾圣火奔。
热舞群众排两岸，
盛装彩艇走江心。
交流竞赛增情谊，
举国健身喜刷新。

国庆六十载[3]

建国艰辛六十春，
开发改革日超新。
经济建设齐推进，
社会和谐共喜欣。

---

[1] 五老：老干部、老战士、老教师、老模范、老专家。
[2] 傅家瑞：《亚运会开幕式后记》，载《常春诗刊》2011年第225期。
[3] 傅家瑞：《国庆六十载》，载《中大老园丁》2009年第6期。

弟子之情，也让桑榆暮景的傅家瑞深感天伦之乐。在参加教学工作的初期，教学任务是面向本科生，那时不但要上课，还要常与学生一同参加社会活动，如"四清"活动、下乡劳动、三结合科研等等。因此，傅家瑞与多个班级的学生建立了密切的师生情谊。

此后，多个年级的学生在回校聚会时，都会邀请曾给他们授课的老师参加。傅家瑞执教生涯跨越半个世纪，成为大家相邀的对象，他也因此参加过多次学生聚会。

相比本科生，研究生与傅家瑞的联系更加紧密。他们都是傅家瑞言传身教的受益者。古

傅家瑞在1960届本科生毕业50周年大庆会上应邀发言，向这些多年为国家和社会作出贡献的同学们表达自己的心意（摄于2010年）

傅家瑞与1954届本科生在庆祝毕业50周年时的合影（前排左6为傅家瑞。摄于2004年11月13日）

人云："一日为师，终身为父。"傅家瑞像慈父一般的教诲，使他们终生受益。因此，每逢傅家瑞寿辰，他们都会自发组织庆祝活动，答谢师恩，感召来者，"卓彼文靖公，早立程门雪"。

第一次庆祝活动是从1995年开始的，这一年正值傅家瑞70岁寿辰。

在弟子们的祝福中，傅家瑞和梁承懿在他70岁寿辰庆祝会上乐得合不拢嘴

这种庆祝活动，不仅仅是祝寿，更多的是学子们与老师探讨交流合作，互相关心帮助。聚会时家属也会参加。有所追求、懂得感恩，这种亲情和友情就这样在聚会中流淌。进入新世纪后，庆祝活动轮流有组织地安排，每年一两位，甚至多位毕业研究生做东，以免产生经济负担。2000年，留校任职的几位研究生——黄学林、陈润政、黄上志、张以顺等人组织了一次叙会，地点就选在中大。参加聚会的弟子有十多位，绝大部分是广州的，也有从珠海来的。此次活动由大师兄黄学林教授牵头。此后，在华南农业大学工

在华南农业大学举行师生联谊活动时的合影（前排左5为傅家瑞。摄于2001年）

第十章　退休生活

在珠海市举行师生联谊活动时的合影（中排左4为傅家瑞。摄于2002年）

作的王晓峰博士、珠海市园艺研究所工作的金剑平博士、华南理工大学工作的杨晓泉博士等人分别承办了聚会活动。

到了2002年，联谊活动的队伍有所壮大，研究生的家属和孩子们也参加了联谊，亲情和友情在三代人中开始传递。

2004年11月7日，由生命科学学院主办的庆

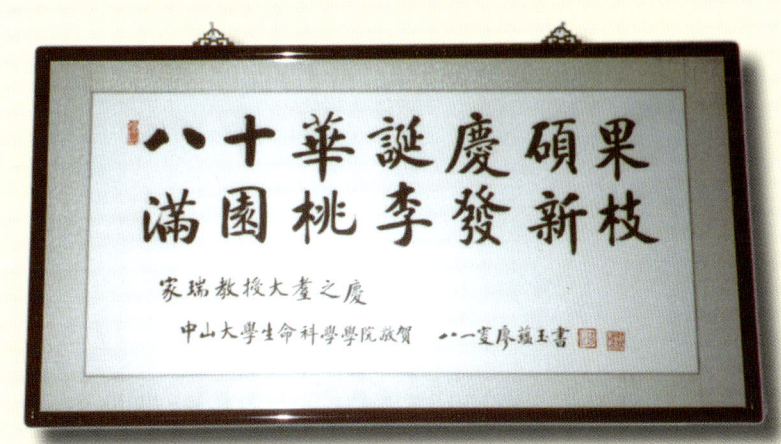

中山大学生命科学学院赠送给傅家瑞80华诞的庆祝条幅（由著名书法家廖蕴玉亲书）

祝傅家瑞八十华诞暨种子科学学术报告会在贺丹青堂举行。参加者除学院的师生外，还有很多兄弟院校的教师及学者们，接到通知的外地亲友也有不少前来，共有近180人参加了庆典。

庆祝会上，院长徐安龙教授代表生命科学学院致词，广东省植物生理学会理事长黄学林教授、广东省植物学会副理事长叶创兴教授、香港校友许霖庆教授、华南农业大学生命科学学院副院长王晓峰教授等人分别代表广东省植物生理学会等单位和个人致词，中国科学院昆明植物研究所和中国西南野生生物种资源库等单位发来了贺电及贺信。

中国科学院华南植物研究所郭俊彦、林植芳、吴七根、刘鸿先等人赠送的庆祝牌匾（上书"学术高师，德行模范"，精辟地概括了傅家瑞的人生）

参加傅家瑞八十华诞庆祝活动的亲属与傅家瑞（前排左4）在生命科学学院贺丹青堂前的合影

第十章 退休生活

庆祝傅家瑞（前排右11）八十华诞暨种子科学学术报告会全体嘉宾的合影

学术报告会由弟子黄学林主持，陈润政、黄上志、宋松泉和杨晓泉分别做了主题报告。为配合此次盛会的召开，黄上志、宋松泉编著了《种子科学研究回顾与展望》一书，总结了傅家瑞领导的科研集体长期以来的工作。

在这次庆祝大会上，经过弟子们提议，傅家瑞动员家人，捐资十万元人民币设立"傅家瑞植物科学奖学基金"。2009年，傅家瑞又再次向基金捐款三万元，弟子们也都或多或少地表达了心意，合捐三万元。总计16万元人民币的基金至今已为几十名研究生颁发了奖学金，扶掖后学，同时他们又继续在植物生理学研

《种子科学研究回顾与展望》封面

究领域不断耕耘着。在傅家瑞和弟子们的希冀中,基金的每一位获得者,都应该像一颗生命力顽强的山楂树,春来枝繁叶茂,秋去红果满枝,根深何求沃土,酸甜自在心底。

此后,生命科学学院领导及傅家瑞的弟子又多次组织庆祝、聚会活动,师恩如同江水,流淌不息。

傅家瑞为2011年度"傅家瑞植物科学奖学基金"获奖者颁奖(2011年11月12日摄于贺丹青堂)

师生在清远参加联谊会时的合影(后排右5为傅家瑞。摄于2006年6月)

第十章　退休生活

师生到番禺大夫山举行联谊会时的合影（前排左4为傅家瑞。摄于2007年11月）

卓越服务奖

2009年11月10日，中山大学举行了第一届卓越服务奖授予仪式。卓越服务奖是用来奖励那些与学校休戚与共，参与并见证了中山大学光荣历史，并为学校发展服务达到30年的教职员工，旨在传承中山大学的优良办学传统，弘扬立足本职、爱岗敬业的职业精神。授予仪式安排在每年校庆期间。[①]

第一次获得卓越服务奖的老师都是在中山大学工作满50年的健在的老教授。全校获奖的教师仅有15位，其中生命科学学院有傅家瑞、张宏达、廖翔华和林浩然。15位奖项得主，除了林浩然因为是院士依然在工作岗位上以外，其余人均已退休。他们有的红颜白发，有的白头蹒跚，都是耆寿耇老，都是中山大学稀世之珍、宝贵财富。

典礼由中共中山大学党委书记郑德涛和校长黄达人共同主持，并轮流向获奖者颁授获奖证书，向傅家瑞授奖的是郑德涛书记。仪式十分隆重，1000多名师生、来宾和获奖者的亲属参加了大会。

① 参见中山大学新闻中心《向逾50年的忠诚与辛劳敬礼——第一届中山大学卓越服务奖颁奖仪式隆重举行》，载《中山大学报》（新）2009年11月10日第212期。

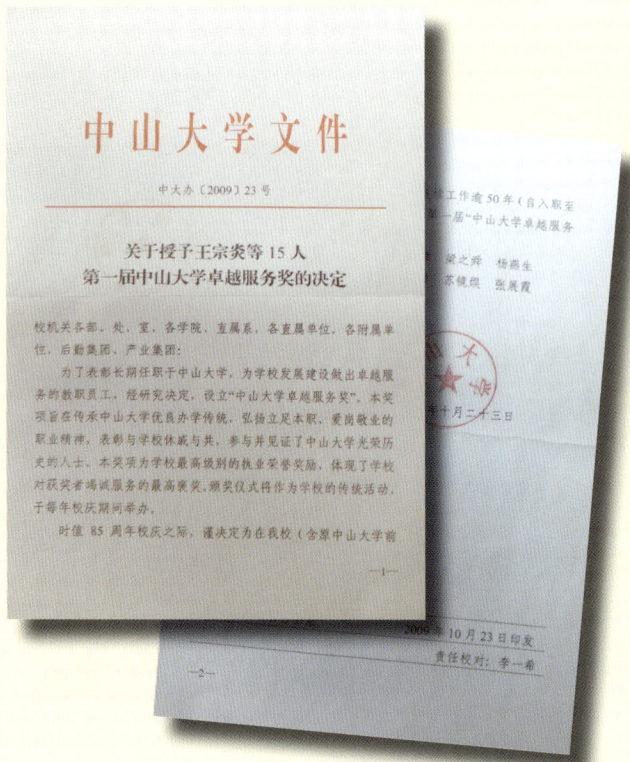

中山大学授予第一届卓越服务奖的文件

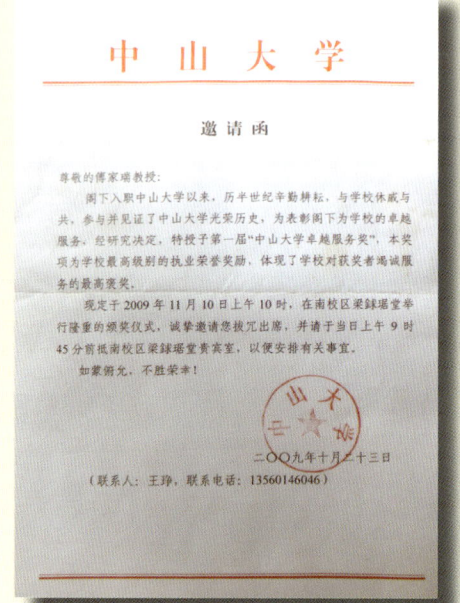

中山大学邀请傅家瑞参加第一届卓越服务奖颁奖典礼的邀请函

郑德涛书记向傅家瑞颁发卓越服务奖奖牌

第十章 退休生活

在颁奖典礼结束后,傅家瑞接受《新快报》记者和《中山大学报》记者的联合采访

见惯了大场面的傅家瑞事前并不知道今天的颁奖会议安排得如此隆重,因此没有邀请亲属等有关的人一起助庆,只是一些关系密切的同事在场,这从他本人只穿便装领奖的照片便可以看出。不过,这也反映出,傅家瑞一辈子风风雨雨,淡看世间荣辱的大家风范。

傅家瑞在回顾自己的一生时感慨道:"虽经历坎坷磨难,却也桃李满枝;虽然没什么丰功伟绩,但也问心无愧。作为一位人民教师,深愿自己能倾一生心血培育人才,能看着他们成长,最大的心愿和幸福莫过于看到自己的学生踏着自己的双肩,去攀登更高的山峰,当他们有了成绩和喜悦的时候与自己分享!"

傅家瑞荣获中山大学卓越服务奖的奖牌

曾子曰："士不可以不弘毅，任重而道远。"傅家瑞早已把自己当成"士"，他主动担当着弘扬科学、为国育才的使命。他为着使命和责任前仆后继，不管道路有多遥远，不管前途有多坎坷，总是不计功名、不计得失、不求彪炳，而他年高德劭、时望所尊的人生历程却是留芳于世。

附录

附录1　傅家瑞主持的各类基金项目[①]

序号	起止时间	基金来源	项目名称	资助金额
1	1984年1月—1986年12月	国家自然科学基金	种子劣变生理及应用渗透调节法进行修复的理论研究	7万元（人民币）
2	1987年1月—1989年12月	国家自然科学基金	种子活力变化中膜的修复与非计划DNA合成研究	3万元（人民币）
3	1988年9月—1990年12月	国家教委博士点项目基金	种子活力变化中膜的修复和蛋白质变化的研究	4万元（人民币）
4	1988—1991年	国际植物遗传资源委员会（IBPGR）资助	Research in storage concerning genetic conservation of mango, lychee and longan seeds and their excised embryos	2.85万美元
5	1989年1月—1991年12月	国家自然科学基金	四种顽拗性种子和遗传资源保存的生理研究	3万元（人民币）
6	1991年1月—1993年12月	国家自然科学基金	种子活力的形成与贮藏蛋白质消长变化的规律	3万元（人民币）
7	1992年1月—1993年12月	国家教委博士点项目基金	种子活力差异与贮藏蛋白质积累和降解的关系	3.3万元（人民币）
8	1992年1月—1994年12月	国家自然科学基金	顽拗性种子劣变机理及其离体胚轴脱水贮藏的研究	3.6万元（人民币）
9	1994年9月—1997年8月	广东省自然科学基金	种子成熟和脱水过程中特异蛋白的功能及其合成调控机理	7万元（人民币）
10	1994年9月—1997年8月	国家教委博士点项目基金	种子发育和引发中LEA蛋白与耐干性的关系	3.4万元（人民币）
11	1994—1996年	国际植物遗传资源委员会（IBPGR）资助	芒果种质超低温保存	1万美元
12	1995年1月—1997年12月	国家自然科学基金	种子耐脱水性及机理研究	8万元（人民币）
13	1996年10月—1999年9月	广东省自然科学基金	种子质量及其提高的生理生化及分子基础研究	7万元（人民币）
14	1999年1月—2001年12月	广东省自然科学基金	种子成熟脱水的调节及顽拗性种子耐脱水性的提高	8万元（人民币）

[①] 附录1至附录9的内容参考了《傅家瑞教授种子科学研究50年》一文（黄上志、林晓东撰写，见黄上志、宋松泉主编《种子科学研究回顾与展望》，广东科技出版社2004年版，第170～188页），本书略有删补。

附录2 傅家瑞到中国香港、澳门及国外参加学术交流与国际会议的情况

出访时间	出访地点	活动内容
1981—1982年	美国加州大学戴维斯分校	访问学者
1984年9月	香港大学	科研合作
1985年12月	香港中文大学	科研合作
1986年7月	澳大利亚布里斯班	参加第21届国际种子检验协会年会及学术研讨会
1986年3月	澳门东亚大学	讲学
1988年6月	英国伦敦Kew植物园	参加国际植物遗传资源委员会（IBPGR）召开的顽拗性种子贮藏国际学术研讨会
1989年6月	英国爱丁堡	参加第22届国际种子检验协会年会及学术研讨会
1989年8月	美国威廉斯堡	参加第三届国际种子学术研讨会
1990年5月	香港理工大学	讲学
1991年5—6月	美国康奈尔大学	访问学者
1992年7月	法国昂热	参加第四届国际种子学术研讨会
1992年10月	阿根廷布宜诺斯艾利斯	参加第23届国际种子检验协会年会及学术研讨会
1992年11月	巴西圣保罗大学农学院	讲学
1994年1月	南非德班	参加国际种子及植物营养体脱水耐性与敏感性学术研讨会
1994年9月	香港科技大学研究中心	科研合作
1995年9月	英国曼彻斯特大学，Kew植物园，国际园艺研究所	访问
1995年9月	英国雷丁大学	参加第五届国际种子学术研讨会
1998年10月	马来西亚吉隆坡	参加国际顽拗性种子学术研讨会
1998年10月	新加坡国立大学	讲学
1999年1月	墨西哥梅里达	参加第六届国际种子生物学研讨会
1999年2月	美国先锋种子公司	交流及作学术报告

附录3 傅家瑞课题组获得的各类科技进步奖

序号	年度	获奖级别	项目名称	主要完成人
1	1998	广东省高校科技进步三等奖	荔枝、龙眼、芒果和黄皮等种子的发育与脱水敏感性研究	傅家瑞、宋松泉、彭业芳、姜孝成、王晓峰、陈润政
2	1997	国家教育委员会科技进步二等奖	花生种子活力形成和劣变与贮藏蛋白和膜的完整性的关系	傅家瑞、黄上志、李卓杰、陈润政、黄丽萍、周晓强、林鹿、宾金华、黄学林、李黄金
3	1995	国家教育委员会科技进步三等奖	顽拗性种子脱水敏感性及其贮藏生理研究	傅家瑞、宋松泉、王晓峰、夏清华、陈润政、张北壮、黄学林、姜孝成、陈俊松
4	1995	云南省科技进步奖	琪桐种子休眠原因研究	陈坤荣、傅家瑞、陈润政、文方德、李卓杰
5	1994	广东省高校科技进步三等奖	花生种子活力与贮藏蛋白积累和降解的关系	黄上志、傅家瑞、宾金华、李黄金
6	1993	国家教委科技进步三等奖	应用等电聚焦电泳预测杂交水稻种子纯度的技术	李卓杰、傅家瑞
7	1992	广东省高校科技进步二等奖	花生种子萌发早期的生理生化及超微结构研究	傅家瑞、李卓杰、陈光仪、黄丽萍、张北壮、陈润政
8	1991	对外经济贸易部科技进步二等奖	种子年产度检验技术研究	傅家瑞、陈润政、张北壮、林英霞、张卫红
9	1991	广东省科技进步三等奖	种子年产度检验技术研究	傅家瑞、陈润政、张北壮、林英霞、张卫红
10	1991	广东省高校科技进步三等奖	几种顽拗性种子脱水与贮藏生理研究	傅家瑞、张北壮、王晓峰、陈光仪、黄学林、乔原珍
11	1986	广东省高校科技进步二等奖	《种子生理》专著	傅家瑞
12	1987	广东省高校科技进步二等奖	花生种子劣变中超微结构研究	傅家瑞、李卓杰、蔡东燕、陈润政
13	1984	广东省高校科技进步三等奖	种子活力的生理生化研究	傅家瑞、陈光仪、陈润政、张北壮、黄上志

上述奖项，其中第二项和第八项获得了国家教育委员会科技进步二等奖与国家经贸部科技进步二等奖，这两项成果的主要内容为：

一、花生种子活力形成和劣变与贮藏蛋白和膜的完整性的关系（国家教育委员会科技进步二等奖）

在这项研究成果中，傅家瑞在国内外领先提出以种子发育和萌发中合成和降解贮藏蛋白质的能力来反映种子活力的形成和变化。贮藏蛋白在发育中合成积累与活力形成同步，而在萌发时降解贮藏蛋白质的主要肽链内切酶在发育中形成，并随种子成熟而提高。劣变种子贮藏蛋白质的合成与降解均减少，ABA维持和促进花生胚贮藏蛋白质合成和积累的作用表现在转录水平上。细胞膜脂肪酸不饱和指数及与膜结合的多种酶系统均随膜伤害而下降。种子活力下降，胚轴DNA合成延迟，合成水平降低，在萌发前期出现明显的非按期DNA的合成，并确定劣变种子存在修复与复制两个过程。以膜的完整性为先驱，DNA合成能力为基础来认识种子的劣变与修复。

"花生种子活力形成和劣变与贮藏蛋白质和膜的完整性的关系"1997年获得国家教育委员会科技进步二等奖

二、种子年产度检验技术研究（对外经济贸易部科技进步二等奖）

"种子年产度检验技术研究"是1987—1989年傅家瑞与广东省粮油进出口公司合作研究的课题，已发表研究论文四篇。研究成果已通过国家教育委员会组织的鉴定。鉴定意见指出:"种子年产度检验技术研究,是生产实践急需解决的课题。作者已筛选出合适检验芝麻、绿豆和大豆种子年产度的方法,经广东省粮油进出口公司验证,简单可行,适合基层检验部门推广使用。其中挥发性醛法在国内属首次报道,并有所创新,填补了我国种子检验在这方面的空白。"

"种子年产度检验技术研究"1991年4月获得对外经济贸易部科技进步二等奖

附录4 傅家瑞指导的硕士研究生及完成的学位论文

序号	姓名	论文题目	完成年份	协作教师
1	黄学林	乙烯生物合成与种子萌发	1982	
2	陈润政	格木种子休眠生理的研究	1982	
3	刘志穗	花生种子活力、荚果发育与乙烯的代谢和调节	1985	
4	吕小红	聚乙二醇渗透调节提高花生种子活力的研究	1985	
5	黄上志	杂交水稻种子易于劣变的原因及其合理贮藏方法的研究	1985	
6	宾金华	优质水稻和常规稻籽粒发育及贮藏中的一些生理生化研究	1986	
7	郑晓红	花生种子萌发过程中胚轴内一些生理生化的研究	1986	
8	肖 平	花生荚果发育和种子萌发过程中乙烯代谢及其生理作用初探	1986	
9	袁小丽	钙和多胺提高花生种子活力及其生理生化研究	1986	
10	王俊美	木菠萝种子生活力的贮藏研究	1988	
11	杨英杰	老化花生种子吸收过程胚轴内生物大分子合成的特点以及PEG渗调和多胺的作用	1988	
12	许学锋	浸种溶质渗漏机理的研究及用电导测定种子活力的评价	1988	
13	黄丽萍	不同活力花生种子萌发早期的生理生化及膜损伤修复的研究	1989	
14	乔原珍	荔枝和龙眼种子脱水和贮藏生理的研究	1989	
15	周晓强	花生种子萌发早期胚轴非按期DNA合成的性质及与种子活力相关性的研究	1990	
16	唐林凤	木菠萝种子贮藏及脱水研究	1990	
17	夏清华	荔枝和龙眼种子及其胚轴的脱水与贮藏生理研究	1991	
18	李黄金	花生种子萌发时贮藏蛋白质的动员及其与种子活力的关系	1991	
19	梁卫文	光敏核不育杂交水稻种子贮藏以及活力检验的研究	1992	
20	张宏伟	大叶相思、马占相思体外植株再生的研究	1993	黄学林
21	潘继柏	杂交水稻种子纯度检测探讨	1993	李卓杰
22	黄祥富	苦瓜种子活力的研究	1994	
23	沈 芸	卷荚相思的植株再生及其研究	1994	黄学林
24	黎 茵	花生种子贮藏蛋白的组成及其在品种间差异的研究	1994	黄上志
25	梁永恒	芒果种子低温保存研究	1998	黄上志

附录5 傅家瑞负责为国家选拔保送到中国香港或国外攻读博士学位的学生名单

序号	姓名	前往国家或地区	保送年份	备 注
1	徐安龙	美国	1986	
2	蔡宇平	美国	1986	
3	李春平	香港	1986	1989年前往美国
4	梁 爽	法国	1986	

傅家瑞与已回国创业、时任中山大学生命科学学院生物化学系主任徐安龙的合影（摄于1998年）

附录6 傅家瑞指导的博士研究生及完成的学位论文

序号	姓名	论文题目	完成年份	协作教师
1	黄上志	花生种子的贮藏蛋白质与活力的关系	1990	
2	王晓峰	芒果种子的顽拗性及其贮藏的研究	1992	
3	宋松泉	顽拗性种子生理行为的研究	1992	
4	彭业芳	荔枝和龙眼种子发育及脱水劣变的生理与超微结构研究	1993	
5	宾金华	花生种子内肽酶和贮藏蛋白降解研究	1993	
6	金剑平	黄皮种子顽拗性的研究	1994	
7	林 鹿	ABA对花生种子发育的调节作用	1994	
8	姜孝成	黄皮种子脱水敏感性及其生理研究	1995	
9	杨晓泉	花生种子耐脱水能力的研究	1995	
10	潘晓华	两系杂交水稻N315/P40改变库/源比与生育后期施肥的生理生化效应研究	1995	王永锐
11	唐建军	属间远缘杂交新型水稻生理特性研究	1995	王永锐
12	陆旺金	黄皮胚轴的超低温保存及种子不耐脱水的机理	1996	
13	石和平	物理转化技术的建立在植物基因工程中的应用	1996	李宝健
14	文方德	花生种子蛋白酶抑制剂及其与脱水耐性及活力的关系研究	1997	
15	王 艳	种子脱水敏感性的一些生理和分子基础研究	1997	
16	向 旭	黄皮种子脱水敏感性及自由基伤害机理研究	1997	
17	汤学军	莲子长寿命的生理生化机制	1998	黄上志
18	芦春斌	花生种子贮藏蛋白的研究	1998	黄上志
19	刘 军	不同活力玉米种子的蛋白代谢与抗逆性	1998	黄上志
20	段咏新	杂交水稻离体叶片衰老的机制及钙调节	1998	宋松泉
21	何生根	豇豆（*Vigna unguiculata*）多胺氧化酶的研究	1998	黄学林
22	余迪求	水杨酸在马铃薯系统获得抗病性建立的分子作用和信号传导	1998	李宝健
23	蒋跃明	荔枝果实采后果皮褐变的研究	1999	

（续上表）

序号	姓名	论文题目	完成年份	协作教师
24	黄雪梅	黄皮胚轴脱水耐性诱导及种质资源保存研究	2000	宋松泉
25	黄祥富	萌发中水稻胚和幼苗的热激蛋白生物合成与抗冷性研究	2000	黄上志
26	林晓东	玉米种子发育过程中热激蛋白的合成	2000	黄上志
27	伍贤进	种子脱水耐性及其保护性反应研究	2002	宋松泉
28	彭光天	九种紫金牛属植物的组织培养和愈伤组织中岩白菜素的形成	2002	黄上志
29	张以顺	荔枝胚胎败育的生理机制及相关基因克隆	2003	黄上志

傅家瑞与弟子联谊时的合影（摄于1999年7月11日）

傅家瑞与弟子在清新县联谊时的合影（摄于2003年）

傅家瑞和弟子在从化联谊时的合影（摄于2009年4月26日）

附录7 傅家瑞指导的博士后研究人员及完成的论文

序号	姓名	进站时间（年）	论文题目
1	范国强	1991	花生种子老化与蛋白质变化关系的研究
2	何军贤	1993	顽拗性黄皮种子发育过程中脱水敏感性
3	刘 箭	1994	低分子量热激蛋白在种子中的表达特征
4	乔爱民	1996	蔬菜种子（豇豆、菜心）老化的RAPD研究

傅家瑞与博士后研究人员何军贤在一起讨论问题（摄于1995年）

附录 8　傅家瑞论著简介

1．中国农业科学院花生研究所主编：《花生栽培》，傅家瑞、马魁武、尹光德等执笔，上海：上海科学技术出版社 1963 年版。

全书分 13 章，分别介绍我国花生在国民经济中的作用，我国花生的分布和产区划分以及生物学基础，并按生产顺序论述了花生的品种、栽培制度、土壤耕作、施肥、播种、合理密植、中耕及灌溉、植保、收获贮藏。主编单位为中国农业科学院花生研究所。

2．傅家瑞著：《种子生理》，北京：科学出版社 1985 年版。

种子生活历程既是植物个体发育的一个特定阶段，又可以单独完成整个生活史。由于它本身的代谢特点以及它与环境的相互作用较整体植物更容易控制与研究，因此，以种子为研究对象可以较好地揭示生物学一般性理论问题和基本规律。全书从生理生化角度论述了种子的形成、萌发、后熟生理、休眠、寿命与贮藏等生命过程。

3．徐是雄、唐锡华、傅家瑞著：《种子生理的研究进展》，广州：中山大学出版社 1987 年版。

全书分五章，分别介绍有关种子发育、种子活力、种子休眠、种子萌发以及调控种子休眠和萌发的物质等几个方面的最新研究成果；内容涉及种子生理的各个领域，并结合作者的工作对某些问题进行了较深入的讨论。本书内容对研究禾谷类种子、林木种子以及活力、种子休眠、种子萌发等种子生理问题的读者有一定的参考价值。

4．傅家瑞编著：《种子生理》，北京：农业出版社 1992 年版。

本书为科普类的图书，就种子的发育、贮藏、休眠以及萌发的生理进行了科学讲解，方便实践人员采取适当措施获得播种质量高的种子。

5．Fu J R & Khan A A．Advances in the Science and Technology of Seeds．北京：科学出版社，1992．

该书出版于第一届种子科学与技术国际会议（ICSST，杭州，1990 年）之后。其主要内容包括了以下几方面的研究新进展：种子发育的大分子物质的变化，热带种子的生理生化，激素调控种子休眠机制，顽拗性种子贮藏特性，作物的雄性不育系，种质保存，等等。

6．陆定志、傅家瑞、宋松泉编著：《植物衰老及其调控》，北京：中国农业出版社 1997 年版。

傅家瑞和宋松泉合作完成本书的第四章"种子衰老"，内容包括种子衰老与种子生活力和活力的关系、种子衰老时的形态和超微结构变化等。

7．陈润政、黄上志、宋松泉、傅家瑞编著：《植物生理学》，广州：中山大学出版社 1998 年版。

该书在1994年9月以补充教材的形式由中山大学印刷使用。"为适应教学改革需要，根据学校重点课程建设要求，我们正在编写《植物生理学》新教材。现将已编写好的几章汇编成册，作为补充教材供学生试用。"①

经过一段时间试用，该书在1998年1月正式出版。该书为高等院校植物生理学课程教材，分12章，包括植物细胞、呼吸作用、光合作用、水分生理、植物的矿物营养、有机物的韧皮部运输、植物生长物质等。其中，傅家瑞负责撰写绪论、第八章种子生理、第十章成花生理。

8. 傅家瑞、宋松泉著：《顽拗性种子生物学》，北京：中国科学文化出版社2004年版。

该书由沈允钢院士作序，从顽拗性种子的发育及其脱水敏感性、种质保存、提高顽拗性种子耐脱水性的途径等方面对顽拗性种子进行了较为全面的论述。全书引用了大量国内外研究文献，结合作者及其研究小组多年的研究工作，对顽拗性种子生物学进行了系统的总结和评论，以期促进更多研究人员投身于该领域的研究。

《植物生理学》（补充教材）的封面

正式出版的《植物生理学》教材的封面

---

① 《扉页》，见傅家瑞、陈润政、黄上志、宋松泉《植物生理学》（补充教材），中山大学1994年9月印刷。

附录9 傅家瑞论文简录

1. 傅家瑞．广州菱的研究和栽培概况．Journal of Integrative Plant Biology（《植物学报》英文版），1954，3（1）：55-80．

2. 傅家瑞．小麦发育生理试验．植物生理学通讯，1955（3）：75-76．

3. 于志忱，傅家瑞，李宝健．亚麻哈系384品种的光照阶段分析的初步报告．中山大学学报：社会科学版，1956（2）：107-127．

4. 傅家瑞．藕和菱．生物学通报，1956（6）：28-32．

5. 傅家瑞．光照长度对落花生的营养生长及开花结实的作用初步报告．中山大学学报：自然科学版，1957（1）：146-165．

6. 傅家瑞．大薸（水浮莲）种子是需光种子．科学通报，1957（19）：590-591．

7. 傅家瑞．光照长度对水稻（短种）结实器官形成的作用．科学通报，1957（19）：589-590．

8. 傅家瑞．光、温度、氧及贮藏方法对大薸（水浮莲）种子萌发的影响．科学通报，1958（12）：377-378．

9. 于志忱，傅家瑞，何国梁．光照长度是黄麻开花的主导因子．科学通报，1958（22）：699-700．

10. 傅家瑞．芝麻光照阶段发育的初步研究．农业学报，1959，10（3）：177-188．

11. 傅家瑞．光照长度对海岛棉发育的影响初步报告．中山大学学报：自然科学版，1959（4）：76-91．

12. 于志忱，傅家瑞，何国梁，陈小彭．黄麻早花的研究．中山大学学报：自然科学版，1961（1）：37-52．

13. 傅家瑞．水浮莲（大薸）种子休眠特性及其贮藏和萌发条件的研究．中山大学学报：自然科学版，1961（2）：53-67．

14. 何荣，邵水鳌，傅家瑞，何国藩．花生生长发育过程研究．中山大学学报：自然科学版，1961（4）：60-69．

15. 傅家瑞．花生结荚问题的研究——1．光照长度对花生开花结荚的影响．中山大学学报：自然科学版，1962（1）：45-49．

16. 傅家瑞，范培昌．水浮莲种子中的抑制物质与感旋光性休眠．中山大学学报：自然科学版，1963（3）：126-129．

17. 傅家瑞，邹韵霞．黄麻光周期诱导的一些特性．中山大学学报：自然科学版，1963（3）：129-132．

18. 傅家瑞．水浮莲种子的休眠贮藏和萌发的特性//广东省植物学会论文集，

1964：1-12.

19. 于志忱，傅家瑞，何国梁，等. 光长对几种农作物生长发育的影响 // 广东省植物学会论文集. 1964：12-21.

20. 傅家瑞，何国梁，马炳章，邹韵霞，邓政寰. 花生结荚问题的研究——（二）不同光长对花生结荚特性的影响. 中山大学学报：自然科学版，1964（1）：73-88.

21. 傅家瑞，丘泉发，梁意昭，王永锐. 光周期对黄麻吸收与累积32P的影响初步研究. 中山大学学报：自然科学版，1964（2）：239-247.

22. 傅家瑞，邹韵霞. 黄麻光周期诱导及短暂光效应. 植物生理学报，1964，1（增刊）：265-271.

23. 马炳章，陈小彭，何国梁，傅家瑞. 花生结荚问题的研究——（三）. 不同光长对花生茎、叶的全氮量、总糖量及过氧化氢酶活性的变化的影响. 中山大学学报：自然科学版，1964（3）：384-394.

24. 傅家瑞，范培昌. 水浮莲种子中的发芽抑制物质与感旋光性休眠. 植物生理学报，1965，2（2）：143-150.

25. 范培昌，傅家瑞，萧耀文，等. 光周期诱导对黄麻叶片呼吸的影响初步报告. 植物生理学报，1966，3（3）：159-164.

26. 王永锐，傅家瑞. 水稻"科字六号"生理性状研究及其在广东的利用. 中山大学学报：自然科学版，1974（3）：84-98.

27. 傅家瑞，王永锐. 广东省水稻生产应用"920"（赤霉素）植物激素的概述. 中山大学学报：自然科学版，1974（3）：74-83.

28. 傅家瑞. 植物激素在种子休眠中的调节作用. 中山大学学报：自然科学版，1974（3）：99-106.

29. 傅家瑞. 增产灵、增产素及苯氧乙酸在水稻生产中的应用. 中山大学学报：自然科学版，1977（2）：37-46.

30. 傅家瑞. 开花生理的研究概述. 中山大学学报：自然科学版，1978（3）：94-101.

31. 傅家瑞. 水稻高产生理的几个问题. 广东农业科学，1979（2）：28-32.

32. 傅家瑞，战秀清，丘泉发，陈舜华，刘振声，张北壮，余康，杨舜娟. 乙基伐灭磷的合成及对水稻生理过程的作用和增产效果. 中山大学学报：自然科学版，1979（2）：77-83.

33. 傅家瑞，丘泉发，刘振声，陈舜华，李藻发，周治发，刘建中. 应用^{125}I、^{14}C标记化合物研究4-碘苯氧乙酸（增产灵）在水稻上的吸收、运转和积累过程. 植物生理学报，1979，5（4）：353-362.

34. 于志忱，傅家瑞. 黄麻开花生理研究 // 中山大学自然科学论文选（1955—1978）. 1979：223-233.

35. 傅家瑞. 开花物质在开花诱导中的作用. 生物科学动态, 1980 (1): 27-33.

36. 傅家瑞, 李卓杰, 张志宇, 等. 花生种子活力的研究 (摘要). 花生科技, 1980 (2): 23-24.

37. 傅家瑞. 关于种子活力的问题. 植物生理学通讯, 1980 (4): 13-17.

38. 傅家瑞. 种子萌发的奥秘. 植物杂志, 1980 (5): 35-37.

39. 傅家瑞. 种子活力与植物激素. 中山大学学报: 自然科学版, 1981 (2): 99-105.

40. 刘振声, 傅家瑞. ^{14}C 标记在花生中的运转与积累的研究. Journal of Integrative Plant Biology (《植物学报》英文版), 1981, 23 (2): 116-121.

41. 刘振声, 傅家瑞. 利用 ^{14}C 标记 B_9 研究其在花生中的残留及降解动态. 中国农业科学, 1981 (5): 71-77.

42. 刘振声, 傅家瑞. ^{14}C 标记 B_9 在花生中的分布和残留降解的研究. 中山大学学报: 自然科学版, 1981 (1): 109-116.

43. 傅家瑞. 种子活力与植物激素. 中山大学学报: 自然科学版, 1981 (2): 99-105.

44. 刘振声, 傅家瑞. 用显微放射自显影技术对 ^{14}C 标记 B_9 在花生各器官中分布与积累的研究. 植物生理学报, 1981, 7 (1): 19-26.

45. 傅家瑞. 植物光敏素. 植物生理生化进展, 1982 (1): 31-47.

46. 陈光仪, 傅家瑞. 花生种子的活力与电导率的关系. 种子, 1983 (3): 16-20.

47. 傅家瑞, 李卓杰, 刘振声, 等. 寒露风危害晚稻的生理研究 II. 低温弱光对晚稻体内 ^{14}C 及 ^{32}P 标记化合物代谢及一些同工酶的影响, 中山大学学报: 自然科学版, 1983 (1): 12-18.

48. 傅家瑞, 蔡东燕, 张北壮. 渗透调节法对几种作物种子萌发的促进效应. 中山大学学报: 自然科学版, 1983 (2): 139-140.

49. 傅家瑞, 李卓杰, 蔡东燕. 花生种子劣变中超微结构的研究. 植物生理学报, 1983, 9 (1): 93-101.

50. 傅家瑞, 伦润年. 植物开花与光周期诱导. 广东园林, 1983 (1): 37-38.

51. 黄学林, 傅家瑞. 花生种子活力与乙烯释放. 中山大学学报: 自然科学版, 1983 (4): 17-26.

52. Fu J R (傅家瑞), Yang S F (杨祥发). Release of heat pretreatment-induced dormancy in lettuce seeds by ethylene or cytokinin in relation to the production of ethylene and the synthesis of 1-aminocyclopropane-1-carboxylic acid during germination. J Plant Growth Regulation, 1983 (2): 185-192.

53. Hoffman N E, Fu J R (傅家瑞), Yang S F (杨祥发). Identification and metabolism of 1-(malonylamino) cyclopropane-carboxylic acid in germinating peanut seeds. Plant

Physiol, 1983, 71 (1): 197-199.

54. 陈润政, 傅家瑞. 格木种子休眠和萌发生理的研究. 林业科学, 1984, 20 (1): 35-41.

55. 傅家瑞. 种子的活力及其生理生化基础. 种子, 1984 (3): 1-6.

56. 傅家瑞. 花生种子和荚果中的自由态和结合态ACC. 植物生理学报, 1984, 10 (2): 181-184.

57. 傅家瑞, 刘振声, 蔡东燕, 李卓杰. 渗透调节法处理花生种子对提高活力和核酸代谢的影响. 中山大学学报: 自然科学版, 1984 (1): 33-39.

58. 徐是雄, 陈润政, 李文仪, 傅家瑞. 劣变花生种子三磷酸腺苷酶和酸性磷酸酶的细胞化学研究. 中山大学学报: 自然科学版, 1984 (3): 124-127.

59. 陈光仪, 傅家瑞. PEG处理和种子的过氧化物含量的变化. 种子, 1985 (3): 1-3.

60. 傅家瑞. 乙烯与水浮莲(*Pistia stratiotes*)种子需旋光性休眠的关系. 植物生理学报, 1985, 11 (1): 58-65.

61. 傅家瑞, 李卓杰, 蔡东燕, 姚新尹, 陈荣光, 黄名华. 花生种子活力和田间生产性能的研究. 中山大学学报: 自然科学版, 1985 (1): 46-51.

62. 李文仪, 孙景欣, 傅家瑞. 中国水仙(*Narcissus tazetta L. var. Chinesis Roem*)开花生理研究——Ⅰ. 中国水仙的生物学特性及花芽分化的规律. 中山大学学报: 自然科学版, 1985 (1): 134-135.

63. 李卓杰, 傅家瑞. 人工老化对花生种子活力与乙烯释放的影响. 中国油料, 1985 (1): 33-35.

64. 徐是雄, 傅家瑞. 小麦种子萌发时盾片酸性磷酸酶的变化. 中山大学学报: 自然科学版, 1985 (4): 93-96.

65. 张北壮, 傅家瑞. 不同活力花生种子萌发中ICL活性的变化及渗透调节法对酶活性的影响. 中山大学学报: 自然科学版, 1985 (3): 98-103.

66. 陈光仪, 傅家瑞. 花生种子的劣变与过氧化作用. 中山大学学报: 自然科学版, 1986 (3): 69-75.

67. 陈润政, 蔡东燕, 傅家瑞. 花生种子生活力与呼吸强度及ATP含量的关系. 中国油料, 1986 (1): 46-48.

68. 傅家瑞, 蔡东燕. 应用PEG渗调提高大豆种子活力的研究. 作物学报, 1986, 12 (2): 133-138.

69. 傅家瑞, 李卓杰, 蔡东燕, 徐是雄. 甲醇老化处理对花生种子的胚根细胞超微结构的影响. 中山大学学报: 自然科学版, 1986 (4): 112-116.

70. 黄上志, 傅家瑞. 贮藏温度和相对湿度对杂交水稻种子耐藏性的影响. 植物生理学通讯, 1986 (6): 38-41.

71. 陈光仪，傅家瑞．花生种子劣变过程中一些酶活性的变化．植物学报，1987，29（2）：164-170.

72. 陈润政，蔡东燕，傅家瑞．不同活力花生种子ATP含量及PEG对它的影响．中山大学学报：自然科学版，1987（1）：117-120.

73. 陈润政，乔原珍，傅家瑞．春植和秋植留种花生种子活力的研究．种子，1987（2）：43-46.

74. 傅家瑞，吕小红，陈润政，等．PEG渗调处理对花生种子活力和某些生理生化过程的影响．中国油料，1987（3）：1-9.

75. 黄上志，傅家瑞．杂交水稻和不育系种子的劣变与生理生化变化．植物生理学报，1987，13（3）：229-235.

76. 郑小红，傅家瑞．低温预处理提高花生种子活力的生理生化研究．中山大学学报：自然科学版，1987（1）：21-29.

77. 宾金华，傅家瑞．不同贮存湿度对优质稻（民竹粘5号）米质影响的生理生化分析．种子，1988（1）：15-19.

78. 宾金华，傅家瑞．优质稻籽粒发育过程中直链淀粉含量和分支酶活性的变化．种子，1988（6）：16-18.

79. 傅家瑞．顽拗型种子的贮藏及种质资源保存问题．种子，1988（3）：51-53.

80. 李卓杰，傅家瑞．人工老化和聚乙二醇（PEG）对花生种子活力及乙烯释放的影响．种子，1988（5）：1-5.

81. 李卓杰，梁爽，傅家瑞．6-苯甲酰氨基嘌呤和6-呋喃甲酰氨基嘌呤的生物鉴定．中山大学学报：自然科学版，1988（4）：104-109.

82. Fu J R（傅家瑞），Lu X H（吕小红），Chen R Z（陈润政），Zhang B Z（张北壮），Liu Z S（刘志穗），Li Z J（李卓杰），Cai D Y（蔡东燕）．Osmoconditioning of peanut（Arachis hypogaea L.）seeds with PEG to improve vigour and some biochemical activities．Seed Sci. & Technol.，1988，16（1）：197-212.

83. 陈光仪，傅家瑞．几种顽拗型种子的劣变．植物生理学通讯，1989（3）：11-14.

84. 陈润政，周晓强，傅家瑞．不同贮藏湿度对红麻种子活力一些生理生化变化的影响．种子，1989（3）：5-7.

85. 黄学林，傅家瑞，孙景欣．海藻酸钠作为苜蓿种胚和贡柑体胚包裹胶囊的特性．中山大学学报论丛（18），1989，8（4）：99-105.

86. 李卓杰，陈润政，傅家瑞，陈坤荣．珙桐种子休眠和萌发中酸性磷酸酶同工酶的研究．西南林学院学报，1989，9（1）：8-13.

87. 张北壮，傅家瑞．几种热带亚热带果树"顽拗型"种子的贮藏研究．中山大学学报：自然科学版，1989，28（2）：92-95.

88. 张北壮, 陈润政, 傅家瑞. 种子年产度检验技术研究——Ⅰ. 不同年产度种子的发芽力和活力的变化. 种子, 1989（4）：7-10.

89. 陈润政, 张北壮, 夏清华, 傅家瑞. 种子年产度检验技术研究——Ⅱ. 种子的年产度及活力与挥发性醛产生量的关系. 种子, 1989（5）：1-4.

90. Fu J R（傅家瑞）, Zhang B Z（张北壮）, Wang X F（王晓峰）, Qiao Y Z（乔原珍）. Studies on desiccation and wet storage of four recalcitrant seeds. International symposium on Horticultural germplasm cultivated and wild. Beijing, China, 1988（5-9）：121-125.

91. 陈润政, 张北壮, 傅家瑞. 种子年产度检验技术研究——Ⅲ. 用几种速测法测定大豆种子的年产度和生活力. 种子, 1990（2）：1-3.

92. 陈润政, 张北壮, 夏清华, 傅家瑞. 种子萌发早期放出的挥发性醛的测定. 植物生理学通讯, 1990（3）：53-54.

93. 傅家瑞. 花生种子活力的生理生化基础. 花生科技, 1990（3）：1-4.

94. 李卓杰, 傅家瑞. 不同活力花生种子的扫描电镜观察和能谱分析. 中山大学学报论丛（21）, 1990, 9（2）：29-36.

95. 李卓杰, 傅家瑞. 用能谱分析花生种子胚根微区的元素变化及其与活动力的关系. 种子, 1990（4）：72-75.

96. 李卓杰, 丘志勇, 傅家瑞. 不同品种花生种子萌发中蛋白质和酸性酶的研究. 种子, 1990（2）：12-15.

97. 李卓杰, 袁小丽, 傅家瑞. 萌发花生种子中 CaM 含量变化与种子活力. 中山大学学报论丛（21）, 1990, 9（2）：37-41.

98. 吕小红, 傅家瑞. 聚乙二醇渗调处理提高花生种子活力和抗寒性. 中山大学学报：自然科学版, 1990（29）：63-70.

99. 王俊美, 傅家瑞. 木波罗种子萌发与贮藏研究. 中山大学学报论丛（21）, 1990, 9（2）：42-46.

100. 夏清华, 陈润政, 傅家瑞. 荔枝种子成熟前10天的生理变化简报. 植物生理学通讯, 1990（3）：37-38.

101. 许学锋, 傅家瑞. 甲醇胁迫对花生种子活力的影响. 中山大学学报论丛（21）, 1990, 9（2）：65-67.

102. 杨英杰, 傅家瑞, 刘振声. 萌发花生胚轴中蛋白质、RNA 和 DNA 合成及 PEG 渗调和多胺对其影响. 中国油料, 1990（2）：29-34.

103. 袁小丽, 傅家瑞, 李卓杰. $CaCl_2$ 和多胺对萌发花生种子乙烯释放和提高种子活力的影响. 中山大学学报：自然科学版, 1990, 29（4）：91-98.

104. 张北壮, 傅家瑞, 徐是雄. 25种农作物及蔬菜种子的超低温贮存研究. 中山大学学报：自然科学版, 1990（29）：115-121.

105. Fu J R（傅家瑞），Zhang B Z（张北壮），Wang X F（王晓峰），Qiao Y Z（乔原珍），Huang X L（黄学林）. Physiological studies on desiccation, wet storage and cryopreservation of recalcitrant seeds of three fruit species and their excised embryonic axes. Seed Sci. & Technol., 1990（18）：743-754.

106. 傅家瑞. 顽拗性种子. 植物生理学通讯，1991，27（6）：402-406.

107. 黄丽萍，傅家瑞. 花生种子萌发早期事件与活力的关系. 中山大学学报：自然科学版，1991，30（2）：98-105.

108. 黄丽萍，傅家瑞. 花生种子活力、ATPase 及 H^+ 分泌初探. 中山大学学报：自然科学版，1991，30（4）：100-106.

109. 李卓杰，傅家瑞. 光敏核不育杂交稻种子纯度的研究. 中山大学学报：自然科学版，1991，30（3）：126-130.

110. 李卓杰，傅家瑞. 光敏核不育杂交水稻 Ks-9/直龙的种子纯度鉴定. 种子，1991（3）：1-3.

111. 孙景欣，傅家瑞，黄学林，黄上志. 苜蓿（*Medicago sativa L.*）体胚发生及成苗的研究——Ⅰ. 增加健康体胚数量及提高其成苗率. 中山大学学报：自然科学版，1991，30（2）：106-112.

112. 王晓峰，傅家瑞. 芒果种子的脱水与贮藏研究. 植物学报，1991，33（2）：118-123.

113. 王晓峰，傅家瑞. 芒果果实及种子的发育和成熟特性. 植物生理学通讯，1991，27（2）：112-113.

114. 黄上志，傅家瑞. 花生种子的发育与贮藏蛋白质合成和积累. 植物生理学报，1992，18（2）：142-150.

115. 黄上志，傅家瑞. 花生种子贮藏蛋白质与活力的关系及其在萌发时的降解模式. 植物学报，1992，34（7）：543-550.

116. 黄上志，傅家瑞. 花生种子的贮藏蛋白质. 花生科技，1992（2）：1-6.

117. 黄上志，傅家瑞，孙景欣，陈润政. 苜蓿（*Medicago sativa L.*）体细胞胚发生与成苗研究（Ⅱ）人工种子贮藏与种植. 中山大学学报：自然科学版，1992，31（2）：86-92.

118. 黄上志，孙景欣，傅家瑞. 苜蓿体细胞胚发生与成苗研究（Ⅲ）脱落酸处理提高体细胞胚的质量. 中山大学学报论丛（29）. 1992：113-117.

119. 李卓杰，宾金华，傅家瑞. 甲醇老化对花生种子一些氧化酶活性的影响. 种子，1992（5）：1-4.

120. 李卓杰，刘蓉晖，曾晓东，傅家瑞. 不同品种花生种子萌发中蛋白质的研究. 中山大学学报论丛（29），1992：124-129.

121. 李卓杰，那红，傅家瑞. 萌发花生种子胚轴核酸的变化与种子活力. 中山大学学报论丛（29），1992：130-134.

122. 彭业芳，傅家瑞. 种子水分与脱落酸对种子发育的调节作用. 植物生理学通讯，1992，28（5）：387-392.

123. 宋松泉，傅家瑞. 荔枝种子脱水敏感性与组织褐变的关系. 中山大学学报：自然科学版，1992，31（2）：130-133.

124. 宋松泉，傅家瑞. 顽拗性种子低温敏感性与膜脂过氧化的研究. 中山大学学报论丛（29），1992：118-123.

125. 宋松泉，傅家瑞. 荔枝种子脱水敏感性与膜脂过氧化的研究. 科学通报，1992，37（5）：448-450.

126. 宋松泉，傅家瑞，黄皮种子脱水敏感性与萌发事件的研究. 华南植物学报（试刊），1992，(1)：48-52.

127. 宋松泉，傅家瑞，夏伟. 花生种子的人工老化与膜脂过氧化的研究. 中国油料，1992（3）：31-34.

128. 宋松泉，傅家瑞. 顽拗性种子脱水敏感性的奥秘. 种子，1992（3）：39-42.

129. 王晓峰，傅家瑞，黄惠玲. 芒果离体胚轴的植株再生. 中山大学学报：自然科学版，1992，31（1）：128-131.

130. 夏清华，陈润政，傅家瑞，荔枝和龙眼种子胚轴的脱水及贮存. 华南植物学报（试刊），1992（1）：40-47.

131. 周晓强，傅家瑞，花生种子萌发早期胚轴 DNA 合成与种子活力的关系. 植物生理学报，1992，18（4）：391-396.

132. Huang S Z（黄上志），Fu J R（傅家瑞）. Development of peanut seeds in relation to storage protein accumulation in cotyledons // Fu J R, Khan A A（eds）. Advances in The Science and Technology of Seeds. Beijing: Science Press，1992：16-22.

133. Fu J R（傅家瑞），Huang L P（黄丽萍），Yang Y J（杨英杰），Zhang B Z（张北壮），Xiao P（肖平）. 1992. The physiological and biochemical bases of peanut seed vigor and viability // Fu J R, Khan A A（eds）. Advances in The Science and Technology of Seeds. Beijing: Science Press, 1992：79-90.

134. Wang X F（王晓峰），Fu J R（傅家瑞）. Desiccation and storage of mango (*Mangifera indica*) seeds and excised embryonic axes // Fu J R, Khan A A（eds）. Advances in the Science and Technoloogy of Seeds. Beijing: Science Press，1992：121-127.

135. Chen K R（陈坤荣），Wen F D（文方德），Li Z J（李卓杰），Chen R Z（陈润政），Fu J R（傅家瑞）. Physiological studies on dormarcy of dovetree (*Davidia involucrate*) seeds // Fu J R, Khan A A（eds）. Advances in the Science and Technoloogy of Seeds. Beijing: Science Press，1992：231-238.

136. Song S Q（宋松泉），Fu J R（傅家瑞）. Studies on desiccation-sensitivity and peroxidation

of membrane lipids in lychee seeds. Chin Sci Bull, 1992, 37 (17): 1470-1473.

137. Xia Q H (夏清华), Chen R Z (陈润政), Fu J R (傅家瑞). Effects of desiccation, temperature and other factors on the germination of lychee (*Litchi chinensis Sonn.*) and longan (*Euphoria longan Steud.*) seed. Seed Sci. & Technol., 1992, 20 (1): 119-127.

138. Xia Q H (夏清华), Chen R Z (陈润政), Fu J R (傅家瑞). Moist storage of lychee (*Litchi chinensis Sonn.*) and longan (*Euphoria longan Steud.*) seed. Seed Sci. & Technol., 1992, 20 (2): 269-279.

139. 范国强, 傅家瑞, 陈润政. 花生种子老化相关蛋白质的初步研究. 热带亚热带植物学报, 1993, 1 (1): 53-57.

140. 黄上志, 宾金华, 林鹿, 傅家瑞. 不同成熟度花生胚萌发时子叶中贮藏蛋白质降解. 植物生理学报, 1993, 19 (3): 257-264.

141. 黄上志, 傅家瑞. 脱落酸对发育中花生胚萌发和贮藏蛋白质合成的影响. 植物生理学报, 1993, 19 (1): 31-37.

142. 李黄金, 黄上志, 傅家瑞. 花生种子活力与贮藏蛋白质降解的关系. 华南植物学报（试刊）, 1993 (2): 78-83.

143. 李卓杰, 宾金华, 傅家瑞. 甲醇老化对花生种子活力及乙烯释放的影响. 中国油料, 1993 (1): 33-36.

144. 林鹿, 傅家瑞. 植物种子发育过程中脱水、ABA 和抑制早萌及贮藏蛋白质合成的关系. 种子, 1993 (5): 31-33.

145. 林鹿, 金剑平, 傅家瑞. 渗调因素对离体花生胚的萌发、内源 ABA 含量及贮藏蛋白质合成与累积的影响. 植物生理学通讯, 1993, 29 (4): 270-272.

146. 宋松泉, 傅家瑞. 植物质膜 H^+-ATPase 的研究进展. 植物生理学通讯, 1993, 29 (2): 130-136.

147. 宋松泉, 傅家瑞. 木波罗种子脱水敏感性与膜脂过氧化的研究. 武汉植物学研究, 1993, 11 (4): 354-358.

148. 宋松泉, 傅家瑞. 黄皮种子萌发过程中的一些生理生化变化. 种子, 1993 (4): 1-3.

149. 唐林凤, 傅家瑞. 木波罗（*Artocarpus heterphyllus*）种子的湿藏研究. 中山大学学报: 自然科学版, 1993, 32 (2): 111-115.

150. 夏清华, 陈润政, 傅家瑞. 不同发育时期荔枝种子的生理研究. 中山大学学报: 自然科学版, 1993, 32 (1): 80-86.

151. 周晓强, 傅家瑞. 花生种子萌发早期胚轴细胞 DNA 合成的特点. 植物生理学报, 1993, 19 (1): 77-81.

152. Fu J R (傅家瑞), Huang S Z (黄上志), Li H J (李黄金). Seed vigour in relation to the synthesis and degradation of storage protein in peanut (*Arachis hypogaea L.*) seed //

Angers, France: Proceedings of the Fourth International Workshop on Seeds: Basic and applied aspects of seed biology, 1993 (2): 811-816.

153. Fu J R (傅家瑞), Xia Q H (夏清华), Tang L F (唐林凤). Effects of desiccation on excised embryonic axes of three recalcitrant seeds and studies on cryopreservation. Seed Sci. & Technol., 1993 (21): 85-95.

154. Huang S Z (黄上志), Bin J H (宾金华), Lin L (林鹿), Fu J R (傅家瑞). Degradation of storage proteins and formation of endopeptidases in precociously germinating peanut embryos // Fourth International Workshop on Seeds, Angers, France, 1993 (2): 345-350.

155. 傅家瑞. 花生种子萌发前期生理与提高种质的途径. 中山大学学报: 自然科学版, 1994, 33 (2): 115-122.

156. 黄学林, 李筱菊, 傅家瑞, 劳彩玲. Thidiazuron 对苜蓿愈伤组织的乙烯生成及其体细胞胚胎发生的影响. 植物生理学报, 1994, 20 (4): 367-372.

157. 金剑平, 傅家瑞, 姜孝成. 不同发育时期黄皮种子脱水敏感性的研究. 热带亚热带植物学报, 1994, 2 (2): 58-64.

158. 李卓杰, 夏伟, 傅家瑞. 不同活力花生种子蛋白质的研究. 中山大学学报: 自然科学版, 1994, 33 (3): 81-85.

159. 林鹿, 傅家瑞. 花生胚离体发育及渗调物质的影响. 热带亚热带植物学报, 1994, 2 (1): 58-63.

160. 林鹿, 傅家瑞. 花生种子 2S 蛋白. 花生科技, 1994 (3): 1-4.

161. 潘晓华, 王永锐, 傅家瑞. 水稻群体光合生产能力的强化及其调控. 生态科学, 1994 (1): 126-133.

162. 彭业芳, 傅家瑞. 荔枝和龙眼种子发育过程发芽率与脱水忍耐力变化. 种子, 1994 (3): 1-5.

163. 宋松泉, 傅家瑞, 陈润政. 顽拗性种子研究的进展. 植物学通报 (增刊), 1994 (11): 1-8.

164. 唐建军, 王永锐, 傅家瑞, 宋松泉. 属间远缘杂交水稻复合发芽特性研究初报. 种子, 1994 (2): 6-9.

165. 王晓峰, 傅家瑞. 氧气浓度对芒果种子贮藏寿命的影响. 种子, 1994 (1): 1-3.

166. 王晓峰, 傅家瑞. 芒果种子的发育和贮藏特性. 华南农业大学学报, 1994, 15 (2): 26-31.

167. 王晓峰, 傅家瑞. 芒果离体胚轴的脱水及贮藏研究. 华南农业大学学报, 1994, 15 (3): 88-92.

168. Fu J R (傅家瑞), Jin J P (金剑平), Peng Y F (彭业芳), Xia Q H (夏清华).

Desiccation tolerance in two species with recalcitrant seeds: *Clasena lansium* (Lourk). and *Litchi chinensis* (Sonn.). Seed Sci. Res., 1994, 4 (2): 257-261.

169. 宾金华, 傅家瑞. 不同活力花生种子子叶内肽酶活性及花生球蛋白的降解. 热带亚热带植物学报, 1995, 3 (3): 79-83.

170. 林鹿, 傅家瑞. 花生种子蛋白酶活性与种子活力的关系. 中国油料, 1995, 17 (3): 22-24.

171. 林鹿, 傅家瑞. 花生种子子叶和胚轴发育的差异性及活力的形成. 中国油料, 1995, 17 (2): 4-7.

172. 陈健, 宋松泉, 傅家瑞. 钙对玉米种子活力的作用. 种子, 1995 (1): 1-4.

173. 何军贤, 金剑平, 傅家瑞, 陈润政. 顽拗性黄皮种子的发育模式和脱水敏感性研究. 中山大学学报论丛, 1995 (1): 40-45.

174. 黄祥富, 傅家瑞, 宋松泉. 不同脱水方法对苦瓜种子活力影响的研究. 中山大学学报论丛, 1995 (1): 34-38.

175. 姜孝成, 傅家瑞. 脱水敏感的黄皮种子的贮藏特性与细胞膜特性变化的关系. 湖南师范大学学报 (增刊), 1995 (18): 137-140.

176. 姜孝成, 傅家瑞, 宋松泉, 黄胜琴. 种子的成熟脱水与耐脱水性. 植物生理学通讯, 1995, 31 (6): 457-463.

177. 金剑平, 林鹿, 傅家瑞. 黄皮种子发育中后期 ABA 含量的动态变化. 中山大学学报: 自然科学版, 1995, 34 (1): 130-132.

178. 林鹿, 傅家瑞. 发育中花生胚离体萌发和蛋白酶活性变化及脱落酸的影响. 中山大学学报: 自然科学版, 1995, 34 (2): 124-130.

179. 林鹿, 傅家瑞. 离体发育和萌发中花生种子不同部分内源 ABA 含量的变化. 热带亚热带植物学报, 1995, 3 (4): 61-66.

180. 彭业芳, 傅家瑞. 荔枝和龙眼种子发育过程中 ABA 含量及对外源 ABA 敏感性的变化. 植物生理学报, 1995, 21 (2): 159-165.

181. 彭业芳, 傅家瑞. 荔枝种子成熟后的萌发与超微结构观察研究. 科学通报, 1995, 40 (5): 450-452.

182. 宋松泉, 陈健, 傅家瑞. 钙提高玉米种子活力的作用研究. 热带亚热带植物学报, 1995, 3 (4): 56-60.

183. 宋松泉, 傅家瑞. 杂交水稻叶片衰老与膜脂过氧化作用的关系. 中山大学学报论丛, 1996, 35 (1): 15-19.

184. 宋松泉, 傅家瑞. 顽拗性种子的脱水敏感性与萌发的关系. 种子, 1995 (3): 3-7.

185. 宋松泉, 傅家瑞, 陈润政. 顽拗性种子的发育特性与脱水耐性. 种子, 1995 (2): 1-7.

186. 唐建军, 王永锐, 傅家瑞. 属间远缘杂交水稻乳熟期间茎鞘糖类贮藏物质含量的比较. 植物生理学通讯, 1995, 31 (3): 174-178.

187. 唐建军, 王永锐, 傅家瑞. 水稻对渍水稻田土壤缺氧胁迫的反应. 中国稻米, 1995 (1): 29-31.

188. 唐建军, 王永锐, 傅家瑞. 植物铁素营养的生理生态观. 生态科学, 1995 (1): 45-47.

189. 文方德, 李卓杰, 傅家瑞. 种子纯度鉴定技术进展及其评论. 种子, 1995 (5): 36-38.

190. 文方德, 李卓杰, 傅家瑞. 几种杂交蔬菜种子纯度鉴定指示同工酶的初步筛选. 种子, 1995 (5): 13-16.

191. 张宏伟, 黄学林, 傅家瑞, 杨民权, 陈传启. 大叶相思、马占相思腋芽培养和植株再生. 热带亚热带植物学报, 1995, 3 (3): 62-68.

192. Peng Y F (彭业芳), Fu J R (傅家瑞). Germination of lychee seeds after maturation and their ultrastructure observation. Chin Sci Bull, 1995, 40 (13): 1125-1128.

193. 宾金华, 沈芸, 傅家瑞. 脱落酸和抑制剂对萌发花生子叶肽链内切酶和花生球蛋白降解的影响. 热带亚热带植物学报, 1996, 4 (2): 63-71.

194. 宾金华, 沈芸, 傅家瑞. 萌发花生种子子叶肽链内切酶的纯化和性质. 热带亚热带植物学报, 1996, 4 (4): 66-73.

195. 陈俊松, 陈润政, 傅家瑞. 枇杷种子脱水敏感性的初步研究. 种子, 1996 (6): 1-3.

196. 陈润政, 张宏伟, 傅家瑞, 宋松泉. 水稻种子活力与挥发性醛关系的研究. 中山大学学报: 自然科学版, 1996, 35 (增刊2): 54-57.

197. 范国强, 傅家瑞. 花生种子老化与蛋白质变化关系的研究. 种子, 1996 (2): 6-8.

198. 范国强, 黄道发, 傅家瑞. 花生不同品种老化种子的蛋白质变化. 华北农学报, 1996, 11 (1): 133-134.

199. 傅家瑞, 黄上志, 李黄金. 花生种子贮藏蛋白的合成和降解与活力的关系 // 中国作物学术年会论文集. 北京: 中国农业科学出版社, 1996: 395-399.

200. 何军贤, 傅家瑞. 种子Lea蛋白的研究进展. 植物生理学通讯, 1996, 32 (4): 241-246.

201. 何军贤, 王艳, 傅家瑞. 用改进的十六烷基溴化铵法提取顽拗性种子DNA. 植物生理学通讯, 1996, 32 (3): 208-210.

202. 何生根, 黄学林, 傅家瑞. 满江红多胺氧化酶部分特性研究. 仲恺农业技术学院学报, 1996, 9 (2): 60-64.

203. 姜孝成, 傅家瑞, 黄胜琴. 黄皮种子发育过程脱水敏感性与细胞膜透性的关系. 植物学报, 1996, 38 (9): 725-729.

204. 姜孝成，杨晓泉，傅家瑞．汕优63种子中水分状况变化与种子生活力的关系研究．杂交水稻，1996（3）：29-31．

205. 姜孝成，杨晓泉，傅家瑞，何军贤．正常性种子和顽拗性种子中水分状态的差异．湖南师范大学学报，1996，19（3）：54-58．

206. 林鹿，傅家瑞．ABA对花生胚离体发育的调节．中国油料，1996，18（1）：4-7．

207. 林鹿，傅家瑞．花生种子贮藏蛋白质合成和积累与活力的关系．热带亚热带植物学报，1996，4（1）：57-60．

208. 林鹿，傅家瑞．花生种子内源ABA含量变化及其与活力的关系．植物学报，1996，38（3）：209-215．

209. 林鹿，傅家瑞．花生种子活力的形成．中山大学学报：自然科学版，1996，35（3）：23-27．

210. 林鹿，傅家瑞．渗调物质和Fluridone对离体花生胚蛋白合成的调节．植物生理学报，1996，22（4）：368-372．

211. 刘文华，陈润政，黄胜琴，傅家瑞．杂交西瓜种子贮藏生理的研究．中山大学学报：自然科学版，1996，35（增刊2）：82-86．

212. 潘晓华，王永锐，傅家瑞．水稻根系生长生理的研究进展．植物学通报，1996，13（2）：13-20．

213. 彭业芳，傅家瑞．荔枝和龙眼种子的脱水劣变与超微结构研究．中山大学学报论丛，1996（2）：144-148．

214. 宋松泉，傅家瑞．Ca对杂交水稻后期叶片衰老和谷产量的影响．中山大学学报：自然科学版，1996，35（4）：70-74．

215. 唐建军，王永锐，傅家瑞．属间远缘杂交水稻耐铁毒性研究．中山大学学报论丛，1996（2）：164-168．

216. 汤学军，傅家瑞．植物逆激蛋白的同源性及基因表达与调控．生命的化学，1996，16（5）：11-13．

217. 汤学军，傅家瑞，黄上志．决定种子寿命的生理机制研究进展．种子，1996（6）：29-32．

218. 王艳，何军贤，傅家瑞．花生种子高纯度DNA的提取．热带亚热带植物学报，1996，4（4）：91-93．

219. 何军贤，金剑平，傅家瑞．顽拗性黄皮种子发育过程中脱水敏感性、ABA水平和dehydrin蛋白的变化//张耀洲，吴天星．研究与探索——面向21世纪博士后论文集．上海：上海科学技术出版社，1997：26-30．

220. 宾金华，沈芸，傅家瑞．脱落酸和抑制剂对萌发花生子叶肽酶和花生球蛋白降解的影响//张耀洲，吴天星．研究与探索——面向21世纪博士后论文集．上海：上海科学技术出版社，1997：50-57.

221. 陈光仪，傅家瑞. 强迫休眠对几种顽拗性种子的贮藏效果. 种子，1997（3）：4-6.

222. 段咏新，傅庭治，傅家瑞. 硒在大蒜体内的生物富集及其抗氧化作用. 园艺学报，1997，24（4）：343-347.

223. 段咏新，宋松泉，傅家瑞. 钙在黄皮种子萌发中的作用. 种子，1997（2）：4-6.

224. 段咏新，宋松泉，傅家瑞. 钙对延缓杂交水稻叶片衰老的作用机理. 杂交水稻，1997，12（6）：23-25.

225. 何生根，黄学林，傅家瑞. 多胺氧化酶植物中分布初探. 仲恺农业技术学院学报，1997，10（2）：45-48.

226. 何生根，黄学林，傅家瑞. 部分植物中的多胺氧化酶活性. 植物生理学通讯，1997，33（6）：432-434.

227. 姜孝成，杨晓泉，傅家瑞. 脱水敏感的黄皮种子在发育中的可溶性蛋白变化. 植物生理学报，1997，23（4）：324-330.

228. 姜孝成，杨晓泉，金剑平，傅家瑞. 黄皮种子脱水敏感性与其水份状况的关系. 中山大学学报：自然科学版，1997，36（1）：64-68.

229. 姜孝成，金剑平，杨晓泉，傅家瑞. 用DSC法分析黄皮种子的贮藏特性和脱水敏感性. 生命科学研究，1997，1（1）：36-40.

230. 林鹿，傅家瑞. 发育和早萌中花生胚轴与子叶内BAPAase活性的差异. 植物生理学报，1997，23（1）：29-33.

231. 刘箭，傅家瑞. 低分子量热激蛋白在种子中的表达特征. 中山大学学报：自然科学版，1997，36（2）：14-17.

232. 刘军，黄上志，傅家瑞. 种子发育过程中特异性蛋白的结构及其基因表达与调控. 种子，1997（5）：43-46.

233. 陆旺金，傅家瑞. 黄皮胚轴耐脱水性的诱导. 中山大学学报：自然科学版，1997，36（4）：118-120.

234. 宋松泉，段咏新，傅家瑞. ABA对种子发育的调节. 种子，1997（5）：36-42.

235. 宋松泉，傅家瑞. 黄皮种子脱水敏感性与脂质过氧化作用. 植物生理学报，1997，23（2）：163-168.

236. 宋松泉，简伟军，傅家瑞. Cd^{2+}对玉米种子活力的影响及Ca^{2+}的拮抗作用. 应用与环境生物学报，1997，3（1）：1-5.

237. 宋松泉，傅家瑞. Ca^{2+}对叶绿体光还原活性的影响及与钙调素的关系. 武汉植物学研究，1997，15（1）：35-38，233.

238. 汤学军，傅家瑞．植物胚胎发育后期富集蛋白（LEA）研究进展．植物学通报，1997，14（1）：13-18.

239. 汤学军，傅家瑞，黄上志．人工老化对莲子活力及抗氧化能力的影响．中山大学学报：自然科学版，1997，36（增刊2）：1-4.

240. 向旭，傅家瑞．提高黄皮种子活力的途径．热带亚热带植物学报，1997，5（4）：39-44.

241. 文方德，傅家瑞．植物种子的蛋白酶抑制剂及其生理功能．植物生理学通讯，1997，33（1）：1-9.

242. 文方德，向旭，傅家瑞．花生种子发育过程中蛋白酶抑制剂的变化及其对脱水的反应．中山大学学报论丛，1997（2）：65-69.

243. 吴晓珍，傅家瑞．衬质渗调对菜心种子的引发效果．中山大学学报：自然科学版，1997，36（1）：69-73.

244. 吴晓珍，傅家瑞．不同贮藏条件和超干处理对芥兰种子活力的影响．热带亚热带植物学报，1997，5（3）：69-73.

245. 杨晓泉，傅家瑞．巴西橡胶树未受精胚珠培养时愈伤组织与胚状体的起源（简报）．热带亚热带植物学报，1997，5（4）：65-68.

246. 曾祥跃，陈润政，张施君，傅家瑞．节瓜种子超干贮藏研究．中山大学学报：自然科学版，1997，36（增刊2）：10-14.

247. 张宏伟，黄学林，傅家瑞．大叶相思体细胞胚胎发生的初步研究．中山大学学报：自然科学版，1997，36（1）：122-125.

248. 张施君，陈润政，李卓杰，傅家瑞，等．苦瓜和菜豆种子的超干燥贮藏研究．种子，1997（6）：3-5.

249. Fu J R（傅家瑞），Yang X Q（杨晓泉），Jiang X C（姜孝成），He J X（何军贤），Song S Q（宋松泉）. Heat stable protein and desiccation tolerance in recalcitrant and orthodox seeds // Ellis R H, Black M, Murdoch A J, Hong T D（eds）. Basic and applied aspects of seed biology, Proceedings of the Fifth International Workshop on Seeds. Reading: Kluwer Academic Publisher, 1997: 705-713.

250. 陈俊松，陈润政，傅家瑞．枇杷种子的萌发特性．种子，1998（6）：3-6.

251. 陈俊松，陈润政，傅家瑞．枇杷种子保湿贮藏的研究．中山大学学报论丛，1998（4）：11-14.

252. 陈玲，宋松泉，傅家瑞．西红柿种子萌发的高温耐性诱导．种子，1998（5）：10-12.

253. 段咏新，宋松泉，傅家瑞．种子从发育到萌发转变的调节机制．种子，1998（1）：40-42.

254. 段咏新，宋松泉，傅家瑞．钙对杂交水稻离体叶片衰老的影响．中山大学学报：自然科学版，1998，37（5）：83-87.

255. 何生根，黄学林，傅家瑞. 植物的多胺氧化酶. 植物生理学通讯，1998，34（3）：213-218.

256. 何生根，黄学林，傅家瑞. 花生种子萌发过程中胚轴多胺氧化酶的活性变化. 植物学通报，1998，15（5）：63-65.

257. 黄祥富，傅家瑞，黄上志. 种子脱水耐性的生理机制. 种子，1998（3）：33-37.

258. 黎茵，黄上志，傅家瑞. 不同品种花生种子蛋白质的电泳分析. 植物学报，1998，40（6）：534-541.

259. 姜孝成，杨晓泉，傅家瑞. 脱水敏感的黄皮种子在发育过程中的碳水化合物变化研究. 种子，1998（3）：1-4.

260. Jiang Y M（蒋跃明），Giora Zauberman，Yoram Fuchs，Fu J R（傅家瑞）. Analysis of lychee polyphenol oxidase activity under different conditions. 武汉植物学研究，1998，16（3）：207-212.

261. 刘箭，陆旺金，傅家瑞. 黄皮种子发育、萌动和脱水胁迫时蛋白的合成. 中山大学学报：自然科学版，1998，37（3）：128-130.

262. 陆旺金，傅家瑞. 顽拗性种子种质保存现状. 种子，1998，31（5）：37-40.

263. 陆旺金，金剑平，向旭，傅家瑞. 黄皮种子的保湿贮藏及胚轴的超低温保存. 华南农业大学学报，1998，19（1）：7-11.

264. 乔爱民，刘佩瑛，雷建军，黄学林，傅家瑞. Identification of Mustard（*Brassica juncea Coss.*）cultivars with RAPD markers. 中山大学学报：自然科学版，1998，37（2）：73-76.

265. 宋松泉，傅家瑞. 成熟脱水对种子发育和萌发的作用. 植物学通报，1998，15（2）：23-32.

266. 宋松泉，傅家瑞. 种子脱水耐性与保护性系统的关系. 种子，1998（6）：45-49，64.

267. 吴晓珍，傅家瑞. 不同贮藏条件和低水分处理对菜豆种子活力的影响. 种子，1998（4）：4-7.

268. 向旭，傅家瑞. 脱落酸应答基因的表达调控及其与逆境胁迫的关系. 植物学通报，1998，15（3）：11-16.

269. 杨晓泉，姜孝成，傅家瑞. 花生种子耐脱水力的获得与膜透性、水分状态的关系. 中山大学学报：自然科学版，1998，37（1）：78-82.

270. 杨晓泉，姜孝成，傅家瑞. 花生种子耐脱水性形成与可溶性糖积累的关系. 植物生理学报，1998，24（2）：165-170.

271. 杨晓泉，姜孝成，傅家瑞. 花生种子耐脱水力的获得与热稳定蛋白的关系. 植物学报，1998，40（4）：337-342.

272. 杨晓泉，张水华，黎茵，傅家瑞. 花生2S蛋白的提取分离及部分性质研究. 华南理工大学学报：自然科学版，1998，26（4）：1-5.

273. Fu J R（傅家瑞），Huang S H（黄上志），Yang X Q（杨晓泉），Wen F D（文方德）. Heat stable proteins associated with seed desiccation tolerance // Taylor A G，Huang X L（eds）. Progress in Seed Research，Connell University，1998：101-108.

274. Huang X M（黄雪梅），Fu J R（傅家瑞）. Involvement of putrescine in germination of rice seeds stimulated by GA // Taylor A G，Huang X L（eds）. Progress in Seed Research，Cornell University，1998：65-68.

275. Wang Y（王艳），Li S S（李韶山），He J X（何军贤），Fu J R（傅家瑞）. Protective enzymes against activated oxygen in recalcitrant wampee seeds during desiccation // Taylor A G，Huang X L（eds）. Progress in Seed Research，Cornell University，1997：147-152.

276. Jiang Y M（蒋跃明），Fu J R（傅家瑞）. Effect of postharvest treatment with N^6-benzyladenine on quality of litchi（*Litchi chinesis Sonn*，）fruit. Trop Sci.，1998，38（3）：161-164.

277. Jiang Y M（蒋跃明），Fu J R（傅家瑞）. Inhibition of polyphenol oxidaase and the browning control of litchi fruit by glutathione and citric acid. Food Chemistry，1998，62（1）：49-52.

278. Zeng X Y（曾祥跃），Chen R Z（陈润政），Fu J R（傅家瑞），Zhang X W（张学武）. The effects of water content during storage on physiological activity of cucumber seeds. Seed Sci. Res.，1998，8（suppl. 1）：65-68.

279. 陈俊松，陈润政，傅家瑞. 枇杷种子的脱水敏感性与膜脂过氧化作用. 植物生理学报，1999，25（4）：369-374.

280. 何生根，黄学林，傅家瑞. 豇豆幼叶多胺氧化酶和分离纯化. 中山大学学报：自然科学版，1999，38（5）：77-81.

281. 黄上志，王冬梅，芦春斌，傅家瑞. 萌发中花生胚轴的耐干性与热稳定蛋白. 植物生理学报，1999，25（2）：193-198.

282. 黄祥富，黄上志，傅家瑞. 植物热激蛋白的功能及其基因表达的调控. 植物学通报，1999，16（5）：530-536.

283. 黄雪梅，傅家瑞. 测定顽拗性种子或胚轴在连续脱水中含水量的简便方法. 种子，1999（5）：48.

284. 梁永恒，黄上志，傅家瑞. 植物种质资源的保存. 植物生理学通讯，1999，35（3）：244-250.

285. 刘军，黄上志，傅家瑞. 不同活力玉米种子萌发过程中蛋白质的变化. 热带亚热带植物学报，1999，7（1）：65-69.

286. 乔爱民，傅家瑞. 直接从人工老化的菜心种子中提取基因组 DNA 用于 RAPD 分析. 植物学通报, 1999, 16（6）: 1-5.

287. 乔爱民，傅家瑞，刘佩瑛. 分子标记在植物上的应用. 长江蔬菜, 1999（4）: 1-5.

288. 乔爱民，傅家瑞，吴九根. 不同年份采收的豇豆种子的 RAPD 研究. 仲恺农业技术学院学报, 1999, 12（1）: 26-29.

289. 宋松泉，陈玲，傅家瑞. 种子脱水耐性与 LEA 蛋白. 植物生理通讯, 1999, 35（5）: 424-432.

290. 宋松泉，陈玲，傅家瑞. 不同温度对甜菜种子吸胀过程中线粒体 CCO 和 MDH 活性的影响. 种子, 1999（4）: 6-8.

291. 伍贤进，刘胜贵，陈弄璋，傅家瑞. 黑莓在湖南的引种及果实的生理特性. 植物资源与环境, 1999, 8（2）: 49-52.

292. 向旭，文方德，傅家瑞. 氰化钾预处理对黄皮种子脱水敏感性的影响. 植物生理学报, 1999, 25（4）: 381-387.

293. 余迪求，岑川，李宝健，傅家瑞. 植物系统获得的抗病性和信号传导. 植物学报, 1999, 41（2）: 115-124.

294. Fu J R（傅家瑞），Xiang X（向旭），Song S Q（宋松泉），Jin J P（金剑平），Lu W J（陆旺金）. Desiccation tolerance of recalcitrant wampee seed associated with developmental status and its enhancing by pretreatments // Marzalina M, et al（eds）. Recalcitrant Seeds, Proceedings of IUFRO Seed symposium, 1998: 215-223.

295. Huang X F（黄祥富），Fu J R（傅家瑞），Jiang M L（蒋明兰）. Analysis of some physiological and biochemical activities during balsam pear seed development // Marzalina M, et al（eds）. Recalcitrant Seeds, Proceedings of IUFRO Seed symposium, 1998: 359-364.

296. Jiang Y M（蒋跃明），Fu J R（傅家瑞）. Postharvest browning of litchi fruit by water loss and its prevention by controlled atmosphere storage at high relative humidity. Lebensm. Wiss. u. Technol., 1999, 32（5）: 278-283.

297. Jiang Y M（蒋跃明），Fu J R（傅家瑞）. Purificatin of polyphenol oxidase and the browning control of litchi fruit by glutathione and citric acid. J. Sci. Food Agric., 1999, 79（7）: 950-954.

298. Jiang Y M（蒋跃明），Fu J R（傅家瑞）. Biochemical and physiological changes involved in browning of litchi fruit caused by water loss. Journal of Horticultural science & Biotechnology, 1999, 74（1）: 43-46.

299. Jiang Y M（蒋跃明），Fu J R（傅家瑞）. Ethylene regulation of fruit ripening molecular aspects. Plant Growth Regulation, 2000, 30（3）: 193-200.

300. Song S Q（宋松泉），Fu J R（傅家瑞）. Desiccation sensitivity and peroxidation

of membrance lipids in lychee seeds. Tropical Science, 1999, 39 (2): 102-106.

301. 宾金华, 傅家瑞. 去胚轴对花生子叶肽链内切酶和贮藏蛋白质降解的影响. 植物生理学报, 2000, 26 (6): 465-470.

302. 陈玲, 宋松泉, 钱春梅, 傅家瑞. 西红柿种子萌发的交叉耐性研究. 中山大学学报: 自然科学版, 2000, 39 (增刊2): 112-118.

303. 傅家瑞, 黄上志, 李黄金, 郑晓红. 花生种子活力与贮藏蛋白和 rRNA 完整性关系. 中山大学学报: 自然科学版, 2000, 39 (4): 80-84.

304. 何生根, 黄学林, 傅家瑞. 豇豆多胺氧化酶的底物动力学研究. 中山大学学报: 自然科学版, 2000, 39 (增刊2): 139-122.

305. 何生根, 杨荣金, 黄学林, 傅家瑞. 豇豆萌发种子和幼苗中多胺氧化酶的分布特点. 仲恺农业技术学院学报, 2000, 13 (3): 1-4.

306. 黄家总, 邱明珠, 傅家瑞, 冈田芳明. 贮藏条件对益母草、桔梗和白术种子发芽率的影响. 热带亚热带植物学报, 2000, 8 (4): 365-368.

307. 黄上志, 汤学军, 芦春斌, 张玲, 傅家瑞. 莲子超氧化物歧化酶的特性分析. 植物生理学报, 2000, 26 (6): 492-496.

308. 黄雪梅, 傅家瑞, 宋松泉. 种子脱水耐性的成因及人工诱导. 植物生理通讯, 2000, 36 (5): 464-469.

309. 黄雪梅, 傅家瑞, 宋松泉. 黄皮胚轴的脱水敏感性及成苗. 中山大学学报: 自然科学版, 2000, 39 (5): 87-90.

310. 黄雪梅, 傅家瑞, 宋松泉. 提高黄皮种子贮藏活力的技术研究. 中山大学学报: 自然科学版, 2000, 39 (S2): 271-275.

311. 刘军, 黄上志, 傅家瑞. 不同活力玉米种子胚萌发期间热激蛋白的合成. 植物学报, 2000, 42 (3): 253-257.

312. 芦春斌, 黄上志, 汤学军, 傅家瑞. 花生种子贮藏蛋白的氨基酸组成分析及发育过程中 17.5kD 多肽的合成规律. 热带亚热带植物学报, 2000, 8 (4): 339-345, 465-470.

313. 芦春斌, 乔爱民, 黄上志, 傅家瑞. 花生种子相对分子质量17500多肽抗体制备及其应用. 仲恺农业技术学院学报, 2000, 13 (3): 5-9.

314. 钱春梅, 宋松泉, 伍贤进, 傅家瑞. 绿豆种子吸胀过程中脱水耐性变化的时间模式. 中山大学学报: 自然科学版, 2000, 39 (增刊2): 104-111.

315. 乔爱民, 傅家瑞. 人工老化菜心种子中损伤DNA的PEG渗调修复的RAPD分析. 园艺学报, 2000, 27 (1): 62-64.

316. 王艳, 李韶山, 何军贤, 傅家瑞. 黄皮种子脱水敏感性与核酸蛋白质代谢的关系. 园艺学报, 2000, 27 (3): 210-212.

317. Fu J R (傅家瑞), Huang X M (黄雪梅), Song S Q (宋松泉). Manipulation

of desiccation-sensitive axes of wampee (*Clausena lansium*) to facilitate increased dehydration tolerance. Seed Science Research, 2000, 10（3）：397-400.

  318. 傅家瑞，宋松泉. 种子耐脱水性的研究（综述）. 热带亚热带植物学报，2001，9（4）：345-354.

  319. 何生根，黄学林，傅家瑞. Molecular properties of polyamine oxidase from cowpea primary leaves. 植物生理学报，2001，27（5）：425-430.

  320. 姜孝成，傅家瑞. 黄皮种子在萌发过程中脱水敏感性变化的研究. 种子，2001（2）：19-21，23.

  321. 刘军，黄上志，傅家瑞，汤学军. 种子活力与蛋白质关系的研究进展. 植物学通报，2001，18（1）：46-51，45.

  322. 芦春斌，黄上志，傅家瑞. 花生种子贮藏蛋白的热稳定性与氨基酸组成的关系. 种子，2001（3）：3-5，20.

  323. 陆旺金，姜孝成，金剑平，傅家瑞. 黄皮种子脱水敏感性与胚轴中可溶性糖含量的关系. 植物生理学报，2001，27（2）：114-118.

  324. 吕金海，伍贤进，李艳丽，傅家瑞. 金秋梨采后的生理变化. 中国南方果树，2001，30（5）：36-37.

  325. 彭光天，黄上志，李华光，傅家瑞. 玉叶金花的组织培养和植株再生. 植物生理学通讯，2001，37（3）：230-231.

  326. 王艳，李韶山，何军贤，傅家瑞. Changes in activity of reactive-oxygen-scavenging enzymes in recalcitrant wampee (*Clausena lansium*) seeds during desiccation. 植物生理学报，2001，27（1）：81-86.

  327. 伍贤进，吕金海，傅家瑞. 超干对种子活力及水分热力学特性的影响. 生物物理学报，2001，17（3）：579-586.

  328. 伍贤进，宋松泉，钱春梅，陈玲，傅家瑞. 脱水速率对黄皮胚轴脱水敏感性及膜脂过氧化的影响. 植物生理学报，2001，27（5）：407-412.

  329. 张以顺，黄上志，傅家瑞. 种子中的棉子糖半乳糖苷系列寡糖研究进展. 植物学通报，2001，18（1）：16-22.

  330. 何生根，黄学林，傅家瑞. Catalytic Characteristics of polyamine oxidase from cowpea primary leaves. 植物生理与分子生物学学报，2002a，28（1）：11-16.

  331. 何生根，黄学林，傅家瑞. 豇豆种子萌发过程中多胺氧化酶活性的变化及其影响因素. 园艺学报，2002b，29（2）：153-157.

  332. 蒋跃明，傅家瑞，徐礼根. 膜对采后园艺作物衰老的影响. 广西植物，2002，22（2）：160-166.

  333. 伍贤进，宋松泉，钱春梅，傅家瑞. 吸胀玉米种子脱水耐性变化与活性氧清除酶活性的关系. 中山大学学报：自然科学版，2002，41（4）：63-66.

334. 伍贤进，宋松泉，钱春梅，蒋昌华，傅家瑞. 快速干燥对黄皮胚轴贮藏寿命及抗氧化酶活性的影响. 植物生理与分子生物学学报, 2002, 28（6）: 468-472.

335. 伍贤进，宋松泉，傅家瑞，张素平. 玉米种子萌发能力和耐脱水能力的形成. 热带亚热带植物学报, 2002, 10（2）: 177-182.

336. 宋松泉，傅家瑞. 种子的脱水行为及其生理机制// 中国植物学会七十周年年会论文摘要汇编（1933—2003）. 2003: 370-371.

337. 黄家总，冈田芳明，傅家瑞. 紫罗兰与桂竹香原生质体培养及电激细胞融合的研究. 中山大学学报: 自然科学版, 2003, 42（3）: 64-68.

338. 黄家总，颜艳，冈田芳明，傅家瑞. 温度与植物生长调节物质对紫罗兰生育及其开花的影响. 中山大学学报: 自然科学版, 2003, 42（增刊1）: 227-230.

339. 彭光天，黄上志，傅家瑞. 紫金牛属植物种子贮藏和萌发的初步研究. 中山大学学报: 自然科学版, 2003, 42（4）: 79-83.

340. 彭光天，黄上志，傅家瑞. 朱砂根愈伤组织诱导及其岩白菜素含量的测定. 热带亚热带植物学报, 2003, 12（1）: 51-56.

341. 张以顺，向旭，黄上志，傅家瑞. 荔枝胚败育过程中内源激素与蛋白质含量的变化. 植物生理与分子生物学学报, 2003, 29（3）: 233-238.

342. 张以顺，向旭，黄上志，傅家瑞. 荔枝胚蛋白质的提取方法. 热带亚热带植物学报, 2003, 11（2）: 174-176.

343. Fu J R（傅家瑞），Huang X M（黄雪梅），Song S Q（宋松泉）. Sucrose pretreatment increase desiccation tolerance in wampee（Clausena lansium）axes// Nicolas, et al（ed.）. The Biology of Seeds: Recent Research Advances. Oxon: CABI Publishing, 2003: 345-353.

344. Song S Q（宋松泉），Jiang C H（蒋昌华），Chen R Z（陈润政），Fu J R（傅家瑞），Engelmann F. Dehydration damage and its repair in imbided soybean（Glycine max）seeds// Nicolas, et al（ed.）. The Biology of Seeds: Recent Research Advances. Oxon: CABI Publishing, 2003: 355-369.

345. Song S Q（宋松泉），Berjak P，Pammenter N，Ntuli T M，Fu J R（傅家瑞）. Seed recalcitrance: a current assessment. Acta Botanica Sinica, 2003, 45（6）: 638-643.

346. Sun W Q（孙文泉），Liang Y H（梁永恒），Huang S Z（黄上志），Fu J R（傅家瑞）. Biopolymer volume change and water clustering function of primed Vigna radiata seeds. Seed Sci. Res., 2003, 13: 287-302.

347. 黄上志，汤学军，张玲，傅家瑞. 莲种子的耐热性及抗氧化酶活性. 植物生理与分子生物学学报, 2003, 29（5）: 421-424.

348. 张以顺，向旭，傅家瑞，黄上志. 荔枝胚败育差异表达基因cDNA片段的克隆及序列分析. 园艺学报, 2004, 31（1）: 25-28.

349. 张以顺，向旭，傅家瑞，黄上志．荔枝败育胚中 S-腺苷甲硫氨酸合成酶基因的全长扩增和序列分析．园艺学报，2004，31（2）：160-164．

350. 张以顺，向旭，傅家瑞，黄上志．一种提取荔枝胚中总 RNA 的方法．植物生理学通讯，2004，40（2）：226-228．

351. 林晓东，傅家瑞，黄上志．发育中玉米胚结合蛋白（BiP）的动态变化及定位．热带亚热带植物学报，2004（2）：159-162．

352. 林晓东，傅家瑞，黄上志．玉米胚发育过程中热激蛋白的合成．植物生理与分子生物学学报，2004，30（2）：161-166．

353. 黄上志，黄祥富，林晓东，张以顺，刘军，傅家瑞．热激对水稻幼苗耐冷性及热激蛋白合成的诱导．植物生理与分子生物学学报，2004，30（2）：189-194．

354. 类延宝，宋松泉，傅家瑞，程红焱．植物的双组分信号系统．植物学通报，2004，21（2）：216-227．

355. 伍贤进，宋松泉，田向荣，类延宝，傅家瑞．玉米种子吸胀萌发过程中抗氧化酶活性的变化．吉林农业大学学报，2004，26（1）：6-9．

356. 彭光天，黄上志，黄仲立，傅家瑞．朱砂根愈伤组织诱导及其岩白菜素含量的测定．热带亚热带植物学报，2004，12（1）：51-56．

357. 钱春梅，伍贤进，宋松泉，傅家瑞．钙对吸胀的绿豆种子脱水耐性的影响．西北植物学报，2004，24（9）：1599—1603．

358. 黄雪梅，傅家瑞，宋松泉．逐步提高培养基蔗糖浓度诱导的黄皮胚轴耐脱水性与细胞超微结构的变化．植物生理与分子生物学学报，2004，30（6）：625-630．

359. 黄家总，颜艳，冈田芳明，傅家瑞．温度与赤霉素对紫罗兰生育及其开花的影响．广州大学学报：自然科学版，2004，3（1）：27-30．

360. 黄雪梅，宋松泉，傅家瑞．在蔗糖预培养诱导耐脱水性过程中黄皮胚轴的水分状态和可溶性蛋白含量的变化．植物生理与分子生物学学报，2006，32（2）：245-251．

后 记

　　书稿终于付梓，心里如释重负。

　　时间长河，流淌不息。2009年11月10日那天，美丽的康乐园，紫荆绽放，莺雀欢鸣，我前往梁銶琚堂参加授予傅家瑞教授中山大学首届卓越服务奖的颁奖典礼。典礼后，黄上志教授邀约，冀望我能为傅老师写一本传记；当时我大马金刀、不假思索地就应承了。答应的主要原因有两个：一是感念傅老师的为人，这一代科学家普遍有着颠沛流离、千磨百折的人生经历，他们敬业奉献，一秉至公，典身报国，理应修辞立传，教育后人；二是我的140万字专著《邹鲁年谱》刚刚封笔，似有时间。但是承诺过后，工作繁忙依旧，生活堪似陀螺，何以完成书稿？一度踌躇，悔念曾生。

　　要感谢黄上志教授的多次催醒！更要感谢傅老师的爬梳整理，提供了四万余字的底稿。借书留真，正是在这份底稿的基础上，我查阅文献，分章析句，补史充实，镂金错采，秉笔直书至近43万字，完成了写作任务。累并快乐着！

　　要感谢许多人：

　　首先，要感谢中山大学生命科学学院的领导和老师，校党委组织部部长兼生科院党委书记武少新老师、学院办公室同人。正是在他们的支持下，我才能抽出业余时间，滴露研珠，遣言措意，忙就书稿。

　　其次，要感谢我的家人，妻子张海惠、儿子冯博士，去年除夕与今年春节期间，我都与笔墨为伴。除夕之夜，修改书稿直至凌晨两点多才休息，家人毫无怨言，但自己内心歉疚不已。平日忙于写作，教育儿子的重任只能交给妻子，幸其画荻和丸，儿子在五年级上学期进步明显，不安之心，聊以慰藉。

　　再次，要感谢傅家瑞老师和他的家人及弟子，编著期间，通过电话与见面，进行了无数次联系、沟通和采访，取得了大量第一手资料，对于成书起到春风夏雨的作用。记得扫描照片时，我和傅庆军等人，忙了大半天时间，午餐只能以快餐解决；还记得宋松泉教授、黄上志教授及弟子等人逐字逐句修改书稿，其仰屋著书的认真程度让人佩服。

　　最后，要感谢中山大学出版社同人，徐劲社长、周建华总编辑、王尔新副社长对本书的出版给予了大力支持，嵇春霞副编审、林绵华美编对书稿进行了认真、细致的审读与加工，体现了出版人对出版业的高度责任感。在他们的勤恳工作下，汗水凝为珍晶，稿件终可成书。

　　由于本人水平有限，耕耘史实传记，虽经字斟句酌，但书中仍难免有词不逮理、鲁鱼帝虎、乌焉成马、别风淮雨之处，敬请指正。

冯双
二〇一四年七月一日尚书房